能源消费结构评价与优化

黄光球　陆秋琴　著

北　京
冶　金　工　业　出　版　社
2018

内 容 简 介

本书以西安市为例，介绍了低碳经济视角下的大型城市能源消费结构评价和优化调整策略。内容包括西安市能源结构现状分析与评价、西安市能源结构对低碳经济的影响及作用机理、西安市能源消费的空间关联网络结构特征及其效应分析、西安市能源结构优化总体设计、能源消费结构优化模型及实证研究、能源最优消费结构情景下最优调整策略、不同情境下的能源消费结构最优调整战略、西安市能源消费结构最优调整策略等内容。本书可为大型城市能源消费结构优化设计提供参考。

本书可供能源科学与工程、管理科学与工程、环境科学与工程、城市公共管理、系统工程等学科的科研人员、工程技术人员阅读，也可供大专院校有关师生参考。

图书在版编目(CIP)数据

能源消费结构评价与优化／黄光球，陆秋琴著．—北京：冶金工业出版社，2018.5

ISBN 978-7-5024-7774-5

Ⅰ.①能… Ⅱ.①黄… ②陆… Ⅲ.①能源消费—消费结构—研究—西安 Ⅳ.①F426.2

中国版本图书馆 CIP 数据核字(2018)第 096224 号

出 版 人 谭学余
地　　址 北京市东城区嵩祝院北巷 39 号 邮编 100009 电话 (010)64027926
网　　址 www.cnmip.com.cn 电子信箱 yjcbs@cnmip.com.cn
责任编辑 刘晓飞 美术编辑 彭子赫 版式设计 孙跃红
责任校对 李 娜 责任印制 牛晓波
ISBN 978-7-5024-7774-5
冶金工业出版社出版发行；各地新华书店经销；固安华明印业有限公司印刷
2018 年 5 月第 1 版，2018 年 5 月第 1 次印刷
169mm×239mm；14 印张；272 千字；211 页
62.00 元

冶金工业出版社 投稿电话 (010)64027932 投稿信箱 tougao@cnmip.com.cn
冶金工业出版社营销中心 电话 (010)64044283 传真 (010)64027893
冶金书店 地址 北京市东四西大街 46 号(100010) 电话 (010)65289081(兼传真)
冶金工业出版社天猫旗舰店 yjgycbs.tmall.com

前　言

西安市独特的地理位置，一方面使得西安市利用自然条件获得低碳能源的可能性很小，另一方面使得温室气体和大气污染物从西安市辖区内扩散出去异常困难。近年来，西安市雾霾严重、城市“热岛效应”极度明显。因此，对西安市能源消费结构进行优化已迫在眉睫。近年来，西安市经济保持了持续较快增长，但同时也消耗了巨大能源，尤其是过度依赖化石能源（如煤炭、石油、天然气等），带来了诸如$PM_{2.5}$浓度超标、雾霾、工业粉尘大量排放等一系列的环境问题。在当前倡导绿色发展理念，推动低碳发展的背景下，建立清洁、高效、低碳的能源消费结构对于西安市经济发展十分重要。因此，研究西安市能源利用效率、优化能源消费结构问题，对于提高能源利用水平，推进能源消费低碳化、绿色化、清洁化，实现西安市经济增长与环境保护协调发展具有重要意义。

本书从煤炭、石油、天然气、电力等能源的供应情况探明了西安市的能源供给结构；从能源消费总量及其构成、能源消费与碳排放之间的关系、能源消费结构、产业能源消费特征等角度探明了西安市能源消费结构；从投入导向、产出导向、无导向视角等角度，对能源消费结构现状进行了评价；论述了能源总量、产业结构、GDP、总人口、能源供给结构对能源消费结构的影响；对西安市各区（县）能源消费空间关联的网络结构特征及其效应进行了研究，发现弱化能源消费空间关联的网络结构、使能源供给与消费趋于区域集中化，应成为区域间能源强度收敛的重要驱动机制；以能源结构优化的原则、方向、思路、目标和重点为依据，对西安市能源消费结构进行了优化；根据能源结构对低碳经济的作用机理、基于能源消费结构优化结果，给出了西安市能源最优消费结构下的最优调整策略，同时提出了西安市能源消费结构如何调整到最优结构的途径。

本书所介绍的研究成果如下：

(1) 对西安市能源消费结构现状进行了评价（第 1 章）。探明了西安市能源供给结构现状和能源消费结构现状；在低碳经济视角下，对西安市能源供给与能源消费结构进行了综合评价。

(2) 揭示了西安市低碳经济的影响因素及作用机理（第 2 章）。本书运用 SEM 分析模型揭示了西安市低碳经济的影响因素，探究了各因素之间的相互关系及其与低碳经济的直接和间接关系，从而把握各因素对低碳经济的作用路径，有助于制定有针对性的减排措施。采用 SEM 分析模型探究西安市的低碳经济的影响因素及作用机理，是从动态角度考察低碳经济的影响因素及其相互作用，揭示过程不存在人工干预，能够获得精度很高的结果。因此，该方法具有很好的创新性。

(3) 提出了基于能源供给 - 消费网络的西安市能源消费空间关联网络结构特征分析方法（第 3 章）。以能源供给—能源消费—碳排放因果链条为依据，将与能源供给、能源消费、碳排放相关的实体关联在一起，从而形成一张能源供给 - 消费结构网络。依据能源供给 - 消费结构网络，研究发现：1）西安市各区（县）能源消费的空间关联呈现网络结构形态，空间关联的紧密程度逐年缓慢下降；2）在能源消费空间关联网络中，经济发达区（县）处于网络中心位置，发挥“桥梁”和“中介”的作用；3）在能源消费空间关联网络中，西安市 13 个区（县）分为 4 个板块；4）能源消费空间关联的网络结构对能源强度存在影响，能源消费空间关联网络密度的降低以及网络等级度和网络效率的升高均能够降低能源强度。因此，弱化能源消费空间关联的网络结构，使能源供给与消费趋于区域集中化，应成为区域间能源强度收敛的重要驱动机制。该方法具有很好的创新性。

(4) 提出了西安市能源消费结构总体优化设计方案（第 4 章）。本书基于低碳经济提出了西安市能源消费结构总体优化的原则、重点和目标；给出了将西安市当前能源消费结构调整到最优消费结构的总体优化设计方案和总体路线图。

（5）提出了基于能源供给－消费结构网络的能源消费结构优化方法（第5章）。本书以降低碳强度为目标，在满足经济增长、节能减排等目标的基础上，利用数学规划方法构建了能耗结构优化模型，对西安市2016～2025年的能源消费结构优化进行实证研究。结果表明：1）在“十三五”能耗强度目标水平下，优化能耗结构能实现碳强度目标；2）若西安市GDP的增长与能源投入之间的关系仍维持历年来的态势，则在2016～2020年间，西安市能源最优消费结构为：煤炭：石油：天然气：电力＝(36～45)：(12～17)：(10～15)：(30～35)。2021年以后，西安市GDP的增长与能源投入之间的关系必须改变历年来所形成的态势。综合基准情景、政策情景和强化低碳情景下的西安市能源消费结构，西安市2021～2025年间的能源最优消费结构为：煤炭：石油：天然气：电力＝(30～35)：(8～10)：(13～15)：(40～45)。由于该优化方法不但能对西安市能源消费结构进行优化，还能发现实现最优解的路线图，因此该方法具有很好的创新性。

（6）提出了基于DEA分析模型的能源消费结构动态评价方法（第1、6、7章）。本书以年度为决策参考单元，以能源投入、产出、碳排放和污染物排放所包含的各项要素为评价指标，构建了能源投入、产出、碳排放和污染物排放DEA动态评价模型。一方面，该模型自动以能源投入产出的规模效率和技术效率（产出和碳排放、污染物排放和能源投入之间的比值）作为评价的视角；另一方面，该模型能克服人为因素对评价过程的干预，可以准确地对能源消费结构做出客观评价。该评价方法克服了传统方法从静态角度实施评价以及评价过程存在人工干预的缺陷，具有很好的创新性。

能源是人类活动的物质基础，在经济社会体系中占据重要地位。西安调整优化能源消费结构是贯彻落实绿色低碳发展理念的必然要求，是实现经济社会转型发展的迫切需要。低碳经济是一种低消耗、低排放、低污染的可持续经济发展模式，低碳经济的实质即利用技术创新和制度创新对能源利用方式进行优化，其重点就是能源结构调整。本书的研究成果能为西安市加快构建绿色低碳能源体系，推动实现西安市人口、资源、环境协调发展提供指导，对促进低碳经济的实现以及西安市经济的可持续发展提供政策建议。因此，本书的研究成果具有很好的社会效益。

本书通过探明西安市能源消费结构对低碳经济的影响机理，根据低碳经济对能源消费结构提出的要求，分析与评价西安市能源消费结构的现状，找出西安市能源消费结构存在的问题，针对问题确定西安市低碳经济下能源消费结构优化的原则、重点和目标，进而对西安市的能源结构进行优化设计，并提出低碳经济下能源消费结构优化调整战略。全国有300多座大中型城市，本书介绍的研究成果对评价和优化这些大中型城市的能源消费结构具有较好的理论和应用参考价值。

本书内容得到了以下科学研究项目的资助：

(1) 陕西省社科界2017年度重大理论与现实问题研究项目，陕西省雾霾治理云网格精细化管理模式研究，2017C078；

(2) 陕西省社会科学基金项目，环境污染规制下大西安路网结构最佳布局及其实现对策研究，2017S035；

(3) 教育部人文社会科学研究规划基金项目，西北干旱地区矿尘海量排放与雾霾毒化的相关性研究，15YJA910002；

(4) 陕西省自然科学基础研究计划面上项目，地热效应作用下井下超深通风网络中可吸入矿尘多级消除方法研究，2017JM5011；

(5) 陕西省自然科学基础研究计划重点项目，多源冲击波作用下井下复杂巷网中爆生烟尘运移机理及其控制方法研究，2015JZ010；

(6) 陕西省教育厅服务地方科学研究计划项目，井下海量矿尘就地消除策略设计系统开发，16JF015；

(7) 西安市科协决策咨询课题，西安市能源消费结构优化调整战略研究，201708；

（8）陕西省科学技术协会高端科技创新智库项目，陕西省重污染企业技术变迁式转型升级战略及扶持政策研究，GDZK201703；

（9）陕西省政府采购项目，关于推进能源化工产业高端化对策研究，ZFCG201705。

由于作者水平有限，书中不妥之处在所难免，敬请读者不吝指正。

作　者

2018年2月

目　　录

1 西安市能源结构现状分析与评价

西安市位于渭河流域中部关中盆地，东经107.40°~109.49°和北纬33.42°~34.45°之间，北临渭河和黄土高原，南邻秦岭。全市下辖11区2县[1]，总面积10108km^2。2015年末常住人口870.56万，其中城镇人口635.68万，城镇化率72.61%[2,3]。西安市2016年实现生产总值6257.18亿元，人均国内生产总值为70846元[4]；三产比重为3.71∶35.12∶61.17[4]。2016年西安市被国务院批准为国家区域中心城市（西北），是国务院批复确定的中国西部地区重要的中心城市，是国家重要的科研、教育和工业基地[5]。

西安市境内海拔高度差异悬殊位居全国各城市之冠。巍峨峻峭、群峰竞秀的秦岭山地与坦荡舒展、平畴沃野的渭河平原界线分明，构成西安市的地貌主体。秦岭山脉主脊海拔2000~2800m，其中西南端太白山峰巅海拔3867m，是大陆中部最高山峰；渭河平原海拔400~700m，其中东北端渭河河床最低处海拔345m。西安城区便建立在渭河平原的二级阶地上。西安市独特的地理位置，一方面使得西安市利用自然条件获得低碳能源的可能性为零，另一方面使得温室气体和大气污染物从西安市辖区内扩散出去异常困难。近年来，西安市已演变成为雾霾危害最为严重的地区之一，城市“热岛效应”极度明显。

1.1 西安市能源供给结构现状分析

依据《西安市统计年鉴》[1]，可以绘制出西安市规模以上企业一次能源供给总量及构成图，如图1-1所示。从图1-1可知，2004年以来，西安市规模以上企业能源采购总量总体呈上升趋势，由2004年的754万吨标准煤，上升到2013年的1205万吨标准煤，2014~2015年，呈现回落走势。其中，2004~2009年，上升比较平缓，平均增速为6.5%，2009年以来，西安市的规模以上企业能源采购总量开始达到平稳，平均采购量为1032万吨标准煤。西安市的规模以上企业能源采购始终无法摆脱以煤为主的采购结构，2004年以来，煤及其制品的采购量所占比重一直在上升，平均占比稳居59.15%左右；原油产量所占比重总体呈上升趋势，2013年达到最高值30.11%，2014年开始，所占比重开始下降，2014年和2015年分别为25.48%、20.13%；天然气和其他能源的产量所占比重过小，平均为1.91%和13.84%，尤其是天然气，2015年仅为2.32%，但2009年以来上升速度比较快，平均增速为22.51%。

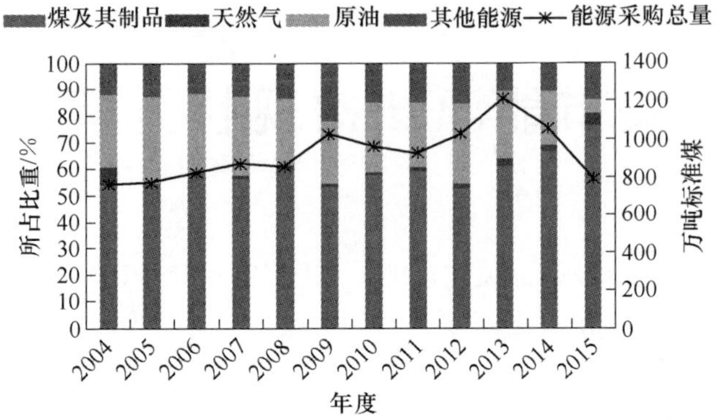

图 1-1　西安市规模以上企业一次能源采购总量及构成

1.1.1　煤炭

虽然陕西省是产煤大省，含煤面积占全省面积的 1/4，现已探明的储量为 1860 亿吨，居全国第 3 位。但西安市境内没有煤矿，更没有用于发电的电煤。西安市的用煤是通过采购的方式获取，2004 ~ 2015 年西安市规模以上企业煤炭采购量如表 1-1 所示。2013 年西安市规模以上企业原煤采购量达 736. 5835 吨标准煤，是 2004 年煤炭产量的 2 倍，如图 1-2 所示，2004 年以来，西安市规模以上企业煤炭采购量平稳增长，平均增速为 4. 78%。

表 1-1　2004 ~ 2015 年西安市规模以上企业煤炭采购量　（吨标准煤）

年度	原煤	洗精煤	其他洗煤	煤制品	焦炭	其他焦化产品	煤焦煤气
2004	3803711. 7870	268349. 4000	5205. 5250	5479. 4100	76034. 3920	1566. 8680	5. 9290
2005	3984181. 1110	183597. 3000	49. 3050	9272. 1900	64813. 7510	2049. 6540	0. 0000
2006	4574192. 1960	182709. 9000	651. 5100	4902. 5700	40448. 1250	48838. 1060	0. 0000
2007	4864059. 4220	27. 9000	210. 9000	5415. 2850	101506. 4430	4261. 5320	77. 0710
2008	5142725. 7100	1414. 8000	317. 7750	5110. 6200	81556. 8010	3632. 0650	1209. 4140
2009	5437262. 3150	1249. 2000	2274. 8700	4351. 9500	56820. 1000	3090. 9950	0. 0000
2010	5485598. 9960	1500. 3000	4. 8450	5783. 5050	58759. 0150	582. 8400	136. 3560
2011	5412537. 5340	666. 0000	40. 4700	3138. 9900	39734. 1460	7868. 3400	0. 0000
2012	5349685. 5630	1213. 2000	0. 0000	2158. 0200	9111. 7320	4911. 3980	0. 0000
2013	7365834. 4570	998. 1000	0. 0000	1009. 7550	8039. 3060	1942. 8000	0. 0000
2014	7065877. 0290	928. 8000	28. 5000	906. 5850	2627. 6370	2428. 5000	0. 0000
2015	5875294. 6460	41433. 3000	0. 0000	801. 1350	1447. 3860	0. 0000	0. 0000

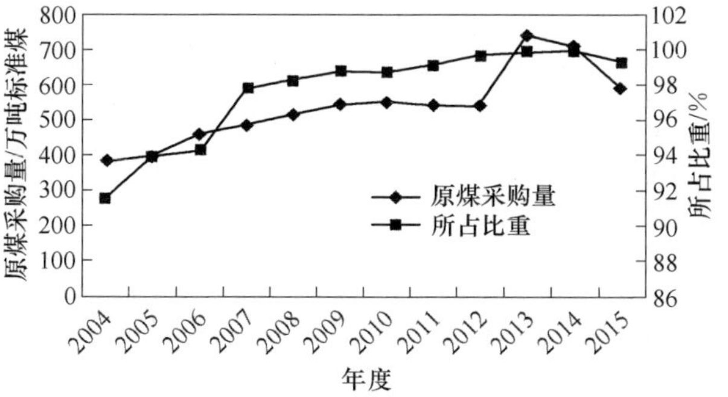

图 1-2　西安市规模以上企业原煤采购量及所占比重

1.1.2　石油

表 1-2 列出了 2004～2015 年西安市规模以上企业石油采购量。2004 年以来西安市原油采购量一直处于不断增长的趋势，如图 1-3 所示，由 2004 年的 205.99 万吨标准煤上升至 2012 年的 308.07 万吨标准煤，平均增速约 2.0%，相对缓慢的增长速度使得虽然原油采购量不断增长而在总采购量中所占比重却在不断下滑。

表 1-2　2004～2015 年西安市规模以上企业石油采购量　（吨标准煤）

年度	原油	汽油	煤油	柴油	燃料油	液化石油气	其他石油制品
2004	2059892.626	29038.079	17059.412	73165.362	2494.336	37731.743	12435.163
2005	2475799.515	23493.844	14805.227	60463.822	2127.185	1962.874	66.809
2006	2391769.263	34379.261	16114.773	72428.07	1034.306	2060.589	893.206
2007	2542908.000	32800.449	16410.524	60682.387	1764.321	4025.176	6243.724
2008	2151204.452	37648.712	15704.252	69580.896	718.586	3961.747	7568.283
2009	2408996.750	525881.303	16993.199	529284.29	588.583	1536.013	7160.168
2010	2509685.907	44240.584	21420.641	80194.413	1831.465	1937.159	8445.512
2011	2214227.141	38683.106	20854.152	78405.094	1004.306	1647.442	7619.116
2012	3080698.756	35465.154	20242.05	79430.892	927.161	960.008	4595.288
2013	3071108.564	47673.36	22549.205	96197.742	1571.46	1086.866	4229.292
2014	2134362.686	36421.564	288.394	96658.186	0	944.579	4062.27
2015	372991.745	30231.384	417.878	86047.583	1528.602	516.004	2444.333

1.1.3　天然气

表 1-3 列出了 2004～2015 年西安市规模以上企业天然气采购量。西安市天然气采购量自 2006 年以来呈逐年上升趋势，如图 1-4 所示。从 1994 年开始，由

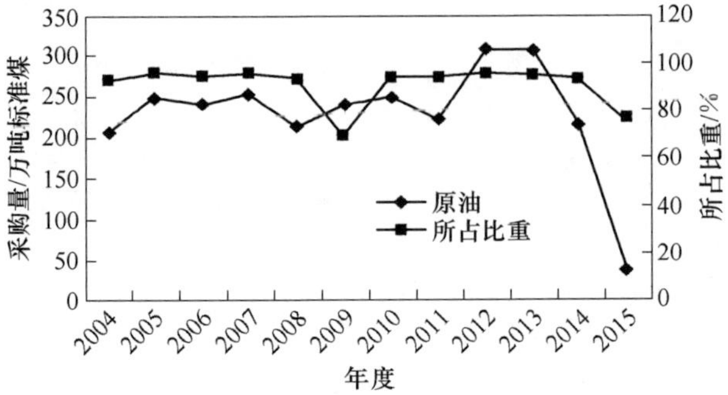

图 1-3　西安市规模以上企业原油采购量及所占比重

于国家出于产业结构优化的考虑，开始重视油气资源的开发，天然气产量增长速度明显提升，平均增速到达 11.6%，随着天然气产量的迅速增加，其所占比重也开始上升，2005 年突破 3%，2010 年所占比重为 4.3%。在此背景下，西安市的天然气采购量呈现井喷式增长，平均增幅高达 18.06%。随着低碳经济发展的不断深入，西安市将更加重视天然气资源的利用，其采购量及所占比重将有较大的提升。

表 1-3　2004～2015 年西安市规模以上企业天然气采购量　（吨标准煤）

年度	天然气（气态）	液化天然气（液态）	年度	天然气（气态）	液化天然气（液态）
2004	506132.383	0	2010	128958.66	27.231
2005	45123.388	0	2011	147100.302	5.446
2006	9629.399	0	2012	204755.266	21.785
2007	120968.566	0	2013	305299.306	27.231
2008	105134.094	0	2014	246041.466	7.262
2009	113840.625	0	2015	376542.287	29.046

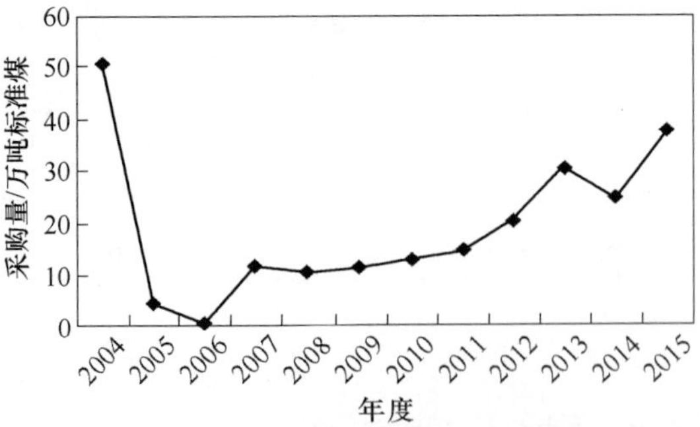

图 1-4　西安市规模以上企业天然气采购量

1.1.4 电力

西安市电力主要由大唐灞桥热电厂（249MW）、大唐户县热电厂（200MW）和大唐户县第二热电厂（一期600MW、远期1800MW）三家发电厂提供。这三家供电企业提供了西安市所需的全部电力。

1.2 西安市能源消费结构现状分析

1.2.1 能源消费总量及其构成

据最新统计数据显示[4]，2000～2015年西安市能源消费量情况如表1-4和表1-5所示。图1-5和图1-6给出了2000～2015年西安市能源消费量构成及其变化情况。从表1-5可知，2000～2015年间西安市煤炭消费占比不低于58.01%，最高84.33%，平均75.15%；石油消费占比不低于8.66%，最高27.28%，平均17.34%；天然气占比不低于3.13%，最高14.71%，平均7.51%。2000～2015年间，西安市煤炭总消费呈上升走势，平均增速为9.65%；石油消费也呈现上升走势，平均增速为17.48%；天然气消费更呈现上升走势，自2011年以来平均增速为17.87%。由于西安市的电力来源是火力发电，因此2000～2015年，西安市的煤炭、石油和天然气的消费结构为75：17：8，该能源消费结构严重失衡。

表1-4 2000～2015年西安市能源消费量 （万吨标准煤）

年度	煤炭消费量			石油消费量		天然气消费量	
	发电企业	规模以上工业企业	其他部门	规模以上工业企业	其他部门	规模以上工业企业	其他部门
2000	249.0068	206.4	92.26694	2.657196	171.3529	1.128085	22.1761
2001	270.1718	265.96	82.25323	2.757198	152.756	1.407374	27.8964
2002	298.9389	328.31	70.08605	2.614338	130.1598	1.808093	33.6168
2003	329.3349	388.65	58.90434	2.457192	109.3938	2.233098	52.8467
2004	151.2011	454.1	132.6319	2.42862	246.3164	3.257967	59.539
2005	170.7201	517.33	148.1594	3.014346	275.1531	4.282836	78.3302
2006	9.08378	574.21	196.0987	2.28576	364.1833	101.3175	96.3159
2007	504.1846	714.34	69.98191	2.28576	129.9664	6.982225	100.2651
2008	545.7303	683.11	130.0024	2.685768	210.0044	93.0227	115.7764
2009	586.1828	732.9	180.3595	2.600052	334.9534	11.41078	129.2755
2010	677.8753	789.18	242.1916	2.442906	449.7844	8.979749	134.388
2011	736.934	826.91	144.5474	2.371476	268.4451	17.39242	147.1316
2012	799.8741	877.45	162.2497	2.014326	301.3208	19.4288	173.5263

续表 1-4

年度	煤炭消费量			石油消费量		天然气消费量	
	发电企业	规模以上工业企业	其他部门	规模以上工业企业	其他部门	规模以上工业企业	其他部门
2013	868.5909	802.49	230.8824	1.628604	428.7816	21.49311	187.4184
2014	936.0924	793.7	238.304	0.7143	442.5646	30.96465	227.083
2015	967.2442	781.71	247.2093	0.342864	459.103	31.08608	239.8686

表 1-5 2000～2015 年西安市能源消费量 （万吨标准煤）

年度	能源消费总量	煤炭		石油		天然气	
		消费量	占比/%	消费量	占比/%	消费量	占比/%
2000	744.988	547.67374	73.51	174.0101	23.36	23.30419	3.13
2001	803.202	618.38503	76.99	155.5132	19.36	29.30377	3.65
2002	865.534	697.33495	80.57	132.7741	15.34	35.42489	4.09
2003	943.82	776.88924	82.31	111.851	11.85	55.0798	5.84
2004	1049.475	737.933	70.31	248.745	23.70	62.79697	5.98
2005	1196.99	836.2095	69.86	278.1674	23.24	82.61304	6.90
2006	1343.495	779.39248	58.01	366.4691	27.28	197.6334	14.71
2007	1528.006	1288.50651	84.33	132.2522	8.66	107.2473	7.02
2008	1780.332	1358.842691	76.33	212.6902	11.95	208.7991	11.73
2009	1977.682	1499.4423	75.82	337.5535	17.07	140.6863	7.11
2010	2304.842	1709.2469	74.16	452.2273	19.62	143.3677	6.22
2011	2143.732	1708.3914	79.69	270.8166	12.63	164.524	7.67
2012	2335.864	1839.5738	78.75	303.3351	12.99	192.9551	8.26
2013	2541.285	1901.9633	74.84	430.4102	16.94	208.9115	8.22
2014	2669.423	1968.0964	73.73	443.2789	16.61	258.0477	9.67
2015	2726.564	1996.1635	73.21	459.4459	16.85	270.9547	9.94
平均值	1730.993667	1266.502796	75.15	281.8462	17.34	136.3531	7.51
最小值	746.116085	547.67374	58.01	111.851	8.66	23.30419	3.13
最大值	2757.65	1996.1635	84.33	459.4459	27.28	270.9547	14.71

在煤炭消费中，表 1-6 给出了西安市 2000～2015 年间煤炭消费情况，图 1-7 和图 1-8 给出了西安市 2000～2015 年间煤炭消费结构变化情况。2000～2015 年间西安市发电企业用煤占比最低 1.17%，最高 48.46%，平均 37.68%；规模以上工业企业用煤占比最低 37.69%，最高 73.67%，平均 49.59%；其他部门用煤占比最低 5.43%，最高 25.16%，平均 12.73%。自 2000～2015 年以来，西安市

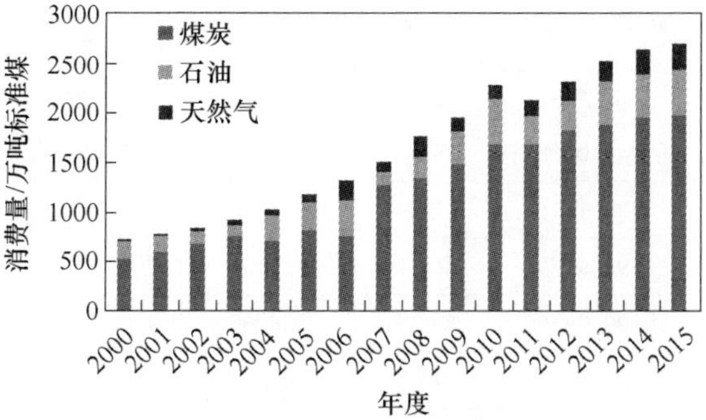

图 1-5　2000 ~ 2015 年西安市不同品种能源消费量变化

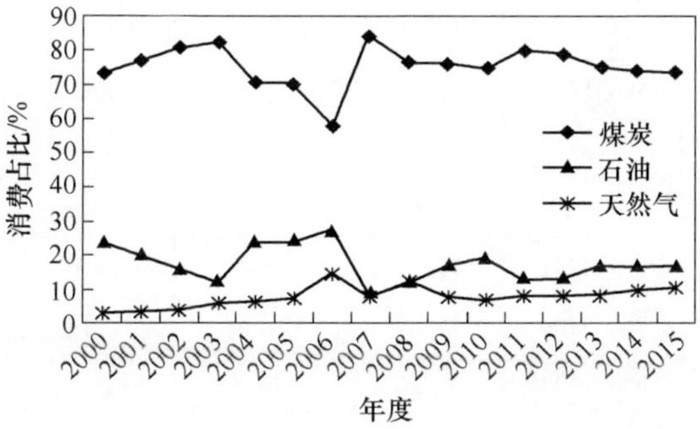

图 1-6　2000 ~ 2015 年西安市能源消费结构变化

的发电企业、规模以上工业企业和其他部门的煤炭消费结构为 37 : 48 : 15。发电用煤呈现上升走势，自 2008 年以来平均增速为 8.52%；规模以上工业企业用煤也呈现缓慢上升走势，自 2008 年以来平均增速为 1.29%；其他部门用煤呈现起伏不定走势。

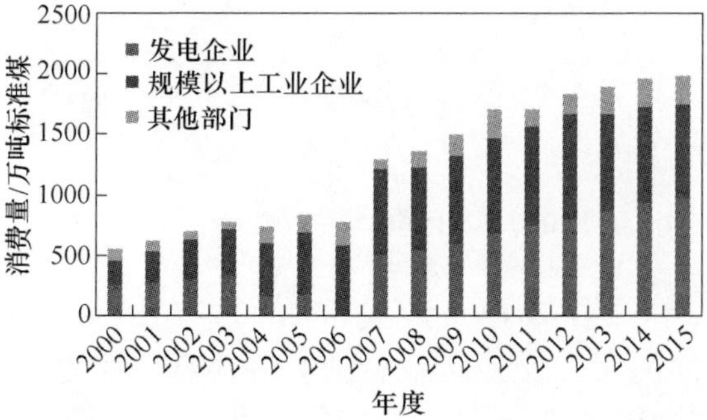

图 1-7　2000 ~ 2015 年西安市不同企业部门煤炭消费量变化

表 1-6 2000～2015 年西安市煤炭消费结构 （万吨标准煤）

年度	消费总量	发电企业		规模以上工业企业		其他部门	
		消费量	占比/%	消费量	占比/%	消费量	占比/%
2000	547.67374	249.0068	45.47	206.4	37.69	92.26694	16.85
2001	618.38503	270.1718	43.69	265.96	43.01	82.25323	13.30
2002	697.33495	298.9389	42.87	328.31	47.08	70.08605	10.05
2003	776.88924	329.3349	42.39	388.65	50.03	58.90434	7.58
2004	737.933	151.2011	20.49	454.1	61.54	132.6319	17.97
2005	836.2095	170.7201	20.42	517.33	61.87	148.1594	17.72
2006	779.39248	9.08378	1.17	574.21	73.67	196.0987	25.16
2007	1288.50651	504.1846	39.13	714.34	55.44	69.98191	5.43
2008	1358.842691	545.7303	40.16	683.11	50.27	130.0024	9.57
2009	1499.4423	586.1828	39.09	732.9	48.88	180.3595	12.03
2010	1709.2469	677.8753	39.66	789.18	46.17	242.1916	14.17
2011	1708.3914	736.934	43.14	826.91	48.40	144.5474	8.46
2012	1839.5738	799.8741	43.48	877.45	47.70	162.2497	8.82
2013	1901.9633	868.5909	45.67	802.49	42.19	230.8824	12.14
2014	1968.0964	936.0924	47.56	793.7	40.33	238.304	12.11
2015	1996.1635	967.2442	48.46	781.71	39.16	247.2093	12.38

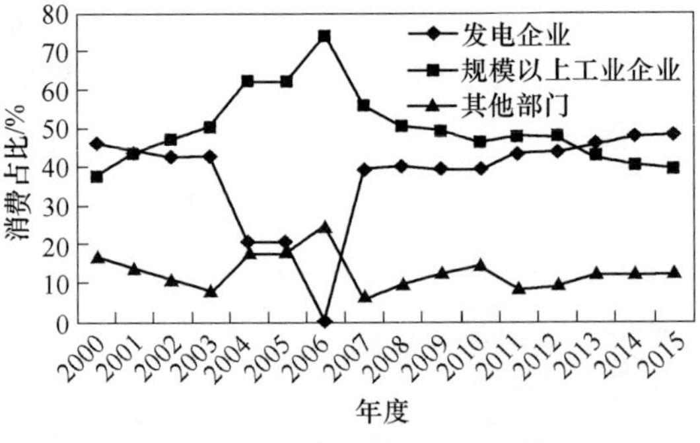

图 1-8 2000～2015 年西安市煤炭消费结构变化

在石油消费中，表 1-7 给出了西安市 2000～2015 年间石油消费情况，从表 1-7 可知，其他部门（如交通运输行业）占据了石油总消费的 98.96%；从图 1-9 可知，2000～2015 年间石油消费变化很大，但总体呈现上升走势，平均增速为 15.66%。

表 1-7　2000 ~ 2015 年西安市石油消费结构

年度	消费总量/万吨标准煤	消费占比/%	
		规模以上企业	其他部门
2000	174.0101	1.53	98.47
2001	155.5132	1.77	98.23
2002	132.7741	1.97	98.03
2003	111.851	2.20	97.80
2004	248.745	0.98	99.02
2005	278.1674	1.08	98.92
2006	366.4691	0.62	99.38
2007	132.2522	1.73	98.27
2008	212.6902	1.26	98.74
2009	337.5535	0.77	99.23
2010	452.2273	0.54	99.46
2011	270.8166	0.88	99.12
2012	303.3351	0.66	99.34
2013	430.4102	0.38	99.62
2014	443.2789	0.16	99.84
2015	459.4459	0.07	99.93
平均值	281.8462375	1.04	98.96
最小值	111.851	0.07	97.80
最大值	459.4459	2.20	99.93

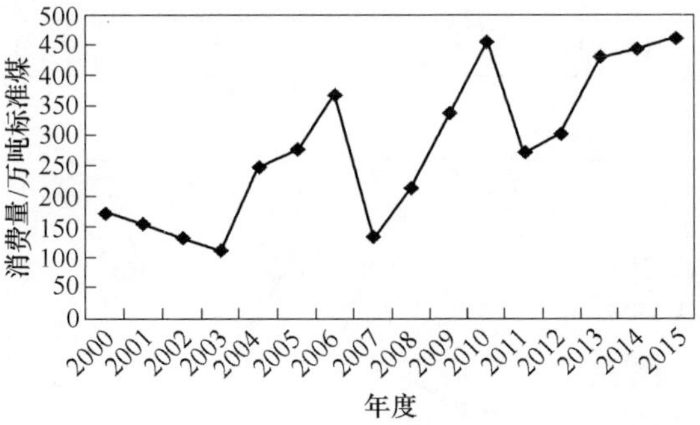

图 1-9　2000 ~ 2015 年西安市石油的消费变化

在天然气消费中，表 1-8 给出了西安市 2000 ~ 2015 年间天然气消费情况，从表 1-8 可知，其他部门（如居民消费）占据了天然气总消费的 87.48%；从

图 1-10 可知，2000 ~ 2015 年间天然气消费变化很大，但总体呈现上升走势，2010 年以后平均增速为 13.77%。

表 1-8　2000 ~ 2015 年西安市天然气消费结构

年度	消费总量/万吨标准煤	消费占比/%	
		规模以上工业企业	其他部门
2000	1.128085	4.84	95.16
2001	1.407374	4.80	95.20
2002	1.808093	5.10	94.90
2003	2.233098	4.05	95.95
2004	3.257967	5.19	94.81
2005	4.282836	5.18	94.82
2006	101.3175	51.27	48.73
2007	6.982225	6.51	93.49
2008	93.0227	44.55	55.45
2009	11.41078	8.11	91.89
2010	8.979749	6.26	93.74
2011	17.39242	10.57	89.43
2012	19.4288	10.07	89.93
2013	21.49311	10.29	89.71
2014	30.96465	12.00	88.00
2015	31.08608	11.47	88.53
平均值	22.26221669	12.52	87.48
最小值	1.128085	4.05	48.73
最大值	101.3175	51.27	95.95

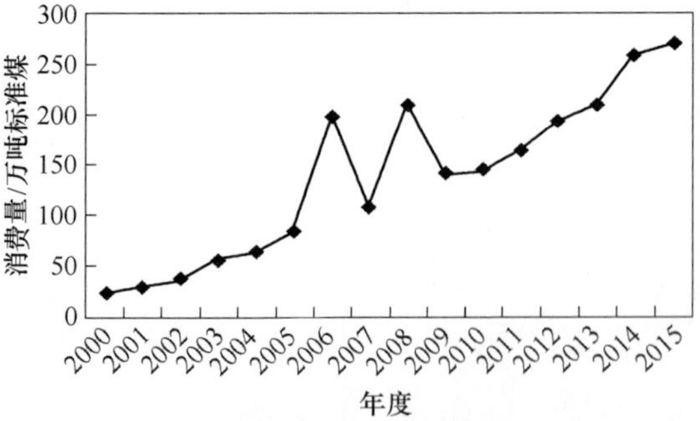

图 1-10　2000 ~ 2015 年西安市天然气的消费变化

1.2.2 能源消费与碳排放之间的关系

表1-9和表1-10给出了西安市2000～2015年各品种能源消费所排放的碳，表1-10给出了西安市2000～2015年碳排放量与GDP的关系。图1-11给出了2000～2015年西安市碳排放强度与碳排放系数之间的关系，图1-12给出了2000～2015年西安市碳排放强度与能耗强度之间的关系，图1-13给出了2000～2015年西安市GDP与总能耗之间的关系，图1-14给出了2000～2015年西安市GDP与碳排放量之间的关系。从图1-11可以看出，2000～2015年西安市碳排放强度呈现下降趋势，平均下降速度为1%，平均碳排放强度为0.53吨碳/万元；2000～2015年西安市碳排放系数呈现平稳走势，平均碳排放系数为0.68吨碳/吨标准煤；从图1-12可以看出，2000～2015年西安市碳排放强度与能耗强度呈现同步下降走势，能耗强度平均下降速度为0.569%，平均能耗强度为0.789吨标准煤/万元；从图1-13和图1-14可以看出，2000～2015年西安市GDP与能耗总量和碳排放量呈现同步上升走势，能耗总量平均上升速度为9.7%，碳排放总量平均上升速度为9.6%。

表1-9　2000～2015年西安市各品种能源消费所形成的碳排放量（万吨碳）

年度	煤炭消费量			石油消费量		天然气消费量	
	发电企业	规模以上工业企业	其他部门	规模以上工业企业	其他部门	规模以上工业企业	其他部门
2000	169.3246	154.3046	68.97876	1.547817	99.81306	0.500305698	9.8351
2001	183.7168	198.8317	61.49251	1.606068	88.98037	0.624170369	12.37205
2002	203.2785	245.4446	52.39633	1.522852	75.81808	0.801889246	14.90905
2003	223.9477	290.5547	44.03688	1.431314	63.72189	0.990378963	23.43751
2004	102.8167	339.4852	99.15561	1.414671	143.4793	1.444908365	26.40555
2005	116.0897	386.7559	110.764	1.755857	160.2767	1.899437766	34.73944
2006	6.17697	429.2794	146.6034	1.331455	212.1368	44.93431125	42.7161
2007	342.8455	534.0406	52.31848	1.331455	75.70543	3.096616788	44.46757
2008	371.0966	510.693	97.18979	1.56446	122.3276	41.25556745	51.34683
2009	398.6043	547.916	134.8368	1.51453	195.1104	5.06068093	57.33368
2010	460.9552	589.991	181.0624	1.422993	261.9994	3.982518682	59.60108
2011	501.1151	618.1979	108.0636	1.381385	156.3693	7.71353827	65.25286
2012	543.9144	655.9816	121.2979	1.173345	175.5194	8.6166728	76.95891
2013	590.6418	599.9415	172.6077	0.948662	249.7653	9.532194285	83.12006
2014	636.5428	593.3701	178.1561	0.41608	257.7939	13.73282228	100.7113
2015	657.7261	584.4064	184.8137	0.199718	267.4275	13.78667648	106.3817

表 1-10　2000 ~ 2015 年西安市能源消费所形成的碳排放量与 GDP 的关系

年度	GDP 总量 /亿元	能耗总量 /万吨标准煤	碳排放总量 /万吨碳	碳排放强度 /吨碳 · 万元$^{-1}$	碳排放系数 /吨碳 · 吨标准煤$^{-1}$
2000	646. 13	744. 988	504. 3043	0. 780499768	0. 676929448
2001	734. 86	803. 202	547. 6237	0. 745208198	0. 681800713
2002	826. 68	865. 534	594. 1712	0. 718743909	0. 686479346
2003	946. 66	943. 82	648. 1204	0. 684639099	0. 686699212
2004	1102. 39	1049. 475	714. 2019	0. 647866858	0. 680532595
2005	1313. 93	1196. 99	812. 281	0. 618207182	0. 678602964
2006	1538. 94	1343. 495	883. 1784	0. 573887478	0. 657373786
2007	1856. 63	1528. 006	1053. 806	0. 567590559	0. 689660682
2008	2318. 14	1780. 332	1195. 474	0. 515703908	0. 671489283
2009	2724. 08	1977. 682	1340. 376	0. 492047354	0. 677751204
2010	3241. 69	2304. 842	1559. 015	0. 480926497	0. 676408454
2011	3862. 58	2143. 732	1458. 094	0. 377492176	0. 680166052
2012	4366. 1	2335. 864	1583. 462	0. 362671991	0. 677891428
2013	4924. 97	2541. 285	1706. 557	0. 34651119	0. 671533188
2014	5492. 64	2669. 423	1780. 723	0. 32420168	0. 667081656
2015	5801. 2	2726. 564	1814. 742	0. 312821785	0. 665578267
平均值	2606. 101	1684. 702	1137. 258	0. 534313727	0. 676623642

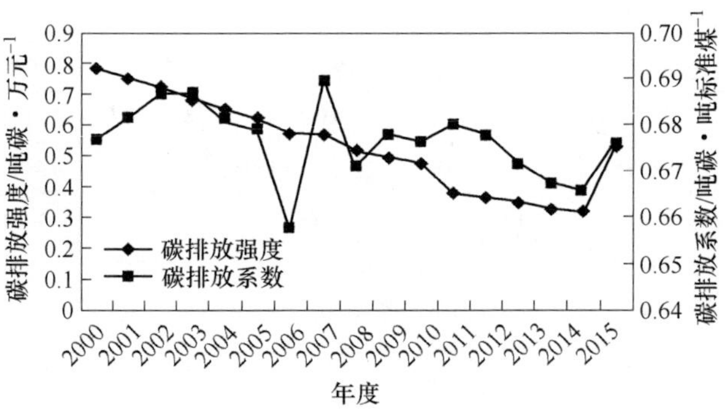

图 1-11　2000 ~ 2015 年西安市碳排放强度与碳排放系数之间的关系

1. 2. 3　能源消费结构

能源消费结构是指能源直接消费品种的结构份额，主要包括煤炭（去除发电用煤）、石油、天然气和电力。由于各品种能源的碳排放系数不同，即单位品种

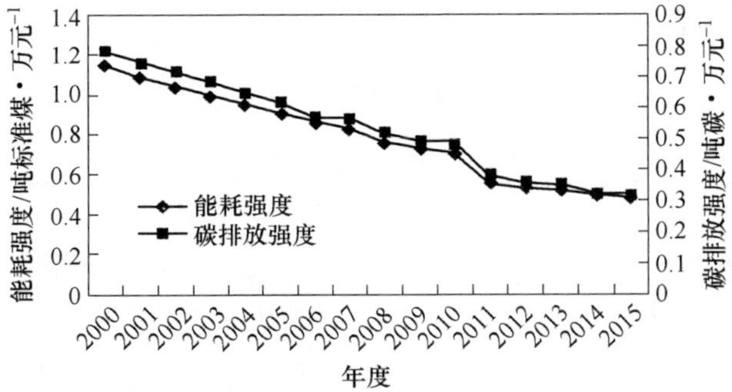

图 1-12　2000 ~ 2015 年西安市碳排放强度与能耗强度之间的关系

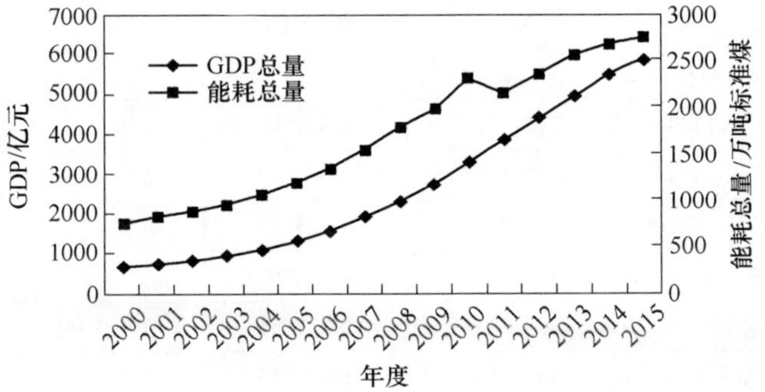

图 1-13　2000 ~ 2015 年西安市 GDP 与总能耗之间的关系

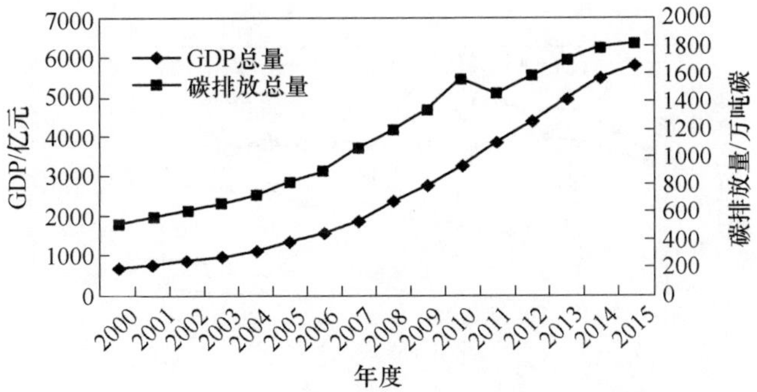

图 1-14　2000 ~ 2015 年西安市 GDP 与碳排放量之间的关系

能源的碳排放量不同，根据 2003 年国家发展和改革委员会能源研究以及厦门节能中心的测算，煤炭、石油、天然气、电力的碳排放系数分别为 0.7476、0.5825、0.4435、0.6800 吨碳/吨标准煤，因此其所占比重的不同，即能源消费结构直接影响着单位能源的碳排放量，即能源碳排放强度。为了研究方便，我们将煤炭消费分为发电用煤和非发电用煤两大类，表 1-11 给出了拆分后的能源消费结构。图 1-15 给出了 2000 ~2015 年能源消费结构与碳排放系数的变化规律。

表 1-11　西安市能源消费结构　　（万吨标准煤）

年度	煤炭	石油	天然气	电力	合计
2000	298.66694	174.0101	23.30419	249.0068	744.988
2001	348.21323	155.5132	29.30377	270.1718	803.202
2002	398.39605	132.7741	35.42489	298.9389	865.534
2003	447.55434	111.851	55.0798	329.3349	943.82
2004	586.7319	248.745	62.79697	151.2011	1049.475
2005	665.4894	278.1674	82.61304	170.7201	1196.99
2006	770.3087	366.4691	197.6334	9.08378	1343.495
2007	784.32191	132.2522	107.2473	504.1846	1528.006
2008	813.1124	212.6902	208.7991	545.7303	1780.332
2009	913.2595	337.5535	140.6863	586.1828	1977.682
2010	1031.3716	452.2273	143.3677	677.8753	2304.842
2011	971.4574	270.8166	164.524	736.934	2143.732
2012	1039.6997	303.3351	192.9551	799.8741	2335.864
2013	1033.3724	430.4102	208.9115	868.5909	2541.285
2014	1032.004	443.2789	258.0477	936.0924	2669.423
2015	1028.9193	459.4459	270.9547	967.2442	2726.564

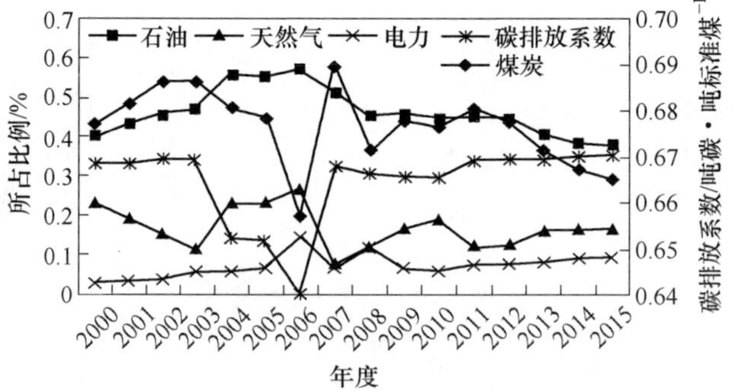

图 1-15　能源消费结构与碳排放系数的变化规律

1.2.4　产业能源消费特征

1978 年以来，随着西安市工业化进程的不断加快，产业结构也随之不断变动。表1-12给出了2000~2015年第一、第二、第三产业能耗情况；表1-13给出第一、第二、第三产业碳排放量情况；图1-16给出了西安市2000~2015年第一、第二、第三产业能耗结构变化规律；图1-17给出了第一、第二、第三产业碳排放量变化。2000年，西安市第一产业产值占国内生产总值的比重为6.91%，第二产业为42.89%，第三产业为50.20%；产业结构的特征也决定了产业能源消费、产业能源强度、产业碳强度的特征。从图1-16可知，2000~2015年，第一产业的产值和能耗占比不断下降，平均降速为3.85%；第二产业能耗占比在2000~2011年间保持稳定，均值为42.57%，自2012年后，第二产业能耗占比开始下降，降速为4.01%；2000~2015年，第三产业的产值和能耗占比缓慢上升，平均增速为1.18%。第一、第二、第三产业的平均占比为5：42：53。从图1-17可知，2000~2015年，第一产业的碳排放量保持缓慢上升态势，平均增速为5.42%；第二产业的碳排放量保持保持中速上升态势，平均增速为8.06%；第三产业也保持稳步上升态势，平均增速为10.30%。

表1-12 2000~2015年第一、第二、第三产业能耗 （万吨标准煤）

年度	第一产业 GDP		第二产业 GDP		第三产业 GDP	
	能耗	占比/%	能耗	占比/%	能耗	占比/%
2000	51.48145	6.91	319.5309	42.89	373.97555	50.20
2001	50.13591	6.24	341.9997	42.58	411.06637	51.18
2002	50.01519	5.78	370.1983	42.77	445.32051	51.45
2003	50.56784	5.36	406.1579	43.03	487.09432	51.61
2004	57.31992	5.46	454.0278	43.26	538.12752	51.28
2005	60.13511	5.02	492.3955	41.14	644.45962	53.84
2006	61.49412	4.58	563.6525	41.95	718.34805	53.47
2007	67.90573	4.44	643.5366	42.12	816.56414	53.44
2008	79.4496	4.46	753.8534	42.34	947.02848	53.19
2009	80.13588	4.05	831.0885	42.02	1066.4577	53.92
2010	99.58266	4.32	1000.178	43.39	1205.08101	52.28
2011	96.0927	4.48	929.2421	43.35	1118.39715	52.17
2012	104.64065	4.48	1006.736	43.10	1224.4866	52.42
2013	103.4322	4.07	1031.391	40.59	1406.4612	55.34
2014	104.2713	3.91	1066.663	39.96	1498.48866	56.14
2015	103.494	3.80	999.3563	36.65	1623.7137	59.55
平均值	76.25964	4.84	700.6255	41.95	907.8169113	53.22

表 1-13　西安市第一、第二、第三产业产业碳排放量情况　（万吨碳）

年度	第一产业	第二产业	第三产业	合计
2000	34. 84931	216. 2999	253. 1551	504. 3043
2001	34. 1827	233. 1756	280. 2654	547. 6237
2002	34. 3344	254. 1335	305. 7033	594. 1712
2003	34. 72489	278. 9083	334. 4873	648. 1204
2004	39. 00806	308. 9806	366. 2132	714. 2019
2005	40. 80786	334. 141	437. 3321	812. 281
2006	40. 42463	370. 5305	472. 2233	883. 1784
2007	46. 83191	443. 8219	563. 1522	1053. 806
2008	53. 34958	506. 2047	635. 9197	1195. 474
2009	54. 31217	563. 2711	722. 7928	1340. 376
2010	67. 35858	676. 5291	815. 1273	1559. 015
2011	65. 35901	632. 039	760. 6959	1458. 094
2012	70. 93501	682. 4579	830. 0691	1583. 462
2013	69. 45816	692. 6134	944. 4854	1706. 557
2014	69. 55747	711. 5513	999. 6142	1780. 723
2015	68. 88337	665. 1499	1080. 709	1814. 742

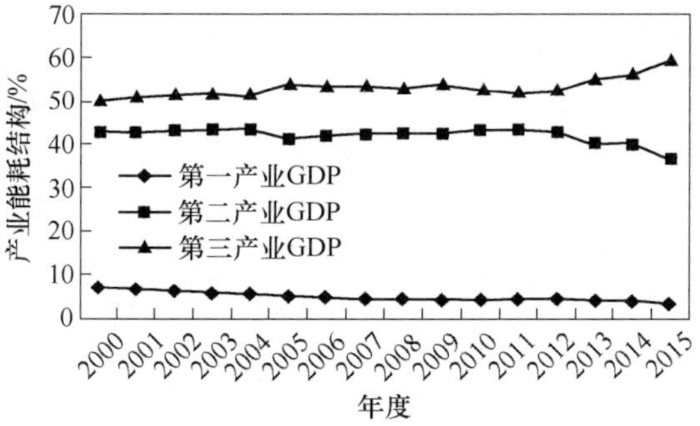

图 1-16　2000～2015 年西安市第一、第二、第三产业能耗结构变化规律

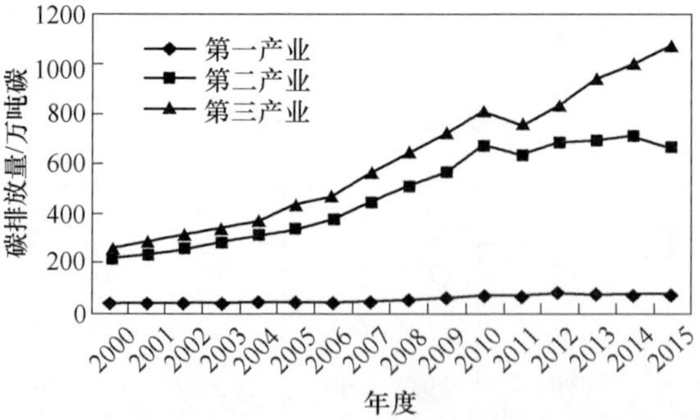

图 1-17　西安市第一、第二、第三产业碳排放量变化规律

1.3 西安市能源消费结构现状评价

1.3.1 西安市能源消费结构运行效率评价

能源消费结构系统是一个较复杂的系统，涉及社会经济生活的方方面面，不仅受到经济增长、产业结构、人口等众多宏观经济因素的影响，尤其在低碳经济背景下，还受到节能和碳排放的约束。因此，对基于低碳经济的能源结构评价，较合理的方法是从能源投入和产出角度对其运行效率进行评价。依据此思路，本书采用 DEA 方法对西安市能源消费结构现状评价。

数据包络分析方法[6]（Data Envelopment Analysis，DEA）由 Charnes、Coopor 和 Rhodes 于 1978 年提出，该方法的原理主要是通过保持决策单元（Decision Making Units，DMU）的输入或者输入不变，借助于数学规划和统计数据确定相对有效的生产前沿面，将各个决策单元投影到 DEA 的生产前沿面上，并通过比较决策单元偏离 DEA 前沿面的程度来评价它们的相对有效性。DEA 方法以相对效率概念为基础，以凸分析和线形规划为工具的一种评价方法，应用数学规划模型计算比较决策单元之间的相对效率，对评价对象做出评价。它能充分考虑对于决策单元本身最优的投入产出方案，因而能够更理想地反映评价对象自身的信息和特点；同时对于评价复杂系统的多投入多产出分析具有独到之处。DEA 方法的特点如下：

（1）适用于多输出 - 多输入的有效性综合评价问题，在处理多输出 - 多输入的有效性评价方面具有绝对优势。

（2）DEA 方法并不直接对数据进行综合，因此决策单元的最优效率指标与投入指标值及产出指标值的量纲选取无关，应用 DEA 方法建立模型前无须对数据进行无量纲化处理（当然也可以）。

（3）无须任何权重假设，而以决策单元输入输出的实际数据求得最优权重，排除了很多主观因素，具有很强的客观性。

（4）DEA 方法假定每个输入都关联到一个或者多个输出，且输入输出之间确实存在某种联系，但不必确定这种关系的显式表达式。

DEA 的基本原理如图 1-18 所示。图中各字母定义如下：x_{ij}为第j个决策单元对第i种类型输入的投入总量，$x_{ij}>0$；y_{rj}为第j个决策单元对第r种类型输出的产出总量，$y_{rj}>0$；v_i为对第i种类型输入的一种度量，权系数；u_r为对第r种类型输出的一种度量，权系数；$i=1$、2、…、m，$r=1$、2、…、s，$j=1$、2、…、n。

1.3.2 投入导向视角下的能源消费结构运行效率评价

下面采用超效率 Supper-CCR-I 模型对投入导向视角下的西安市能源消费结构

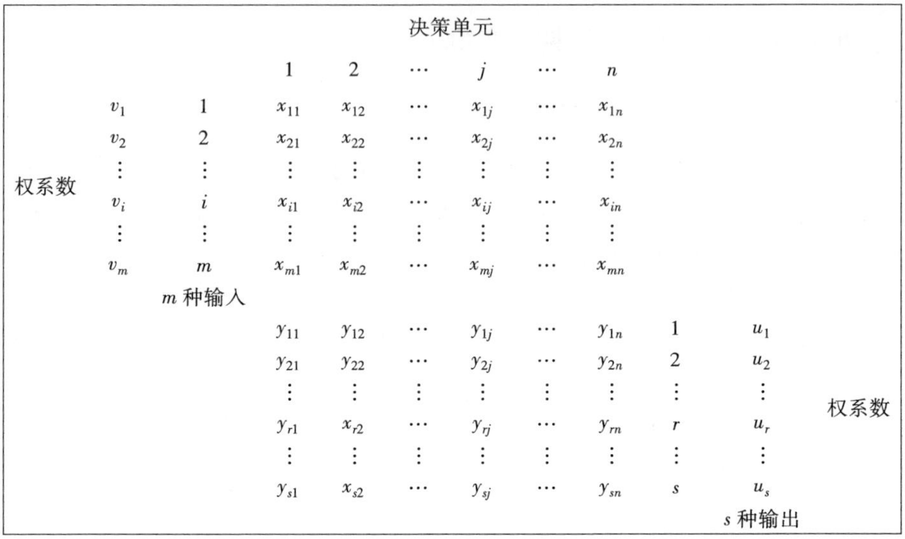

图 1-18　DEA 基本原理

进行评价。该评价的特征是：

（1）能源消费结构的规模收益不变：产出与投入的比值为常数。

（2）对于被评价为 DEA 有效的年度来说，在保持其他年度投入和产出不变的条件下，在该年度等比例增加投入后（增加比例为 $\theta^* - 1$），仍将是 DEA 有效。

（3）对于被评价为 DEA 无效率的年度来说，在保持其他年度投入和产出不变的条件下，在该年度等比例增加投入后（增加比例为 θ^*），达到 DEA 有效。

Supper-CCR-I 模型的结构如式（1-1）所示：

$$\begin{cases} \min\theta \\ \text{s. t.} \\ \sum\limits_{j=1,\, j\neq k}^{n} \boldsymbol{\lambda}_j \boldsymbol{x}_j + \boldsymbol{s}^+ = \boldsymbol{\theta x}_{0k} \\ \sum\limits_{j=1,\, j\neq k}^{n} \boldsymbol{\lambda}_j \boldsymbol{y}_j - \boldsymbol{s}^- = \boldsymbol{y}_{0k} \\ \lambda_j \geqslant 0,\ j = 1、2、\cdots、n,\ j \neq k \\ \theta \text{ 无约束}, \boldsymbol{s}^+ \geqslant 0, \boldsymbol{s}^- \leqslant 0 \end{cases} \tag{1-1}$$

式中，$\boldsymbol{x}_{0k} = (x_{1k}, x_{2k}, \cdots, x_{mk})^{\mathrm{T}}, k = j_0$；$\boldsymbol{\lambda} = (\lambda_1, \lambda_2, \cdots, \lambda_n)^{\mathrm{T}}$；$\boldsymbol{x}_j = (x_{1j}, x_{2j}, \cdots, x_{mj})^{\mathrm{T}}$，$\boldsymbol{y}_j = (y_{1j}, y_{2j}, \cdots, y_{sj})^{\mathrm{T}}, \boldsymbol{y}_0 = (y_{1k}, y_{2k}, \cdots, y_{sk})^{\mathrm{T}}$；$\boldsymbol{s}^+$ 为松弛变量，$\boldsymbol{s}^-$ 为剩余变量；θ 为被评价年度的运行效率。

利用 DEA 有效性的定义，能够利用 Supper-CCR-I 模型判定是否同时技术有效和规模有效：

（1）$\theta^* \geq 1$，且 $s^{*+}=0$，$s^{*-}=0$。则被评价年度 k 为 DEA 有效，被评价年度的经济活动同时为技术有效和规模有效。

（2）$\theta^* \geq 1$，但至少某个输入或者输出大于 0，则被评价年度为弱 DEA 有效，被评价年度 k 的经济活动不是同时为技术效率最佳和规模最佳。

（3）$\theta^* < 1$，被评价年度还可以用模型（1－1）中的 λ_j 判断被评价年度 k 的规模收益情况：

1）如果存在 λ_j^*（$j=1, 2, \cdots, n$）使得 $\sum_{j=1}^{n} \lambda_j^* \geq 1$，则被评价年度 k 为规模收益不变；

2）如果不存在 λ_j^*（$j=1, 2, \cdots, n$）使得 $\sum_{j=1}^{n} \lambda_j^* \geq 1$，若 $\sum_{j=1}^{n} \lambda_j^* < 1$，则被评价年度 k 为规模收益递增；

3）如果不存在 λ_j^*（$j=1, 2, \cdots, n$）使得 $\sum_{j=1}^{n} \lambda_j^* \geq 1$，若 $\sum_{j=1}^{n} \lambda_j^* > 1$，则被评价年度 k 为规模收益递减。

Supper-CCR-I 模型中变量的经济含义：

（1）λ_j 使各个有效点连接起来，形成有效前沿面；非零的 s^+、s^- 使有效前沿面可以沿水平和垂直方向延伸，形成包络面。

（2）在实际运用中，对松弛变量的研究是有意义的，因为它是一种纯的过剩量（s^-）或不足量（s^+），θ 则表示被评价年度 k 离有效前沿面或包络面的一种径向优化量或“距离”。

（3）设 $\hat{x}_{ik} = \theta^0 x_{ik} - s_i^{-0}$，$\hat{y}_{rk} = y_{rk} + s_r^{+0}$，其中 s_i^{-0}，s_r^{+0}，θ^0 是被评价年度 k 对应的线性规划（1-1）的最优解，则（$\hat{x}_{ik}$，$\hat{y}_{rk}$）为被评价年度 k 对应的（x_{0k}，y_{0k}）在 DEA 的相对有效面上的投影，它是 DEA 有效的。

表 1-14 给出了 2004～2015 年西安市能源投入情况，表 1-15 给出了 2004～2015 年西安市产出及大气污染物排放。由于工业废气排放量、工业烟尘排放量、二氧化硫排放量、氮氧化物排放量是越小越好型产出指标，因此需将其进行转化，转化方法如表 1-16 所示。依据表 1-16 所示的转化方法，可将表 1-15 转化成表 1-17。

表 1-14　2004～2015 年西安市能源投入情况　（万吨标准煤）

年度	煤炭	石油	天然气	电力
2004	586.7319	248.745	62.79697	151.2011
2005	665.4894	278.1674	82.61304	170.7201
2006	770.3087	366.4691	197.6334	9.08378

续表 1-14

年度	煤炭	石油	天然气	电力
2007	784.32191	132.2522	107.2473	504.1846
2008	813.1124	212.6902	208.7991	545.7303
2009	913.2595	337.5535	140.6863	586.1828
2010	1031.3716	452.2273	143.3677	677.8753
2011	971.4574	270.8166	164.524	736.934
2012	1039.6997	303.3351	192.9551	799.8741
2013	1033.3724	430.4102	208.9115	868.5909
2014	1032.004	443.2789	258.0477	936.0924
2015	1028.9193	459.4459	270.9547	967.2442

表 1-15 2004～2015 年西安市产出及大气污染物排放情况

年度	财政收入/亿元	第一产业GDP/亿元	第二产业GDP/亿元	第三产业GDP/亿元	工业废气排放量/亿立方米	工业烟尘排放量/亿立方米	二氧化硫排放量/亿立方米	氮氧化物排放量/亿立方米
2004	133.52	60.21	476.92	565.26	428.3105	71990.9	90508.1	45254.05
2005	163.87	66.01	540.5	707.42	470.5841	65516.81	94341.39	47170.695
2006	195.96	70.44	645.65	822.85	642.5076	57908.57	91674.2	45837.1
2007	260.7	82.51	781.94	992.18	1149.4114	34560.55	98155.37	49077.685
2008	324.49	103.45	981.58	1233.11	1519.1799	28359.27	96587.37	48293.685
2009	400.29	110.38	1144.75	1468.95	737.2387	24644.87	82864.22	41432.11
2010	510.69	140.06	1406.72	1694.91	791.5628	20011.94	81505.83	40752.915
2011	649.88	173.14	1674.31	2015.13	1018.4619	18888.18	97884.02	48942.01
2012	753.07	195.59	1881.75	2288.76	1043.31	17462.58	83062.9	41857.7
2013	902.76	200.45	1998.82	2725.7	844.11	13658.34	64664.15	34921.76
2014	1019.69	214.55	2194.78	3083.31	901.23	21985.4	62604.03	31823.37
2015	1114.98	220.2	2126.29	3454.71	1108.48	16443.53	38691.36	22364.26

表 1-16 转化方法

名 称	转 化 方 法	名 称	转 化 方 法
工业废气排放量	1600 - 工业废气排放量	二氧化硫排放量	99000 - 二氧化硫排放量
工业烟尘排放量	72000 - 工业烟尘排放量	氮氧化物排放量	50000 - 氮氧化物排放量

表 1-17 2004～2015 年西安市能源消费及其产出情况（转化后）

年度	财政收入/亿元	第一产业 GDP/亿元	第二产业 GDP/亿元	第三产业 GDP/亿元	工业废气排放量/亿立方米	工业烟尘排放量/亿立方米	二氧化硫排放量/亿立方米	氮氧化物排放量/亿立方米
2004	133.52	60.21	476.92	565.26	1171.69	9.10	8491.90	4745.95
2005	163.87	66.01	540.5	707.42	1129.42	6483.19	4658.61	2829.31
2006	195.96	70.44	645.65	822.85	957.49	14091.43	7325.80	4162.90
2007	260.7	82.51	781.94	992.18	450.59	37439.45	844.63	922.32
2008	324.49	103.45	981.58	1233.11	80.82	43640.73	2412.63	1706.32
2009	400.29	110.38	1144.75	1468.95	862.76	47355.13	16135.78	8567.89
2010	510.69	140.06	1406.72	1694.91	808.44	51988.06	17494.17	9247.09
2011	649.88	173.14	1674.31	2015.13	581.54	53111.82	1115.98	1057.99
2012	753.07	195.59	1881.75	2288.76	556.69	54537.42	15937.10	8142.30
2013	902.76	200.45	1998.82	2725.7	755.89	58341.66	34335.85	15078.24
2014	1019.69	214.55	2194.78	3083.31	698.77	50014.60	36395.97	18176.63
2015	1114.98	220.2	2126.29	3454.71	491.52	55556.47	60308.64	27635.74

依据表 1-14 所示的能源投入数据和表 1-17 所示的产出数据，采用 DEA-Solver Pro5.0 软件，可得 2004～2015 年投入导向视角下的西安市能源消费结构运行效率情况（规模收益不变），如表 1-18 和表 1-19 所示。

表 1-18 2004～2015 年间西安市投入导向视角下的投入产出指标调整参考标杆（规模收益不变）

年度	效率	排名	参考标杆[①]
2004	1.621428	3	2005(1.007581589);2015(6.86E-02)
2005	1.0679514	11	2004（0.794814075）; 2006（0.119693966）; 2009（8.62E-02）; 2013（1.21E-02）
2006	27.315988	1	2005(0.711266637);2009(0.140745149);2013(0.032685798);2015(1.63E-02)
2007	1.5090606	4	2004(3.41E-02);2009(1.90E-03);2011(0.70321518)
2008	1.0565655	12	2007(0.466244796);2009(0.307453841);2011(0.218882815)
2009	1.130548	6	2004（0.147320092）; 2006（4.17E-02）; 2007（0.31346577）; 2010(0.426397702);2013(0.210519863);2015(0.010451737)
2010	1.1323404	5	2009(0.714923604);2011(0.123506676);2013(0.198367606)
2011	1.0820653	9	2007(0.237408109);2010(9.61E-02);2012(0.719253627)
2012	1.1087594	7	2011(0.793592503);2015(0.264247929)

续表 1-18

年度	效率	排名	参考标杆①
2013	1.1058624	8	2004(2.03E-02);2010(0.378910864);2011(0.175423514);2014(0.251144912);2015(0.301758923)
2014	1.0708736	10	2013(0.651442946);2015(0.41982176)
2015	1.661982	2	2014(1.657014224)

① 参考标杆：某（DMU）的参考标杆表示该（DMU）在生产前沿面上的投影由其参考标杆的投入产出的线性组合构成。例如，2004 年的参考标杆是 2005 年（1.007581589）和 2015 年（6.86E-02），则 2004 年各投入指标在前沿面上的投影 = 2005 年的各投入指标 × 1.007581589 + 2015 年的各投入指标值 ×（6.86E-02）。

表 1-19　2004～2015 年间西安市投入导向视角下的投入产出指标调整值(规模收益不变)

年　度	投入产出指标	调整前指标值	调整目标值	调整幅度	调整百分比/%
2004(1.621428)	煤炭	586.7319	741.09556	154.36366	26.31
	石油	248.745	311.78399	63.038992	25.34
	天然气	62.79697	101.82077	39.023798	62.14
	电量	151.2011	238.3456	87.144497	57.63
	财政收入	133.52	241.57491	108.05491	80.93
	第一产业 GDP	60.21	81.611221	21.401221	35.54
	第二产业 GDP	476.92	690.41345	213.49345	44.77
	第三产业 GDP	565.26	949.69866	384.43866	68.01
	工业烟尘排放量	9.1	10342.265	10333.165	999.90
	二氧化硫排放量	8491.9	8829.7441	337.84406	3.98
2005(1.0679514)	煤炭	665.4894	649.79624	-15.693164	-2.36
	石油	278.1674	275.88499	-2.2824139	-0.82
	天然气	82.61304	88.22671	5.6136703	6.80
	电量	170.7201	182.32077	11.600667	6.80
	财政收入	163.87	175.02168	11.151677	6.81
	第一产业 GDP	66.01	68.230831	2.2208305	3.36
	第二产业 GDP	540.5	579.24337	38.743372	7.17
	二氧化硫排放量	4658.61	9433.272	4774.662	102.49
	氮氧化物排放量	2829.31	5191.699	2362.389	83.50

续表 1-19

年　度	投入产出指标	调整前指标值	调整目标值	调整幅度	调整百分比/%
2006 (27.315988)	煤炭	770.3087	652.47403	-117.83467	-15.30
	石油	366.4691	266.93926	-99.529837	-27.16
	天然气	197.6334	89.818662	-107.81474	-54.55
	电量	9.08378	248.13243	239.04865	999.90
	财政收入	195.96	220.62861	24.668612	12.59
	第一产业 GDP	70.44	72.637729	2.1977294	3.12
	第三产业 GDP	822.85	855.47909	32.629091	3.97
	二氧化硫排放量	7325.8	7692.7317	366.93169	5.01
2007 (1.5090606)	煤炭	784.32191	704.91185	-79.410061	-10.12
	石油	132.2522	199.57658	67.324382	50.91
	天然气	107.2473	118.1073	10.86	10.13
	电量	504.1846	524.50039	20.315791	4.03
	财政收入	260.7	462.32538	201.62538	77.34
	第一产业 GDP	82.51	124.02022	41.510221	50.31
	第二产业 GDP	781.94	1195.86	413.92001	52.94
	第三产业 GDP	992.18	1439.1625	446.98252	45.05
	二氧化硫排放量	844.63	1105.3828	260.75283	30.87
2008 (1.0565655)	煤炭	813.1124	859.10648	45.99408	5.66
	石油	212.6902	224.72112	12.03092	5.66
	天然气	208.7991	129.26952	-79.529585	-38.09
	电量	545.7303	576.59979	30.869488	5.66
	财政收入	324.49	386.86828	62.37828	19.22
	第一产业 GDP	103.45	110.30398	6.8539837	6.63
	第二产业 GDP	981.58	1083.0109	101.43093	10.33
	第三产业 GDP	1233.11	1355.3104	122.20041	9.91
	工业废气排放量	80.82	602.63323	521.81323	645.65
	二氧化硫排放量	2412.63	5599.0807	3186.4507	132.07
	氮氧化物排放量	1706.32	3295.8334	1589.5134	93.15
2009 (1.130548)	煤炭	913.2595	1032.4837	119.22416	13.05
	石油	337.5535	381.62042	44.06692	13.05
	天然气	140.6863	159.05261	18.366309	13.05
	电量	586.1828	662.70777	76.524968	13.05
	财政收入	400.29	529.01974	128.72974	32.16

续表 1-19

年　度	投入产出指标	调整前指标值	调整目标值	调整幅度	调整百分比/%
2009 (1.130548)	第一产业 GDP	110.38	141.8923	31.5123	28.55
	第二产业 GDP	1144.75	1385.1255	240.3755	21.00
	第三产业 GDP	1468.95	1761.2208	292.27082	19.90
	二氧化硫排放量	16135.78	17139.386	1003.6063	6.22
2010 (1.1323404)	煤炭	1031.3716	977.87986	-53.491743	-5.19
	石油	452.2273	360.15206	-92.075236	-20.36
	天然气	143.3677	162.34104	18.973343	13.23
	电量	677.8753	682.39249	4.5171865	0.67
	财政收入	510.69	545.51963	34.829628	6.82
	第二产业 GDP	1406.72	1421.6984	14.978397	1.06
	第三产业 GDP	1694.91	1839.7596	144.84962	8.55
	工业废气排放量	808.44	838.57565	30.135651	3.73
	二氧化硫排放量	17494.17	18484.801	990.63134	5.66
2011 (1.0820653)	煤炭	971.4574	1033.1488	61.69142	6.35
	石油	270.8166	293.04124	22.224639	8.21
	天然气	164.524	178.02571	13.501707	8.21
	电量	736.934	760.16804	23.234036	3.15
	财政收入	649.88	652.62875	2.7487499	0.42
	第一产业 GDP	173.14	173.73009	0.5900929	0.34
	第三产业 GDP	2015.13	2044.6673	29.537263	1.47
	工业废气排放量	581.54	585.08323	3.5432305	0.61
	二氧化硫排放量	1115.98	13344.899	12228.919	999.90
	氮氧化物排放量	1057.99	6964.1863	5906.1963	558.25
2012 (1.1087594)	煤炭	1039.6997	1042.8311	3.1314041	0.30
	石油	303.3351	336.32565	32.990551	10.88
	天然气	192.9551	202.16423	9.2091314	4.77
	电量	799.8741	840.41757	40.543475	5.07
	财政收入	753.07	810.37105	57.301052	7.61
	第二产业 GDP	1881.75	1890.5876	8.8375933	0.47
	第三产业 GDP	2288.76	2512.092	223.33202	9.76
	工业废气排放量	556.69	591.38893	34.698926	6.23
	工业烟尘排放量	54537.42	56829.824	2292.4043	4.20
	二氧化硫排放量	15937.1	16822.067	884.9666	5.55

续表 1-19

年　度	投入产出指标	调整前指标值	调整目标值	调整幅度	调整百分比/%
2013 (1.1058624)	煤炭	1033.3724	1142.7677	109.39529	10.59
	石油	430.4102	473.8693	43.4591	10.10
	天然气	208.9115	231.02737	22.115875	10.59
	电量	868.5909	916.1621	47.571196	5.48
	第一产业 GDP	200.45	204.99319	4.5431872	2.27
	第二产业 GDP	1998.82	2029.2304	30.410413	1.52
	第三产业 GDP	2725.7	2824.0184	98.31842	3.61
	氮氧化物排放量	15078.24	16689.855	1611.6152	10.69
2014 (1.0708736)	煤炭	1032.004	1105.1459	73.141872	7.09
	石油	443.2789	473.27308	29.994175	6.77
	天然气	258.0477	249.8466	-8.2010979	-3.18
	电量	936.0924	971.90758	35.815177	3.83
	财政收入	1019.69	1056.1895	36.4995	3.58
	第一产业 GDP	214.55	223.02649	8.4764901	3.95
	第三产业 GDP	3083.31	3226.0005	142.69047	4.63
	工业烟尘排放量	50014.6	61330.078	11315.478	22.62
	二氧化硫排放量	36395.97	47686.727	11290.757	31.02
	氮氧化物排放量	18176.63	21424.698	3248.0681	17.87
2015 (1.661982)	煤炭	1028.9193	1710.0453	681.12601	66.20
	石油	459.4459	734.51944	275.07354	59.87
	天然气	270.9547	427.58871	156.63401	57.81
	电量	967.2442	1551.1184	583.87422	60.36
	财政收入	1114.98	1689.6408	574.66083	51.54
	第一产业 GDP	220.2	355.5124	135.3124	61.45
	第二产业 GDP	2126.29	3636.7817	1510.4917	71.04
	第三产业 GDP	3454.71	5109.0885	1654.3785	47.89
	工业废气排放量	491.52	1157.8718	666.35183	135.57
	工业烟尘排放量	55556.47	82874.904	27318.434	49.17
	氮氧化物排放量	27635.74	30118.934	2483.1945	8.99

（1）从表 1-18 可知，因为 2004 ~2015 年间每年的效率值均大于 1，故 2004 ~2015 年间每年的能源投入的规模效率和技术效率均为 DEA 有效，其运行效率排名如表 1-18 所示。

(2) 在表1-19中，若某项投入指标调整百分比大于0，则表明该投入指标还有上调的空间；若某项投入指标调整百分比小于0，则表明该投入指标还有下调的空间；若某项投入指标调整百分比等于0，则表明该投入指标没有调整的空间。对某年度来说，按照表1-19给出的调整方法和调整幅度进行调整，仍能使该年度达到DEA有效。

(3) 若某年度的投入产出指标上调或下调空间越大，表明该年度的效率弹性越佳。

下面采用超效率Supper-BCC-I模型对投入导向视角下的西安市能源消费结构进行评价。该评价的特征是：

(1) 能源消费结构的规模收益可变：产出与投入的比值不为常数。

(2) 对于被评价为DEA技术有效的年度来说，在保持其他年度投入和产出不变的条件下，在该年度增加投入后（增加比例为 $\theta^* - 1$），仍将是DEA技术有效。

(3) 对于被评价为DEA无技术效率的年度来说，在保持其他年度投入和产出不变的条件下，在该年度增加投入后（增加比例为 θ^*），达到DEA技术有效。

Supper-BCC-I模型的结构如式（1-2）所示：

$$
\begin{cases}
\min\theta \\
\text{s. t.} \\
\sum\limits_{j=1,\ j\neq k}^{n} \lambda_j \boldsymbol{x}_j + \boldsymbol{s}^+ = \theta \boldsymbol{x}_{0k} \\
\sum\limits_{j=1,\ j\neq k}^{n} \lambda_j \boldsymbol{y}_j - \boldsymbol{s}^- = \boldsymbol{y}_{0k} \\
\sum\limits_{j=1,\ j\neq k}^{n} \lambda_j = 1 \\
\lambda_j \geqslant 0,\ j = 1、2、\cdots、n,\ j \neq k \\
\theta \text{ 无约束}, \boldsymbol{s}^+ \geqslant 0, \boldsymbol{s}^- \leqslant 0
\end{cases}
\tag{1-2}
$$

利用DEA技术有效性的定义，能够利用Supper-BCC-I模型判定是否同时技术有效：

(1) $\theta^* \geqslant 1$，且 $\boldsymbol{s}^{*+} = 0$，$\boldsymbol{s}^{*-} = 0$。则被评价年度 k 为DEA技术有效，被评价年度的经济活动为技术有效。

(2) $\theta^* \geqslant 1$，但至少某个输入或者输出大于0，则被评价年度为弱DEA技术有效，被评价年度 k 的经济活动不是技术效率最佳。

(3) $\theta^* < 1$，被评价年度 k 还可以用模型（1-2）中的 λ_j 判断被评价年度 k 的规模收益情况。

依据表 1-14 所示的能源投入数据和表 1-17 所示的产出数据，采用 DEA-Solver Pro5.0 软件，可得 2004～2015 年投入导向视角下的西安市能源消费结构运行效率情况（规模收益可变），如表 1-20 所示。

表 1-20　2004～2015 年间西安市投入导向视角下的投入产出指标调整参考标杆（规模收益可变）

年度	效率	排名	参考标杆
2004	1	7	—
2005	1	7	—
2006	27.786259	1	2004(9.39E-02);2005(0.705043442);2009(0.201026684)
2007	1.7921461	2	2004(0.2053211);2008(0.503503818);2011(0.291165081)
2008	1.0592692	6	2007(0.501817572);2009(0.278960344);2011(0.219212084)
2009	1	7	—
2010	1.1785565	4	2009(0.558749655);2011(4.11E-02);2013(0.400163017);
2011	1.1154162	5	2007(4.82E-02);2009(7.32E-02);2010(0.030048301);2012(0.848619702)
2012	1.2020067	3	2011(0.490718116);2013(7.53E-02);2014(5.26E-03);2015(0.428728839)
2013	1	7	—
2014	1	7	—
2015	1	7	—

1.3.3　产出导向视角下的能源消费结构运行效率评价

下面采用超效率 Supper-CCR-O 模型对产出导向视角下的西安市能源消费结构进行评价。该评价的特征是：

（1）能源消费结构的规模收益不变：产出与投入的比值为常数。

（2）对于被评价为 DEA 有效的年度来说，在保持其他年度投入和产出不变的条件下，在该年度等比例降低投入后（降低比例为 $\theta^* - 1$），仍将是 DEA 有效。

（3）对于被评价为 DEA 无效率的年度来说，在保持其他年度投入和产出不变的条件下，在该年度等比例降低投入后（增加比例为 θ^*），达到 DEA 有效。

Supper-CCR-O 模型的结构如式（1-3）所示：

$$
\begin{cases}
\max\theta \\
\text{s. t.} \\
\sum_{j=1,\ j\neq k}^{n} \lambda_j \boldsymbol{x}_j + \boldsymbol{s}^+ = \theta \boldsymbol{x}_{0k} \\
\sum_{j=1,\ j\neq k}^{n} \lambda_j \boldsymbol{y}_j - \boldsymbol{s}^- = \boldsymbol{y}_{0k} \\
\lambda_j \geqslant 0,\ j = 1、2、\cdots、n,\ j \neq k \\
\theta \text{无约束}, \boldsymbol{s}^+ \geqslant 0, \boldsymbol{s}^- \leqslant 0
\end{cases}
\tag{1-3}
$$

依据表 1-14 所示的能源投入数据和表 1-17 所示的产出数据，采用 DEA-Solver Pro5. 0 软件，可得 2004 ~ 2015 年产出导向视角下的西安市能源消费结构运行效率情况（规模收益不变），如表 1-21 所示。

表 1-21　2004 ~ 2015 年间西安市产出导向视角下的投入产出调整参考标杆（规模收益不变）

年度	效率	排名	参考标杆
2004	1. 621428	3	2005(0. 621416162);2015(4. 23E-02)
2005	1. 0679514	11	2004 (0. 744241814); 2006 (0. 112078104); 2009 (8. 07E-02); 2013 (1. 13E-02)
2006	27. 315988	1	2005(2. 60E-02);2009(5. 15E-03);2013(1. 20E-03);2015(5. 98E-04)
2007	1. 5090606	4	2004(0. 022622893);2009(1. 26E-03);2011(0. 465995327)
2008	1. 0565655	12	2007(0. 441283396);2009(0. 29099365);2011(0. 207164461)
2009	1. 130548	6	2004 (0. 130308574); 2006 (3. 69E-02); 2007 (0. 277268883); 2010 (0. 377160207);2013(0. 186210467);2015(9. 24E-03)
2010	1. 1323404	5	2009(0. 63136808);2011(0. 109072036);2013(0. 175183718)
2011	1. 0820653	9	2007(0. 219402762);2010(8. 88E-02);2012(0. 664704473)
2012	1. 1087594	7	2011(0. 715748146);2015(0. 238327561)
2013	1. 1058624	8	2004 (1. 83E-02); 2010 (0. 342638344); 2011 (0. 158630506); 2014 (0. 227103218);2015(0. 272872032)
2014	1. 0708736	10	2013(0. 608328496);2015(0. 392036696)
2015	1. 661982	2	2014(0. 997010961)

下面采用超效率 Supper-BCC-O 模型对产出导向视角下的西安市能源消费结构进行评价。该评价的特征是：

（1）能源消费结构的规模收益可变：产出与投入的比值不为常数。

（2）对于被评价为 DEA 技术有效的年度来说，在保持其他年度投入和产出不变的条件下，在该年度等比例降低投入后（增加比例为 $\theta^* - 1$），仍将是 DEA

技术有效。

（3）对于被评价为 DEA 无技术效率的年度来说，在保持其他年度投入和产出不变的条件下，在该年度降低投入后（增加比例为 θ^*），达到 DEA 技术有效。

Supper-BCC-O 模型的结构如式（1-4）所示：

$$\begin{cases} \max\theta \\ \text{s. t.} \\ \sum\limits_{j=1,\, j\neq k}^{n} \lambda_j \boldsymbol{x}_j + \boldsymbol{s}^+ = \theta \boldsymbol{x}_{0k} \\ \sum\limits_{j=1,\, j\neq k}^{n} \lambda_j \boldsymbol{y}_j - \boldsymbol{s}^- = \boldsymbol{y}_{0k} \\ \sum\limits_{j=1,\, j\neq k}^{n} \lambda_j = 1 \\ \lambda_j \geqslant 0,\ j = 1、2、\cdots、n,\ j\neq k \\ \theta \text{ 无约束}, s^+ \geqslant 0, s^- \leqslant 0 \end{cases} \tag{1-4}$$

依据表 1-14 所示的能源投入数据和表 1-17 所示的产出数据，采用 DEA-Solver Pro5.0 软件，可得 2004～2015 年产出导向视角下的西安市能源消费结构运行效率情况（规模收益可变），如表 1-22 所示。

表 1-22　2004～2015 年间西安市产出导向视角下的投入产出调整参考标杆(规模收益可变)

年度	效率	排名	参考标杆
2004	1	10	—
2005	1.2023025	2	2004(0.785277058);2006(0.113652839);2007(0.101060103)
2006	1	10	—
2007	1	10	—
2008	1.0949718	7	2007(0.880806939);2011(1.43E-02);2013(0.104901117)
2009	1.1338631	4	2004(5.64E-02); 2005(9.34E-02); 2006(0.023489474); 2007(0.24948232);2010(0.344060322);2013(0.233102254)
2010	1.1510768	3	2004(8.14E-02); 2009(0.71413345); 2011(0.110832196); 2013(9.36E-02)
2011	1.0900699	8	2004(2.48E-02); 2007(0.249327819); 2010(7.72E-02); 2012(0.648628915)
2012	1.1091972	6	2007(8.77E-02);2011(0.675441565);2015(0.236838507)
2013	1.1122195	5	2010(0.372705165);2012(0.138292635);2014(0.294199081);2015(0.194803118)
2014	1.0712647	9	2013(0.60810642);2015(0.39189358)
2015	1.6658491	1	2004(6.90E-03);2014(0.993085503)

1.3.4　无导向视角下的 SBM 能源消费结构运行效率评价

下面采用超效率 Supper-SBM-C 模型对无导向视角下的西安市能源消费结构运行效率进行评价。该评价的特征是：

（1）能源消费结构的规模收益不变：产出与投入的比值为常数。

（2）对于被评价为 DEA 有效的年度来说，在保持其他年度投入和产出不变的条件下，在该年度增加或降低投入后（增减比例为 θ^*-1），仍将是 DEA 有效。

（3）对于被评价为 DEA 无效率的年度来说，在保持其他年度投入和产出不变的条件下，在该年度增加或降低投入后（增减比例为 θ^*），达到 DEA 有效。

Supper-SBM-C 模型的结构如式（1-5）所示：

$$\begin{cases} \min\theta = \dfrac{1-\dfrac{1}{m}\sum\limits_{i=1}^{m}\dfrac{s_i^-}{x_{ik}}}{1+\dfrac{1}{s}\sum\limits_{r=1}^{s}\dfrac{s_i^+}{y_{ik}}} \\ \text{s. t.} \\ \boldsymbol{X\lambda}+\boldsymbol{s}^-=\boldsymbol{x}_k \\ \boldsymbol{Y\lambda}-\boldsymbol{s}^+=\boldsymbol{y}_k \\ \boldsymbol{\lambda}、\boldsymbol{s}^-、\boldsymbol{s}^+\geqslant 0 \end{cases} \tag{1-5}$$

式中，$\boldsymbol{s}^-=(s_1^-,s_2^-,\cdots,s_m^-)^{\mathrm{T}}$；$\boldsymbol{s}^+=(s_1^+,s_2^+,\cdots,s_s^+)^{\mathrm{T}}$；$\boldsymbol{\lambda}=(\lambda_1,\lambda_2,\cdots,\lambda_n)^{\mathrm{T}}$；$\boldsymbol{X}=[x_{ik}]_{m\times n}$；$\boldsymbol{x}_k=(x_{1k},x_{2k},\cdots,x_{mk})^{\mathrm{T}}$；$\boldsymbol{Y}=[y_{ik}]_{s\times n}$。

依据表 1-14 所示的能源投入数据和表 1-17 所示的产出数据，采用 DEA-Solver Pro5. 0 软件，可得 2004 ~2015 年无导向视角下的西安市能源消费结构运行效率情况（规模收益不变），如表 1-23 所示。

表 1-23　2004 ~2015 年间西安市无导向视角下的投入产出调整参考标杆（规模收益不变）

年度	效率	排名	参考标杆
2004	1. 1714641	2	2005(0. 399536698);2015(0. 109944684)
2005	1. 0223983	11	2004(0. 7149986);2006(0. 125036787);2010(9. 07E-02)
2006	6. 2563977	1	2004(0. 81433121);2015(6. 81E-03)
2007	1. 0958844	4	2011(0. 42667859);2012(5. 78E-02)
2008	1. 0067372	12	2007(0. 441283396);2009(0. 29099365);2011(0. 207164461)
2009	1. 0255624	9	2004(0. 300985163);2007(0. 210711964);2010(0. 19424178);2013(0. 341479801)
2010	1. 0326688	7	2009(0. 647194066);2011(0. 122007341);2013(0. 236958683)
2011	1. 0331689	6	2004(2. 09E-02);2007(0. 147351497);2012(0. 811404701)

续表 1-23

年度	效率	排名	参　考　标　杆
2012	1.0286913	8	2007(4.88E-02);2011(0.702766056);2015(0.266096593)
2013	1.0511049	5	2004(0.136797304);2010(9.45E-02);2011(0.201088468);2014(0.366037031);2015(0.298038615)
2014	1.0236698	10	2004(1.55E-02);2013(0.660528058);2015(0.36880812)
2015	1.1366615	3	2014(1.036471395)

下面采用超效率 Supper-SBM-V 模型对无导向视角下的西安市能源消费结构运行效率进行评价。该评价的特征是：

（1）能源消费结构的规模收益可变：产出与投入的比值不常数。

（2）对于被评价为 DEA 技术有效的年度来说，在保持其他年度投入和产出不变的条件下，在该年度增加或降低投入后（增减比例为 $\theta^* - 1$），仍将是 DEA 技术有效。

（3）对于被评价为 DEA 技术无效率的年度来说，在保持其他年度投入和产出不变的条件下，在该年度增加或降低投入后（增减比例为 θ^*），达到 DEA 技术有效。

Supper-SBM-V 模型的结构如式（1-6）所示：

$$\begin{cases} \min\theta = \dfrac{1 - \dfrac{1}{m}\sum\limits_{i=1}^{m}\dfrac{s_i^-}{x_{ik}}}{1 + \dfrac{1}{s}\sum\limits_{r=1}^{s}\dfrac{s_i^+}{y_{ik}}} \\ \text{s. t.} \\ \boldsymbol{X\lambda} + \boldsymbol{s}^- = \boldsymbol{x}_k \\ \boldsymbol{Y\lambda} - \boldsymbol{s}^+ = \boldsymbol{y}_k \\ \boldsymbol{e\lambda} = 1 \\ \boldsymbol{\lambda}、\boldsymbol{s}^-、\boldsymbol{s}^+ \geqslant 0, \boldsymbol{e} = (1,1,\cdots,1) \end{cases} \tag{1-6}$$

依据表 1-14 所示的能源投入数据和表 1-17 所示的产出数据，采用 DEA-Solver Pro5.0 软件，可得 2004～2015 年无导向视角下的西安市能源消费结构运行效率情况（规模收益可变），如表 1-24 所示。

表 1-24　2004～2015 年间西安市无导向视角下的投入产出调整参考标杆（规模收益可变）

年度	效率	排名	参　考　标　杆
2004	1.3215218	2	2005(1)
2005	1.0277205	10	2004(0.759846283);2006(0.147180306);2009(9.30E-02)
2006	6.4885168	1	2004(0.695810529);2005(0.304179471)

续表 1-24

年度	效率	排名	参　考　标　杆
2007	1.3001928	3	2004(0.563026904);2011(0.436963096)
2008	1.0140602	12	2006(3.25E-02);2007(0.746067449);2011(0.175172157);2013(4.63E-02)
2009	1.0297381	8	2004(0.249190718);2007(0.160335532);2010(0.217492745);2011(2.84E-02);2013(0.344614218)
2010	1.0332009	7	2004(1.48E-02);2009(0.622863039);2011(0.115752102);2013(0.2465556)
2011	1.0347356	6	2004(6.29E-02);2007(0.130400273);2012(0.806677473)
2012	1.0289211	9	2011(0.733449596);2015(0.266550404)
2013	1.0577464	5	2010(0.217243493);2012(0.128426212);2014(0.458884608);2015(0.195445687)
2014	1.0261445	11	2013(0.509458032);2015(0.490541968)
2015	1.1531302	4	2014(1)

1.3.5　投入导向视角下的 SBM 能源消费结构运行效率评价

下面采用超效率 Supper-SBM-I-C 模型对投入导向视角下的西安市能源消费结构运行效率进行评价。该评价的特征是：

（1）能源消费结构的规模收益不变：产出与投入的比值为常数。

（2）对于被评价为 DEA 有效的年度来说，在保持其他年度投入和产出不变的条件下，在该年度增加或降低投入后（增减比例为 $\theta^* - 1$），仍将是 DEA 有效。

（3）对于被评价为 DEA 无效率的年度来说，在保持其他年度投入和产出不变的条件下，在该年度增加或降低投入后（增减比例为 θ^*），达到 DEA 有效。

Supper-SBM-I-C 模型的结构如式（1-7）所示：

$$\begin{cases} \min\theta = 1 - \dfrac{1}{m}\sum\limits_{i=1}^{m}\dfrac{s_i^-}{x_{ik}} \\ \text{s. t.} \\ \boldsymbol{X\lambda} + \boldsymbol{s}^- = \boldsymbol{x}_k \\ \boldsymbol{Y\lambda} \geqslant \boldsymbol{y}_k \\ \boldsymbol{\lambda}、\boldsymbol{s}^- \geqslant 0 \end{cases} \tag{1-7}$$

依据表 1-14 所示的能源投入数据和表 1-17 所示的产出数据，采用 DEA-Solver Pro5.0 软件，可得 2004～2015 年投入导向视角下的西安市能源消费结构运行效率情况（规模收益不变），如表 1-25 所示。

表 1-25 2004～2015 年间西安市投入导向视角下的投入产出调整参考标杆（规模收益不变）

年度	效率	排名	参考标杆
2004	1.4285738	3	2005(1.007581589);2015(6.86E-02)
2005	1.0332526	11	2004(0.782569526);2006(0.139769267);2009(8.14E-02);2013(1.12E-02)
2006	7.578997	1	2005(0.711266637);2009(0.140745149);2013(3.27E-02);2015(1.63E-02)
2007	1.1544464	4	2009(0.118088753);2011(0.599628139)
2008	1.0288769	12	2007(0.334809423);2009(0.102024401);2011(0.494697237)
2009	1.1114025	5	2004(0.12498817);2007(0.109045618);2010(0.789968672);2013(0.037750827)
2010	1.034751	10	2009(0.714923604);2011(0.123506676);2013(0.198367606)
2011	1.0557991	7	2007(0.254832817);2009(5.79E-02);2012(0.748649436)
2012	1.0525463	8	2011(0.793592503);2015(0.264247929)
2013	1.0650858	6	2004(9.01E-02);2009(0.170612715);2010(4.40E-02);2011(0.36507674);2012(3.21E-02);2015(0.483005293)
2014	1.0349953	9	2012(0.210411361);2013(0.564296559);2015(0.315531359)
2015	1.593284	2	2013(1.199878211);2014(0.525052684)

下面采用超效率 Supper-SBM-I-V 模型对投入导向视角下的西安市能源消费结构运行效率进行评价。该评价的特征是：

（1）能源消费结构的规模收益可变：产出与投入的比值不为常数。

（2）对于被评价为 DEA 技术有效的年度来说，在保持其他年度投入和产出不变的条件下，在该年度增加或降低投入后（增减比例为 $\theta^* - 1$），仍将是 DEA 技术有效。

（3）对于被评价为 DE 技术 A 无效率的年度来说，在保持其他年度投入和产出不变的条件下，在该年度增加或降低投入后（增减比例为 θ^*），达到 DEA 技术有效。

Supper-SBM-I-V 模型的结构如式（1-8）所示：

$$\begin{cases} \min\theta = 1 - \dfrac{1}{m}\sum_{i=1}^{m}\dfrac{s_i^-}{x_{ik}} \\ \text{s. t.} \\ \boldsymbol{X\lambda} + \boldsymbol{s}^- = \boldsymbol{x}_k \\ \boldsymbol{Y\lambda} \geqslant \boldsymbol{y}_k \\ \boldsymbol{e\lambda} = 1 \\ \boldsymbol{\lambda}、\boldsymbol{s}^- \geqslant 0, \boldsymbol{e} = (1,1,\cdots,1) \end{cases} \tag{1-8}$$

依据表 1-14 所示的能源投入数据和表 1-17 所示的产出数据，采用 DEA-Solver Pro5.0 软件，可得 2004～2015 年投入导向视角下的西安市能源消费结构运行效率情况（规模收益可变），如表 1-26 所示。

表 1-26　2004～2015 年间西安市投入导向视角下的投入产出调整参考标杆（规模收益可变）

年度	效率	排名	参考标杆
2004	1	7	—
2005	1	7	—
2006	7.6965646	1	2004(9.39E-02);2005(0.705043442);2009(0.201026684)
2007	1.3519162	2	2004(0.2053211);2008(0.503503818);2011(0.291165081)
2008	1.0312675	6	2007(0.524320368);2009(0.217697336);2011(0.257972296)
2009	1	7	—
2010	1.0547851	5	2009(0.558749655);2011(4.11E-02);2013(0.400163017)
2011	1.0779091	4	2007(4.30E-02);2009(9.61E-02);2012(0.860890065)
2012	1.0923674	3	2011(0.490718116);2013(0.075296509);2014(5.26E-03);2015(0.428728839)
2013	1	7	—
2014	1	7	—
2015	1	7	—

1.3.6　产出导向视角下的 SBM 能源消费结构运行效率评价

下面采用超效率 Supper-SBM-O-C 模型对产出导向视角下的西安市能源消费结构运行效率进行评价。该评价的特征是：

（1）能源消费结构的规模收益不变：产出与投入的比值为常数。

（2）对于被评价为 DEA 有效的年度来说，在保持其他年度投入和产出不变的条件下，在该年度增加或降低投入后（增减比例为 θ^*-1），仍将是 DEA 有效。

（3）对于被评价为 DEA 无效率的年度来说，在保持其他年度投入和产出不变的条件下，在该年度增加或降低投入后（增减比例为 θ^*），达到 DEA 有效。

Supper-SBM-O-C 模型的结构如式（1-9）所示：

$$\begin{cases} \max \dfrac{1}{\theta} = 1 + \dfrac{1}{s}\sum\limits_{r=1}^{s}\dfrac{s_r^+}{y_{rk}} \\ \text{s.t.} \\ \boldsymbol{X\lambda} \leqslant \boldsymbol{x}_k \\ \boldsymbol{Y\lambda} - \boldsymbol{s}^+ = \boldsymbol{y}_k \\ \boldsymbol{\lambda}、\boldsymbol{s}^+ \geqslant 0 \end{cases} \tag{1-9}$$

依据表1-14所示的能源投入数据和表1-17所示的产出数据，采用DEA-Solver Pro5.0软件，可得2004~2015年产出导向视角下的西安市能源消费结构运行效率情况（规模收益不变），如表1-27所示。

表1-27　2004~2015年间西安市产出导向视角下的投入产出调整参考标杆(规模收益不变)

年度	效率	排名	参考标杆
2004	1.177708	2	2005(0.228591176);2006(6.40E-02);2015(0.115373658)
2005	1.0223983	11	2004(0.7149986);2006(0.125036787);2010(9.07E-02)
2006	20.53266	1	2004(6.01E-02)
2007	1.096375	4	2011(0.423038179);2012(5.83E-02)
2008	1.0067372	12	2007(0.441283396);2009(0.29099365);2011(0.207164461)
2009	1.0255624	10	2004(0.300985163);2007(0.210711964);2010(0.19424178);2013(0.341479801)
2010	1.0484228	6	2004(0.308302989);2011(0.107830092);2013(0.508667873)
2011	1.045543	7	2004(8.12E-02);2012(0.826239641)
2012	1.0374767	8	2007(0.340443429);2011(0.50612481);2015(0.263891151)
2013	1.0667219	5	2004(0.198569187);2010(0.181296629);2011(0.238299348);2015(0.484375853)
2014	1.025981	9	2012(1.47E-02);2013(0.489446072);2015(0.496616181)
2015	1.1547239	3	2014(0.997010961)

下面采用超效率Supper-SBM-O-V模型对产出导向视角下的西安市能源消费结构运行效率进行评价。该评价的特征是：

（1）能源消费结构的规模收益可变：产出与投入的比值不为常数。

（2）对于被评价为DEA技术有效的年度来说，在保持其他年度投入和产出不变的条件下，在该年度增加或降低投入后（增减比例为$\theta^* - 1$），仍将是DEA技术有效。

（3）对于被评价为DEA技术无效率的年度来说，在保持其他年度投入和产出不变的条件下，在该年度增加或降低投入后（增减比例为θ^*），达到DEA技术有效。

Supper-SBM-O-V模型的结构如式（1-10）所示：

$$\begin{cases} \max \dfrac{1}{\theta} = 1 + \dfrac{1}{s}\sum\limits_{r=1}^{s} \dfrac{s_r^+}{y_{rk}} \\ \text{s. t.} \\ \boldsymbol{X\lambda} \leqslant \boldsymbol{x}_k \\ \boldsymbol{Y\lambda} - \boldsymbol{s}^+ = \boldsymbol{y}_k \\ \boldsymbol{e\lambda} = 1 \\ \boldsymbol{\lambda}、\boldsymbol{s}^+ \geqslant 0, \boldsymbol{e} = (1,1,\cdots 1) \end{cases} \tag{1-10}$$

依据表 1-14 所示的能源投入数据和表 1-17 所示的产出数据，采用 DEA-Solver Pro5.0 软件，可得 2004～2015 年产出导向视角下的西安市能源消费结构运行效率情况（规模收益可变），如表 1-28 所示。

表 1-28　2004～2015 年间西安市产出导向视角下的投入产出调整参考标杆（规模收益可变）

年度	效率	排名	参考标杆
2004	1	10	—
2005	1.0375626	6	2004（0.824577574）；2006（0.105852588）；2009（2.26E-02）；2010（4.70E-02）
2006	1	10	—
2007	1	10	—
2008	1.0161079	9	2004（7.38E-02）；2007（0.72074397）；2011（0.119521425）；2015（8.59E-02）
2009	1.0297381	7	2004（0.249190718）；2007（0.160335532）；2010（0.217492745）；2011（2.84E-02）；2013（0.344614218）
2010	1.0546151	3	2004（0.415165756）；2011（0.109939996）；2013（0.474884248）
2011	1.0527133	4	2004（5.70E-02）；2007（0.215930685）；2010（5.06E-02）；2012（0.676498176）
2012	1.0451537	5	2007（0.129073551）；2011（0.60371717）；2015（0.267209279）
2013	1.0733483	2	2010（0.378819808）；2012（0.156263955）；2014（0.117935319）；2015（0.346980918）
2014	1.0262066	8	2012（1.25E-02）；2013（0.489413138）；2015（0.498053796）
2015	1.1569615	1	2004（6.90E-03）；2014（0.993085503）

1.3.7　结果分析

依据表 1-18、表 1-21、表 1-23、表 1-25、表 1-27 可得规模收益不变条件下 2004～2015 年间各年度西安市能源消费结构运行效率及其排名，可得综合排名如表 1-29 所示。从表 1-29 可知，能耗结构的规模效率和技术效率表现较好的年度依次为 2006 年、2015 年、2004 年，规模效率和技术效率表现较差的年度依次为 2008 年、2005 年、2014 年，2011 年和 2012 年的能耗结构规模效率和技术效率运行效果相同。

依据表 1-20、表 1-22、表 1-24、表 1-26、表 1-28 可得规模收益可变条件下 2004～2015 年间各年度西安市能源消费结构运行效率及其排名，可得综合排名如表 1-30 所示。从表 1-30 可知，能耗结构的技术效率表现较好的年度依次为 2015 年、2010 年、2006 年，技术效率表现较差的年度依次为 2014 年、2008 年、2004 年，2012 年和 2013 年的能耗结构技术效率运行效果相同。

表 1-29 2004~2015 年间西安市能源消费结构运行效率分析（规模收益不变）

年度	CCR-I		CCR-O		Supper-SBM-C		Supper-SBM-I-C		Supper-SBM-O-C		最后排名	
	效率	排名	效率	排名	效率	排名	效率	排名	效率	排名	综合得分	排名
2004	1.6214	3	1.6214	3	1.1715	2	1.4286	3	1.1777	2	13	3
2005	1.0680	11	1.0680	11	1.0224	11	1.0333	11	1.0224	11	55	11
2006	27.3160	1	27.3160	1	6.2564	1	7.5790	1	20.5327	1	5	1
2007	1.5091	4	1.5091	4	1.0959	4	1.1544	4	1.0964	4	20	4
2008	1.0566	12	1.0566	12	1.0067	12	1.0289	12	1.0067	12	60	12
2009	1.1305	6	1.1305	6	1.0256	9	1.1114	5	1.0256	10	36	7
2010	1.1323	5	1.1323	5	1.0327	7	1.0348	10	1.0484	6	33	6
2011	1.0821	9	1.0821	9	1.0332	6	1.0558	7	1.0455	7	38	8
2012	1.1088	7	1.1088	7	1.0287	8	1.0525	8	1.0375	8	38	8
2013	1.1059	8	1.1059	8	1.0511	5	1.0651	6	1.0667	5	32	5
2014	1.0709	10	1.0709	10	1.0237	10	1.0350	9	1.0260	9	48	10
2015	1.6620	2	1.6620	2	1.1367	3	1.5933	2	1.1547	3	12	2

表 1-30 2004~2015 年间西安市能源消费结构运行效率分析（规模收益可变）

年度	CCR-I		CCR-O		Supper-SBM-C		Supper-SBM-I-C		Supper-SBM-O-C		综合	
	效率	排名	效率	排名	效率	排名	效率	排名	效率	排名	效率	排名
2004	1.0000	7	1.0000	10	1.3215	2	1.0000	7	1.0000	10	36	10
2005	1.0000	7	1.2023	2	1.0277	10	1.0000	7	1.0376	6	32	8
2006	27.7863	1	1.0000	10	6.4885	1	7.6966	1	1.0000	10	23	3
2007	1.7921	2	1.0000	10	1.3002	3	1.3519	2	1.0000	10	27	6
2008	1.0593	6	1.0950	7	1.0141	12	1.0313	6	1.0161	9	40	11
2009	1.0000	7	1.1339	4	1.0297	8	1.0000	7	1.0297	7	33	9
2010	1.1786	4	1.1511	3	1.0332	7	1.0548	5	1.0546	3	22	2
2011	1.1154	5	1.0901	8	1.0347	6	1.0779	4	1.0527	4	27	6
2012	1.2020	3	1.1092	6	1.0289	9	1.0924	3	1.0452	5	26	4
2013	1.0000	7	1.1122	5	1.0577	5	1.0000	7	1.0733	2	26	4
2014	1.0000	7	1.0713	9	1.0261	11	1.0000	7	1.0262	8	42	12
2015	1.0000	7	1.6658	1	1.1531	4	1.0000	7	1.1570	1	20	1

1.4　本章小结

本章首先结合低碳经济，对西安市能源供给结构和能源消费结构的现状进行了分析。然后采用 DEA 评价理论对西安市 2000 ~ 2015 间的能耗结构运行效率进行了客观评价，结果发现：

（1）2000 ~ 2015 年间西安市的能耗结构运行效果均处于规模效率和技术效率均为有效的状态。

（2）能耗结构的规模效率和技术效率表现较好的年度依次为 2006 年、2015 年、2004 年，规模效率和技术效率表现较差的年度依次为 2008 年、2005 年、2014 年。

（3）能耗结构的技术效率表现较好的年度依次为 2015 年、2010 年、2006 年，技术效率表现较差的年度依次为 2014 年、2008 年、2004 年。

参 考 文 献

[1] 西安户县撤县设区已获国务院批复将设鄠邑区．西部网．

[2] 2015 年西安市国民经济和社会发展统计公报．陕西省人民政府门户网站．2016 - 04 - 15.

[3] 西安城镇化率达到 72% 人均住房面积 33.4 平方米．腾讯新闻．2015 - 11 - 03.

[4] 西安市统计局．西安统计年鉴 [M]．北京：中国统计出版社，2001 ~ 2017.

[5] 国务院关于西安市城市总体规划的批复．中国政府网．2016 - 10 - 18.

[6] 成刚．数据包络分析方法与 MaxDEA 软件 [M]．北京：知识产权出版社，2014.

2 西安市能源结构对低碳经济的影响及作用机理

2.1 低碳经济的影响因素

"低碳经济"（Low-carbon Economy）是综合运用市场调节和政府作用，推动低碳技术的进步，促进低能耗、低排放、高产出的新兴经济发展模式[1~5]。低碳排放是低碳经济的基本特征，低碳经济的实现离不开能源体系的调整。低碳经济的本质就是利用技术进步和制度创新转变能源利用方式，提高能源效率，优化能源结构，以达到在促进经济发展的同时，降低二氧化碳排放的目标[6~8]。低碳经济的最终目的是在保持经济增长的同时降低碳排放。对碳排放的影响因素进行分析是有针对性提出减排措施的重要前提。分析碳排放的影响因素就必须从产生碳排放的过程入手，寻求碳源，探讨碳源与碳排放量之间的关系，从而对未来碳排放量的变化趋势进行预测和评估[9,10]。

Ehrlich 提出了关于人类活动对环境影响的环境负荷模型（IPAT 模型）[11]，即：

$$I = P \cdot A \cdot T = P \cdot (Y/P) \cdot (I/Y) \tag{2-1}$$

其中，I 表示环境负荷；P 为人口总数；Y 为 GDP；则 Y/P 为人均 GDP，用 A 表示；I/Y 为单位 GDP 的环境负荷。

Johan A、徐国泉等构建了碳排放量分解公式[12,13]，即：

$$C = \sum_i C_i = \sum_i \frac{E_i}{E}\frac{C_i}{E_i}\frac{E}{Y}\frac{Y}{P}P \tag{2-2}$$

其中，C 表示总的碳排放量；i 表示第 i 种能源；C_i 为第 i 种能源消费导致的碳排放量；E_i 表示第 i 种能源的消费量；E 表示能源消费总量；Y 表示经济发展水平；P 表示总人口数。

由式（2-2）可以得出碳排放的影响因素主要有能源消费总量、能源结构、经济增长、总人口等。

2.1.1 能源消费总量

研究发现，二氧化碳排放总量的四分之三来自于化石能源消费[14]。西安市经济发展和现代化建设都离不开能源的重要支撑作用。相关研究表明[15~18]，经济增长与能源消费之间存在着长期的稳定关系。自2000年以来，西安市GDP和能源消费总量持续增长，造成的碳排放量也相应增加，2010年达到1559.015万吨碳，如图2-1所示，但GDP增速大于能源消费增速，如图2-2所示，因此能耗强度和碳排放强度呈下降趋势，如图1-12所示。在未来3年，即使西安市经济保持低速增长（经济增速在8.3%左右），2020年对能源的消费需求也将达到3000万吨标准煤，随着能源消费总量的增加，必然导致碳排放量的剧增。

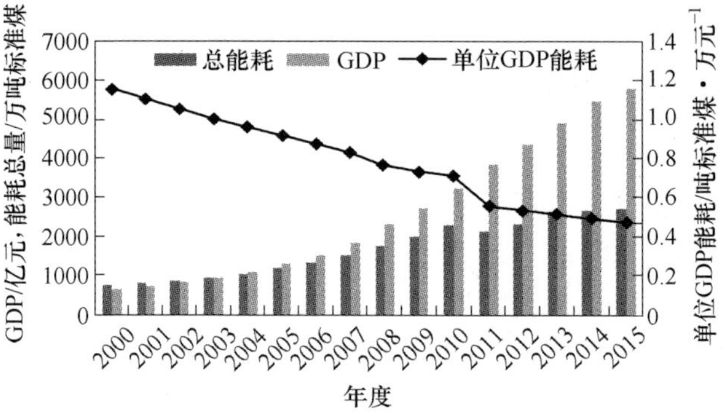

图2-1 2000～2015年西安市GDP与总能耗的关系

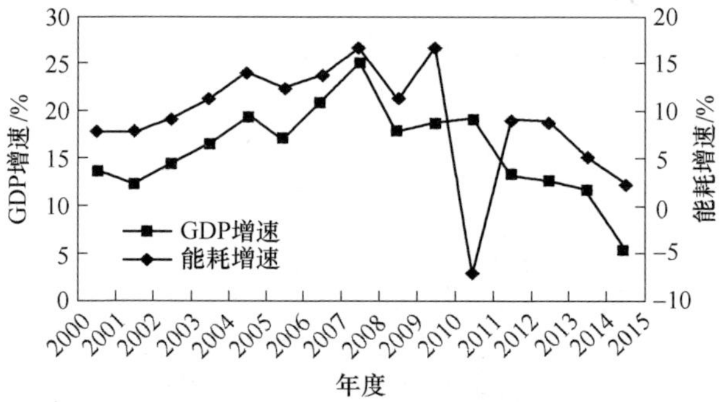

图2-2 2010～2015年西安市GDP增速与能耗增速

2.1.2 能源结构

能源结构分为能源供给结构和能源消费结构。能源消费结构直接影响着单位能源消费的碳排放量，即能源综合碳排放系数。消费同样的能源总量，能源结构不同，碳排放量也不尽相同。一般来说，一次能源中，煤炭的含碳量最高，石油、天然气次之，风电、太阳能为零碳能源。西安市能源结构极其不合理，历年来煤炭消费所占比例一直稳居75%左右，如图1-6所示。表2-1列出了2000～2015年各主要能源品种的碳排放量。2000年以来西安市能源消费碳强度随着煤炭比重的变动而变化，但依然呈现下降走势，如图 2-3 所示，平均碳强度为 0.535 吨碳/吨标准煤；西安市燃煤造成的碳排放量约占排放总量的 80%，如图 2-4 所示。能源消费结构合理，碳强度就较低。

表 2-1　2000～2015 年各主要能源品种的碳排放量　（万吨碳）

年度	来自煤炭		来自石油		来自天然气	
	碳排放量	占比/%	碳排放量	占比/%	碳排放量	占比/%
2000	392.60796	77.85	101.360877	20.10	10.3354057	2.05
2001	444.04101	81.09	90.586438	16.54	12.99622037	2.37
2002	501.11943	84.34	77.340932	13.02	15.71093925	2.64
2003	558.53928	86.18	65.153204	10.05	24.42788896	3.77
2004	541.45751	75.81	144.893971	20.29	27.85045837	3.90
2005	613.6096	75.54	162.032557	19.95	36.63887777	4.51
2006	582.05977	65.91	213.468255	24.17	87.65041125	9.92
2007	929.20458	88.18	77.036885	7.31	47.56418679	4.51
2008	978.97939	81.89	123.89206	10.36	92.60239745	7.75
2009	1081.3571	80.68	196.62493	14.67	62.39436093	4.65
2010	1232.0086	79.02	263.422393	16.90	63.58359868	4.08
2011	1227.3766	84.18	157.750685	10.82	72.96639827	5.00
2012	1321.1939	83.44	176.692745	11.16	85.5755828	5.40
2013	1363.191	79.88	250.713962	14.69	92.65225429	5.43
2014	1408.069	79.07	258.20998	14.50	114.4441223	6.43
2015	1426.9462	78.63	267.627218	14.75	120.1683765	6.62
平均值	912.6100581	80.10	164.1754433	14.95	60.47259248	4.94
最小值	392.60796	65.91	65.153204	7.31	10.3354057	2.05
最大值	1426.9462	88.18	267.627218	24.17	120.1683765	9.92

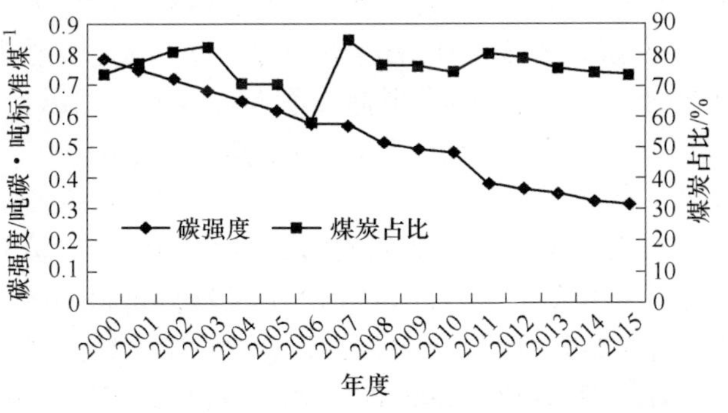

图 2-3　2000～2015 年西安市碳强度与煤炭占比的关系

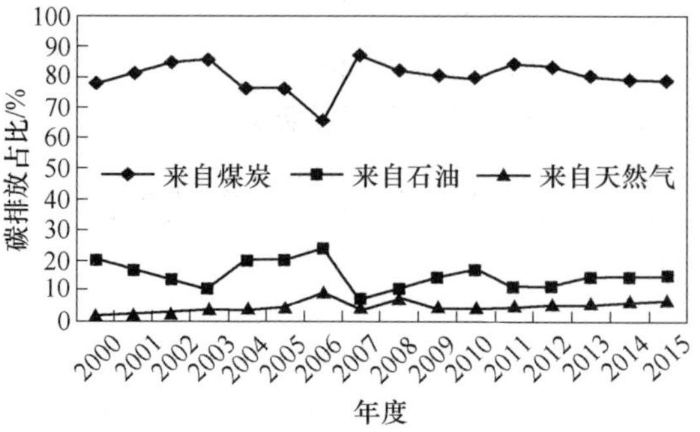

图 2-4　2000～2015 年西安市主要能源品种的碳排放占比

2.1.3　经济增长

碳排放与经济增长有着密切的联系。经济的高速增长伴随着能源和环境资源投入的增加，在其他条件没有改善的情况下，必然带来碳排放的增长。目前，国内外主要通过环境库兹涅茨曲线（EKC）来分析碳排放与经济发展之间的关系。国际上根据环境库兹涅茨理论所产生的计量模型有两大类，一类是基于时间序列数据分析的模型，另一类是基于面板数据分析的模型。

该模型最具有代表性的是二次多项式函数关系，这也是目前国际上常用的简化计量模型：

$$E_t = \beta_0 + \beta_1 Y_t + \beta_2 Y_t^2 + \mu_t \qquad (2\text{-}3)$$

式中，E_t 为西安市在时期 t 的碳排放量；β_0 是西安市特征参数；Y_t 是西安市在时期 t 的经济产出，用 GDP 表示；β_1、β_2 分别为参数。若 $\beta_2 < 0$、$\beta_1 > 0$，则为“倒 U”型曲线；若 $\beta_2 > 0$、$\beta_1 < 0$，则为“正 U”型曲线，通过对上式一阶求导可得到环境质量转折点 $Y = -\beta_1/(2\beta_2)$。1995 年，Grossman 和 Krueger 又将该模型进一步拓展成三次函数型：

$$E_t = \beta_0 + \beta_1 Y_t + \beta_2 Y_t^2 + \beta_3 Y_t^3 + \mu_t \qquad (2\text{-}4)$$

若 $\beta_1 > 0$、$\beta_2 < 0$ 且 $\beta_3 = 0$，则为“倒 U”型曲线；若 $\beta_1 < 0$、$\beta_2 > 0$ 且 $\beta_3 = 0$，则为“正 U”型曲线；若 $\beta_1 < 0$、$\beta_2 = 0$ 且 $\beta_3 = 0$，则环境恶化将呈线性下降；若 $\beta_1 < 0$、$\beta_2 > 0$ 且 $\beta_3 < 0$，则当用横坐标表示人均 GDP、用纵坐标表示环境恶化程度时，环境恶化呈现“倒 N”型；若 $\beta_1 > 0$，$\beta_2 < 0$ 且 $\beta_3 > 0$，则环境恶化程度呈现“正 N”型。

从 GDP 总值角度看：依据表 2-2 列出的 2000～2015 年西安市 GDP 与碳排放量之间的关系数据，采用式（2-3），利用 EViews 软件可得 GDP 总值与环境恶化程度之间的关系如式（2-5）所示，表 2-3 和表 2-4 给出该关系式的拟合质量。

$$C = 192.386947918 + 0.528338036468 \times \text{GDP} - 4.41248393806\text{E} - 05 \times \text{GDP}^2 \qquad (2\text{-}5)$$

表 2-2 2000～2015 年西安市 GDP 与碳排放量之间的关系

年度	生产总值 GDP /亿元	第一产业 GDP /亿元	第二产业 GDP /亿元	第三产业 GDP /亿元	人均 GDP /万元·人$^{-1}$	碳排放总量 /万吨
2000	646.13	44.65	277.13	324.35	0.9484	504.3043
2001	734.86	45.87	312.9	376.09	1.0628	547.6237
2002	826.68	47.77	353.58	425.33	1.1831	594.1712
2003	946.66	50.72	407.38	488.56	1.3341	648.1204
2004	1102.39	60.21	476.92	565.26	1.5294	714.2019
2005	1313.93	66.01	540.5	707.42	1.6406	812.281
2006	1538.94	70.44	645.65	822.85	1.889	883.1784
2007	1856.63	82.51	781.94	992.18	2.2463	1053.806
2008	2318.14	103.45	981.58	1233.11	2.7794	1195.474
2009	2724.08	110.38	1144.75	1468.95	3.2411	1340.376
2010	3241.69	140.06	1406.72	1694.91	3.8343	1559.015
2011	3862.58	173.14	1674.31	2015.13	4.5475	1458.094
2012	4366.1	195.59	1881.75	2288.76	5.1166	1583.462
2013	4924.97	200.45	1998.82	2725.7	5.7464	1706.557
2014	5492.64	214.55	2194.78	3083.31	6.3794	1780.723
2015	5801.2	220.2	2126.29	3454.71	6.6938	1814.742
2016	6257.18	227.841	2044.0238	3985.3152	7.39349	
2017	6749.008	235.0972	2084.8101	4429.1007	8.151561	
2018	7279.5013	241.7678	2116.6913	4921.0422	8.972882	
2019	7851.6982	247.7453	2141.4729	5462.48	9.862733	
2020	8468.8767	253.0451	2160.643	6055.1886	10.82683	

表 2-3 预测方程的质量

变量 (Variable)	系数 (Coefficient)	标准误 (Std. Error)	t 统计值 (t-Statistic)	p 值 (Prob.)
C	192.3869	44.96248	4.278833	0.0009
GDP	0.528338	0.037858	13.95579	0
GDP^2	−4.41E-05	6.01E-06	−7.33625	0
预 测 质 量				
决定系数 R^2 (R-squared)	0.988496	因变量均值(Mean dependent var)		1137.258
调整的 R^2 (Adjusted R-squared)	0.986726	因变量标准差(S. D. dependent var)		473.3073

续表 2-3

预　测　质　量			
回归标准误(S. E. of regression)	54.5313	AIC 准则(Akaike info criterion)	11.00279
残差平方和(Sum squared resid)	38657.61	SC 准则(Schwarz criterion)	11.14765
对数似然估计(Log likelihood)	-85.0223	HQ 准则(Hannan-Quinn criter)	11.01021
F 统计值(F-statistic)	558.5098	D. W. 值(Durbin-Watson stat)	1.866763
F 统计量 p 值(Prob(F-statistic))	0		

表 2-4　预测方程的检验

LM	Q	残差平方	正态性	异方差性
通过	通过	通过	通过	通过

从表 2-3 和表 2-4 可知，式（2-5）拟合质量很好。从式（2-5）可知，$\beta_1>0$、$\beta_2<0$，为“倒 U”型曲线，如图 2-5 所示，表明环境恶化将随 GDP 的增长而下降，拐点出现在当 GDP 总值 $=-\beta_1/(2\beta_2)=5990.2268$ 亿元时，环境恶化程度开始下降。由于 2015 年以后，GDP 总值已超过 5990.2268 亿元（2016 年 GDP 为 6257 亿元），因此 2015 年以后，环境恶化程度随 GDP 总值增长开始下降。

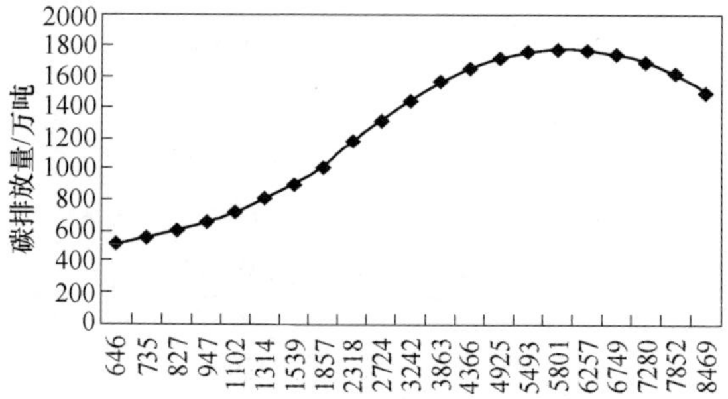

图 2-5　GDP 总值与环境恶化程度之间的关系

从第一产业 GDP 总值角度看：采用式（2-3），利用 EViews 软件可得第一产业 GDP 与环境恶化程度之间的关系如式（2-6）所示，表 2-5 和表 2-6 给出该关系式的拟合质量。

$$C=-115.42032346+16.586848584\times GDP_1-0.0373704693285\times GDP_1^{\,2} \tag{2-6}$$

表 2-5　预测方程的质量

变量（Variable）	系数（Coefficient）	标准误（Std. Error）	t 统计值（t-Statistic）	p 值（Prob.）
C	-115.42	100.8611	-1.14435	0.2731
GDP_1	16.58685	1.957846	8.471988	0
GDP_1^2	-0.03737	0.007467	-5.00509	0.0002
预　测　质　量				
决定系数 R^2（R-squared）	0.976981	因变量均值（Mean dependent var）	1137.258	
调整的 R^2（Adjusted R-squared）	0.97344	因变量标准差（S.D. dependent var）	473.3073	
回归标准误（S.E. of regression）	77.13632	AIC 准则（Akaike info criterion）	11.69639	
残差平方和（Sum squared resid）	77350.15	SC 准则（Schwarz criterion）	11.84125	
对数似然估计（Log likelihood）	-90.5711	HQ 准则（Hannan-Quinn criter）	11.7038	
F 统计值（F-statistic）	275.8774	D.W. 值（Durbin-Watson stat）	1.399393	
F 统计量 p 值（Prob（F-statistic））	0			

表 2-6　预测方程的检验

LM	Q	残差平方	正态性	异方差性
通过	通过	通过	通过	通过

从表 2-5 可知，$\beta_1>0$、$\beta_2<0$，且为“倒 U”型曲线，表明则环境恶化将随第一产业 GDP 总值的增长而下降，拐点出现在当第一产业 GDP 总值 $=-\beta_1/(2\beta_2)=221.927$ 亿元时，环境恶化程度开始下降。从图 2-6 可知，由于 2015 年以后，GDP 总值已超过 221.927 亿元，因此 2015 年以后，环境恶化程度随第一产业 GDP 总值增长开始缓慢下降。

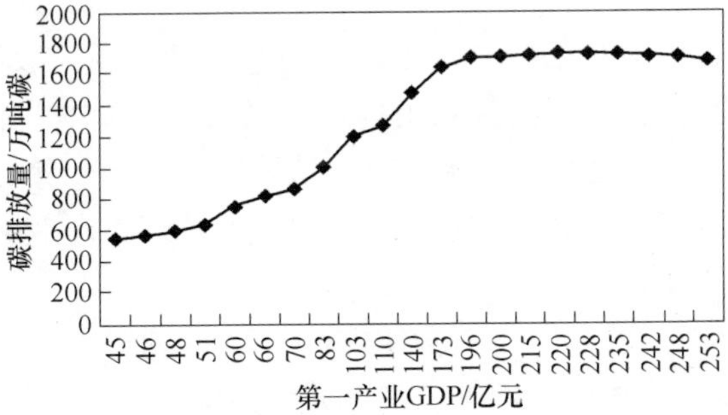

图 2-6　第一产业 GDP 总值与环境恶化程度之间的关系

从第二产业 GDP 总值角度看：采用式（2-3），利用 EViews 软件可得第二产业 GDP 与环境恶化程度之间的关系如式（2-7）所示，表 2-7 和表 2-8 给出该关系式的拟合质量。

$$C = 182.294235064 + 1.26827111105 \times GDP_2 - 0.00025212569936 \times {GDP_2}^2 \tag{2-7}$$

表 2-7 预测方程的质量

变量（Variable）	系数（Coefficient）	标准误（Std. Error）	t 统计值（t-Statistic）	p 值（Prob.）
C	182.2942	55.45815	3.287059	0.0059
GDP_2	1.268271	0.119805	10.5861	0
GDP_2^2	-0.000252	4.86E-05	-5.18821	0.0002
预 测 质 量				
决定系数 R^2（R-squared）	0.986008	因变量均值（Mean dependent var）	1137.258	
调整的 R^2（Adjusted R-squared）	0.983856	因变量标准差（S. D. dependent var）	473.3073	
回归标准误（S. E. of regression）	60.13856	AIC 准则（Akaike info criterion）	11.19854	
残差平方和（Sum squared resid）	47016.41	SC 准则（Schwarz criterion）	11.3434	
对数似然估计（Log likelihood）	-86.58832	HQ 准则（Hannan-Quinn criter）	11.20596	
F 统计值（F-statistic）	458.0598	D. W. 值（Durbin-Watson stat）	1.617934	
F 统计量 p 值（Prob（F-statistic））	0			

表 2-8 预测方程的检验

LM	Q	残差平方	正态性	异方差性
通过	通过	通过	通过	通过

从表 2-7 可知，$\beta_1>0$、$\beta_2<0$，且为“倒 U”型曲线，表明环境恶化将随第二产业 GDP 总值的增长而下降，拐点出现在当第二产业 GDP 总值 $= -\beta_1/(2\beta_2) =$ 2516.41 亿元时，环境恶化程度开始下降。从图 2-7 可知，第二产业 GDP 总值超过 2516.41 亿元还未到来，但自 2014 年以来，随着第二产业 GDP 总值的缓慢增加，碳排放量开始走平。

从第三产业 GDP 总值角度看：采用式（2-3），利用 EViews 软件可得第三产业 GDP 总值与环境恶化程度之间的关系如式（2-8）所示，表 2-9 和表 2-10 给出该关系式的拟合质量。

$$C = 216.870152655 + 0.96135515525 \times GDP_3 - 0.000147578384639 \times {GDP_3}^2 \tag{2-8}$$

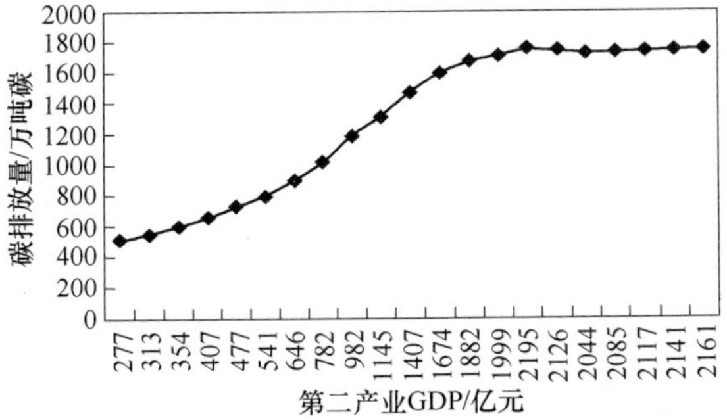

图 2-7 第二产业 GDP 总值与环境恶化程度之间的关系

表 2-9 预测方程的质量

变量 (Variable)	系数 (Coefficient)	标准误 (Std. Error)	t 统计值 (t-Statistic)	p 值 (Prob.)
C	216.8702	39.74032	5.457182	0.0001
GDP_3	0.961355	0.05842	16.45583	0
GDP_3^2	-0.000148	1.62E-05	-9.13034	0
预 测 质 量				
决定系数 R^2(R-squared)	0.988902	因变量均值(Mean dependent var)		1137.258
调整的 R^2(Adjusted R-squared)	0.987195	因变量标准差(S. D. dependent var)		473.3073
回归标准误(S. E. of regression)	53.55985	AIC 准则(Akaike info criterion)		10.96684
残差平方和(Sum squared resid)	37292.54	SC 准则(Schwarz criterion)		11.1117
对数似然估计(Log likelihood)	-84.7347	HQ 准则(Hannan-Quinn criter)		10.97426
F 统计值(F-statistic)	579.1916	D. W. 值(Durbin-Watson stat)		1.984839
F 统计量 p 值(Prob(F-statistic))	0			

表 2-10 预测方程的检验

LM	Q	残差平方	正态性	异方差性
通过	通过	通过	通过	通过

从表 2-9 可知，$\beta_1>0$、$\beta_2<0$，且为“倒 U”型曲线，表明则环境恶化将随第三产业 GDP 总值的增长而下降，拐点出现在当第三产业 GDP 总值 $=-\beta_1/(2\beta_2)=3247.82$ 亿元时，环境恶化程度开始下降。从图 2-8 可知，由于 2015 年以后，第三产业 GDP 总值已超过 3247.82 亿元（2015 年第三产业 GDP 为 3454.71 亿元），因此 2015 年以后，环境恶化程度随第三产业 GDP 总值增长开始下降。

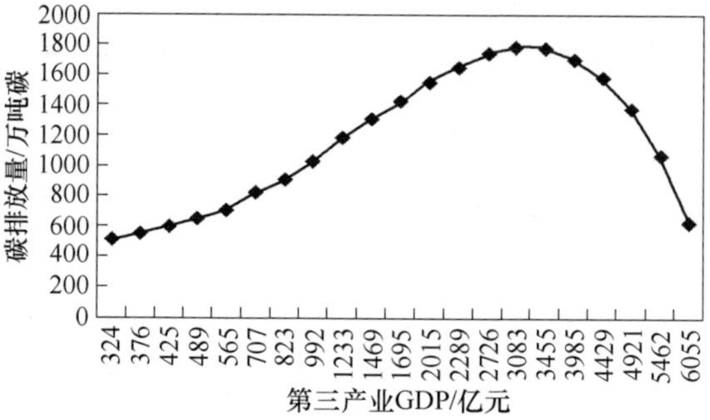

图 2-8　第三产业 GDP 总值与环境恶化程度之间的关系

从人均 GDP 角度看：采用式（2-3），利用 EViews 软件可得人均 GDP 与环境恶化程度之间的关系如式（2-9）所示，表 2-11 和表 2-12 给出该关系式的拟合质量。

$$C = 66.1011917505 + 502.019615153 \times GDP_P - 37.0628895773 \times GDP_P^2 \tag{2-9}$$

表 2-11　预测方程的质量

变量（Variable）	系数（Coefficient）	标准误（Std. Error）	t 统计值（t-Statistic）	p 值（Prob.）
C	66.10119	57.15346	1.156556	0.2683
GDP_P	502.0196	39.39382	12.74361	0
GDP_P^2	-37.06289	5.254161	-7.05401	0
预　测　质　量				
决定系数 R^2（R-squared）	0.986795	因变量均值（Mean dependent var）	1137.258	
调整的 R^2（Adjusted R-squared）	0.984763	因变量标准差（S. D. dependent var）	473.3073	
回归标准误（S. E. of regression）	58.42358	AIC 准则（Akaike info criterion）	11.14068	
残差平方和（Sum squared resid）	44373.09	SC 准则（Schwarz criterion）	11.28554	
对数似然估计（Log likelihood）	-86.1254	HQ 准则（Hannan-Quinn criter）	11.14809	
F 统计值（F-statistic）	485.7337	D. W. 值（Durbin-Watson stat）	1.736827	
F 统计量 p 值（Prob（F-statistic））	0			

表 2-12　预测方程的检验

LM	Q	残差平方	正态性	异方差性
通过	通过	通过	通过	通过

从表2-11 可知，$\beta_1>0$、$\beta_2<0$，且为“倒 U”型曲线，表明则环境恶化将随人均 GDP 的增长而下降，拐点出现在当人均 GDP $=-\beta_1/(2\beta_2)=6.7725$ 万元时，环境恶化程度开始下降。从图 2-9 可知，由于 2015 年以后，人均 GDP 已超过6.7725 万元，因此2015 年以后，环境恶化程度随人均GDP 增长开始下降。

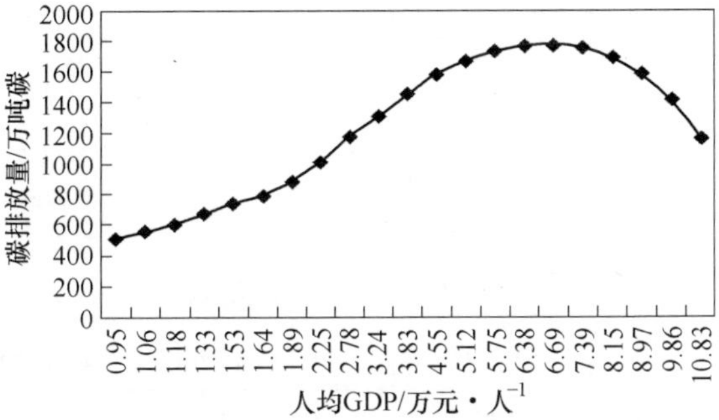

图 2-9 人均 GDP 与环境恶化程度之间的关系

2.1.4 人口总数

人口的规模对碳排放有着明显的影响。过去的研究认为[19,20]，二者是同比例增长的，即人口增长 1%，就会导致排放量增长 1%。但 Shi Anqing 通过对 93 个不同国家 1975 ~1996 年间人口增长和二氧化碳排放的数据分析[21]，发现人口增长速度是高于二氧化碳排放量的增速的，尤其是在发展中国家，人口变化的影响对二氧化碳排放的影响更加明显。表 2-13 描述了 2005 ~2015 年西安市人口总数与碳排放总量数据。

表 2-13 2005 ~2015 年西安市人口总数与碳排放总量的关系

年度	总人口数/万人	碳排放总量/万吨	年度	总人口数/万人	碳排放总量/万吨
2005	806.81	812.281	2011	851.34	1458.094
2006	822.52	883.1784	2012	855.29	1583.462
2007	830.54	1053.806	2013	858.81	1706.557
2008	837.52	1195.474	2014	862.75	1780.723
2009	843.46	1340.376	2015	870.56	1814.742
2010	847.41	1559.015			

采用式（2-3），利用 EViews 软件可得 2005 ~2015 年西安市人口数与碳排放量之间的关系如式（2-10）所示，表 2-14 和表 2-15 给出该关系式的拟合质量。

从图 2-10 可知，西安市人口数与碳排放量呈线性关系。碳排放量随人口的增速为 18.315 吨/万人。

$$C = -14081.852799 + 18.3146232413 \times \text{PEOPLE} \quad (2\text{-}10)$$

表 2-14　预测方程的质量

变量 (Variable)	系数 (Coefficient)	标准误 (Std. Error)	t 统计值 (t-Statistic)	p 值 (Prob.)
C	-14081.9	1166.299	-12.07397	0
PEOPLE	18.31462	1.381111	13.26079	0
预测质量				
决定系数 R^2 (R-squared)	0.951311	因变量均值 (Mean dependent var)		1380.701
调整的 R^2 (Adjusted R-squared)	0.945902	因变量标准差 (S. D. dependent var)		353.1168
回归标准误 (S. E. of regression)	82.13163	AIC 准则 (Akaike info criterion)		11.81749
残差平方和 (Sum squared resid)	60710.44	SC 准则 (Schwarz criterion)		11.88983
对数似然估计 (Log likelihood)	-62.9962	HQ 准则 (Hannan-Quinn criter)		11.77189
F 统计值 (F-statistic)	175.8484	D. W. 值 (Durbin-Watson stat)		1.951995
F 统计量 p 值 (Prob (F-statistic))	0			

表 2-15　预测方程的检验

LM	Q	残差平方	正态性	异方差性
通过	通过	通过	通过	通过

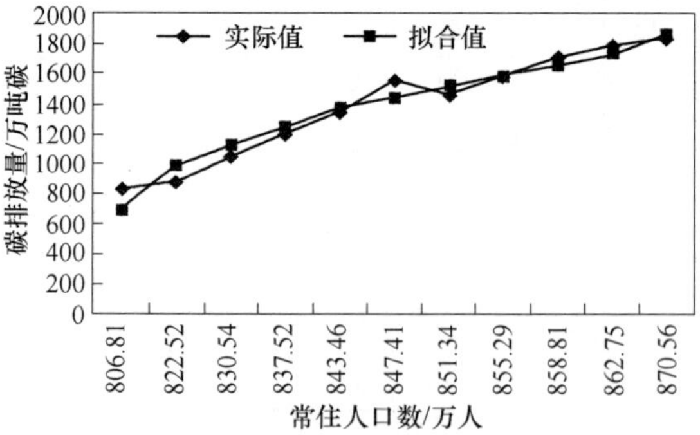

图 2-10　人口总数与碳排放总量的关系

2.1.5 产业结构

产业发展在一定程度上影响着碳排放量的变化。由于各产业的产业生产特点，决定了各产业的能源消费强度不同，直接导致碳排放不同，一般来说，以工业为主的第二产业碳排放量最大，第一产业次之，第三产业最少。西安市的直接碳排放主要集中在工业部门，包括冶金、建材、化工、电力等原材料部门。根据工业化发展的一般规律，随着工业化进程的深入，能源消费导致的碳排放量增长速度先上升后减缓，而能源消费导致的碳排放强度则呈倒 U 型曲线。工业化初期，工业部门的迅速扩张使得碳排放量或碳排放强度都急剧增长；工业化中期，经济发展对冶金、建材、化工、电力等原材料的需求不断增长，导致碳排放量持续增长，但由于第三产业对经济总量的贡献上升，碳排放强度的变化趋于平缓；工业化后期，经济发展对原材料的需求达到最大值并趋于稳定，工业对经济发展的贡献有所下降，而第三产业的比重不断上升，碳排放强度开始下降。

西安市能源消费导致的碳排放强度与产业结构的关系基本符合倒 U 型的变化趋势，与其对应的能耗强度（单位 GDP 能源消费）也呈现相同趋势。图 2-11 描述了 2000 年以来西安市能源消费导致的碳强度与产业结构的变化，从长期趋势来看，碳排放强度的变化将随着产业结构的演变逐步下降。

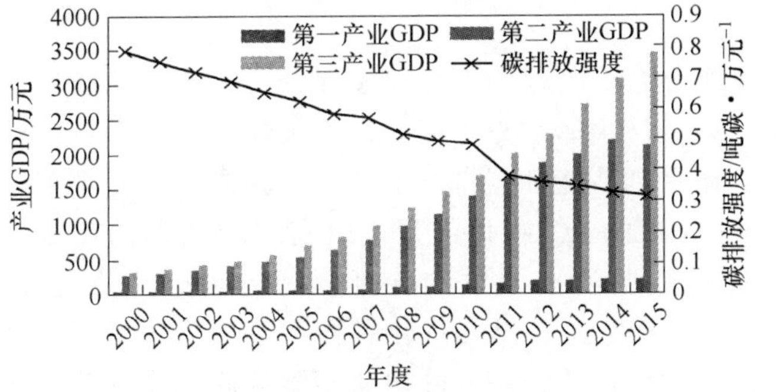

图 2-11 2000～2015 年西安市能源消费导致的碳强度与产业结构的变化

2.2 西安市能源结构的内涵及其对低碳经济的作用机理

2.2.1 能源结构的内涵

能源结构指能源总生产量或总消费量中各类一次能源、二次能源的构成及其比例关系。能源结构分为能源供给结构和能源消费结构。各类能源产量在能源总生产量中的比例，称为能源供给结构；能源消费结构又分为一次能源消费结构、终端能源消费结构和部门能源消费结构等。各类一次能源消费量在能源总消费量中的比例，称为一次能源消费结构；终端能源消费结构，也称能源消费结构，是指能源直接消费品种的结构份额，主要包括煤炭（去除发电用煤）、石油、天然气和电力；各产业部门的能源消费结构，称为部门能源消费结构。能源市场消费模式直接影响着能源结构，而终端能源是能源市场的直接消费形式，因此本书主要从终端角度对能源消费结构进行研究[22]。

对能源结构优化内涵的理解可基于不同的角度。从能源规划的角度，能源规划是依据一定时期的国民经济和社会发展规划，预测相应的能源需求，从而对能源的结构、开发、生产、转换、使用和分配等各个环节作出的统筹安排[23]，能源结构优化应以社会经济的可持续发展，以及经济—能源—环境的协调发展为前提。从能源利用的角度，能源利用效率包括能源技术效率和能源配置效率。能源技术效率是指在能源投入给定时，实现能源产出水平的最大化，或者给定能源产出水平，使能源投入最小化；能源配置效率是指各能源品种价格既定时，通过合理配置能源结构实现能源投入最小化[24]。根据魏楚等的研究[25]，这里能源利用效率即能源技术效率。能源结构优化是指在一定的技术和资源约束下，综合运用市场调节和政府宏观调控合理配置各能源品种的消费比例，以促进能源利用效率的提高。从能源产出角度，能源产出既包括社会经济效益又包括环境效益[26]，能源结构优化须以促进社会经济发展的同时，降低对环境造成的影响为目的。

能源结构是能源系统工程的重要组成部分，能源结构子系统是一个较复杂的系统，涉及社会经济生活的方方面面，不仅受到经济系统的影响，尤其在低碳经济背景下，还受到节能和碳排放的约束，追求经济—能源—环境的协调发展[27]。低碳经济主要通过低碳化进程得以实现。低碳化，即碳生产能力的不断提高，主要包括能源消费导致的碳排放减少和单位产出所需能源消费降低[3,10]。基于低碳经济的能源结构优化是指在遵循能源发展规划的基础上，以社会经济的可持续发展以及经济—能源—环境的协调发展为前提，合理配置各能源品种的消费比例，以达到提高能源利用效率的同时，降低二氧化碳排放的目标。

2.2.2　能源结构对低碳经济的作用机理

2.2.2.1　能源结构对低碳经济的作用关系

低碳经济这一可持续发展模式的特征是高增长、低能耗、低污染、低排放。能源结构主要通过对能源消费、污染物排放和碳排放等对低碳经济产生影响。

低碳经济系统的稳定运行离不开充足的能源支撑，能源投入是经济发展的重要保障。能源结构反映了能源投入的配置方式，能源结构的变动将通过改变能源效率影响能源投入，进而影响低碳经济的发展。西安市各能源品种利用效率由高到低分别为：电力、天然气、石油和煤炭，其中，煤炭的利用效率约为27%，石油、天然气和电力分别比煤炭高23%、30%和48%。因此，不同的配置形式即可形成相应的能源总体效率。根据张珍花、王鹏利用柯布－道格拉斯生产函数构建的模型得出，煤炭的消费比例与能源效率呈负相关，石油的消费比例与能源效率呈正相关，而由于天然气在西安市能源消费中的比重较小，在模型中并不能体现其对能源效率的作用[28]。

另外，能源消费结构与产业结构关系密切，各产业由于其行业传统特征、产品性质、生产工艺流程、管理水平、技术水平等不同对各能源品种的需求也有很大差别，而各能源品种由于其资源禀赋、利用方式、技术水平等差异使得其能源利用效率有高有低，能源消费的不同组合方式通过各产业的产出水平反映了能源总体利用效率。

有能源消费，就必然就会产生排放。但是消费相同数量的能源，其配置方式，即能源结构不同，产生的碳排放也会有很大差别。由于燃烧效率、热值、燃烧条件等的不同，单位煤炭的碳排放量最大，石油、天然气次之。一般来说，燃烧1吨标准煤的煤炭、石油和天然气，将分别排放0.7476、0.5825、0.4435吨碳。因此，10000万吨标准的能源消费量，如果煤炭、石油、天然气消费比例为3∶5∶2，将产生604.23万吨碳；而如果消费比例为7∶2∶1，碳排放量将增加80万吨碳；假设能源结构较为合理，煤炭占60%、石油占20%、天然气占5%、非化石能源占15%，碳排放量将降低37万吨碳。单位煤炭产生的二氧化硫排放量为0.027299吨，单位产生石油的二氧化硫排放量为0.0014吨，单位天然气产生的二氧化硫排放量为0.00018吨。根据中国能源发展战略与政策研究课题组的研究成果，全国烟尘排放量的70%、二氧化硫排放量的90%、氮氧化物的67%都来自于燃煤。可见，以煤为主的能源结构必然导致消费同样能源的碳排放量和污染物偏高。

2.2.2.2 能源结构对低碳经济影响的通径分析

由低碳经济的影响因素分析可知，能源消费总量、能源结构、产业结构、经济增长、总人口等对碳排放产生主要影响。根据对低碳经济内涵的理解以及西安市减排要求、“十三五”规划等对低碳经济目标的阐述，本书利用单位GDP碳排放量，即碳强度作为低碳经济的核心目标。选取能源消费总量、能源消费结构、能源供给结构、产业结构、经济增长、总人口、碳强度等因素构建模型。以第二产业GDP占总GDP的比重反映产业结构，以GDP反映经济发展水平，以煤炭消费（去除发电用煤）占能源总量的比重表示能源消费结构，以原煤供给占能源总量的比重表示能源供给结构。

通径分析是简单相关分析的继续，在多元回归的基础上将相关系数加以分解，通过直接通径、间接通径及总通径系数分别表示某一变量对因变量的直接作用效果、其他变量对因变量的间接作用效果和综合作用效果。设有自变量 x_1、x_2、x_3、…、x_k，因变量 y，自变量 x_i 与因变量 y 标准化后的偏相关系数为 p_{iy}，自变量 x_i 与 x_j 的相关系数为 r_{ij}，与因变量 y 的相关系数为 r_{iy}，则通径分析的基本模型，即各简单相关系数的分解方程，为[29,30]：

$$\begin{cases} p_{1y} + r_{12}p_{2y} + \cdots + r_{1k}p_{ky} = r_{1y} \\ r_{21}p_{2y} + p_{2y} + \cdots + r_{2k}p_{ky} = r_{2y} \\ \vdots \\ r_{k1}p_{k1} + r_{k2}p_{2y} + \cdots + p_{ky} = r_{ky} \end{cases}$$

其中，p_{iy}表示自变量 x_i 对因变量 y 的直接影响效应，称为直接通径。$r_{ij}p_{jy}$表示自变量 x_i 通过自变量 x_j 对因变量 y 的间接影响效应，称为间接通径。则自变量 x_i 与因变量 y 的简单相关系数可由直接通径（p_{iy}）与总的间接通径（$\sum\limits_{i \neq j} r_{ij}p_{jy}$）之和来表示。相应地，自变量 x_i 对因变量 y 的综合作用，即决定系数 $R^2(i)$，也可由二者的决定系数之和加以表示，即 $R^2(i) = R_i^2 + \sum\limits_{i \neq j} R_{ij}^2$。其数值若为正数，说明自变量 x_i 的增加（减小）对因变量 y 的增加（减小）起推动作用；若为负数，说明自变量 x_i 的增加（减小）对因变量 y 的增加（减小）起抑制作用；其数值绝对值大小反映了自变量 x_i 对因变量 y 的总作用大小。其中 R_i^2 反映自变量 x_i 对因变量 y 的直接决定系数，可表示为 $R_i^2 = p_{iy}^2$，其数值大小反映了自变量 x_i 对因变量 y 的直接影响大小；R_{ij}^2反映自变量 x_i 通过自变量 x_j 对因变量 y 的间接决定系数，可表示为 $R_{ij}^2 = 2p_{iy}r_{ij}p_{jy}$，其数值若为正数，说明自变量 x_i 通过自变量 x_j 与因变量 y 呈正相关关系；若为负数，说明自变量 x_i 通过自变量 x_j 与因变量 y 呈负相关关系。由于经济系统的复杂性，系统内部要素之间的关系错综复杂，加之人们认识的局限性，在设定模型时，难免会有所遗漏和误差，因此还应进一步考虑遗漏因素及误差项对因变量的通径效应，即剩余效应 p_{ay}：

$$p_{ay} = \sqrt{1 - \sum_{i=1}^{k} p_{iy}r_{iy}}$$

根据以上对低碳经济影响因素的分析，设能源消费总量 x_1，能源消费结构 x_2，产业结构为 x_3，GDP 为 x_4，总人口为 x_5，能源供给结构为 x_6，单位 GDP 碳排放，即碳强度为 y。根据历年《西安统计年鉴》和《西安能源统计年鉴》可得到 2005 ~2015 年能源总量、能源消费结构、产业结构、GDP、总人口以及能源供给结构，如表 2-16 和表 2-17 所示。

表 2-16 2005 ~ 2015 年西安市规模以上企业能源采购量

能源采购项目	2005	2006	2007	2008	2009	2010	2011	2012	2013	2014	2015
原煤/吨	5577742	6403741	6809547	7199672	7612015	7679685	7577401	7489410	10311962	9892030	8225248
洗精煤/吨	203997	203011	31	1572	1388	1667	740	1348	1109	1032	46037
其他洗煤/吨	173	2286	740	1115	7982	17	142			100	
煤制品/吨	32534	17202	19001	17932	15270	20293	11014	7572	3543	3181	2811
焦炭/吨	66722	41639	104495	83958	58493	60489	40904	9380	8276	2705	1490
其他焦化产品/吨	2110	50276	4387	3739	3182	600	8100	5056	2000	2500	
煤焦煤气/万立方米		0	13	204	0	23					
天然气(气态)/万立方米	3716	793	9962	8658	9375	10620	12114	16862	25142	20262	31009
液化天然气(液态)/吨		0		0	0	15	3	12	15	4	16
原油/吨	1733025	1674205	1780000	1505813	1686264	1756745	1549928	2156446	2149733	1494024	261089
汽油/吨	15967	23365	22292	25587	357402	30067	26290	24103	32400	24753	20546
煤油/吨	10062	10952	11153	10673	11549	14558	14173	13757	15325	196	284
柴油/吨	41496	49707	41646	47753	363245	55037	53809	54513	66020	66336	59054
燃料油/吨	1489	724	1235	503	412	1282	703	649	1100		1070
液化石油气/吨	1145	1202	2348	2311	896	1130	961	560	634	551	301
润滑油/吨											93
溶剂油/吨											368
其他石油制品/吨	46	615	4299	5211	4930	5815	5246	3164	2912	2797	1683
热力/百万千焦	6484731	7554432	8367584	9204969	8735430	8460446	7882823	7476860	8870096	6259546	5533963
电力/万千瓦时	486916	382823	482006	512313	673893	747329	743580	959742	668820	643722	636785
生物质废料用于燃料/吨											536
其他燃料/吨标准煤						4689	2010	2160	2230	2272	2184

表 2-17　2005 ~ 2015 年西安市规模以上企业能源采购量

（万吨标准煤）

能源采购项目	2005	2006	2007	2008	2009	2010	2011	2012	2013	2014	2015
原煤	398. 4181	457. 4192	486. 4059	514. 2726	543. 7262	548. 5599	541. 2538	534. 9686	736. 5834	706. 5877	587. 5295
洗精煤	18. 3597	18. 2710	0. 0028	0. 1415	0. 1249	0. 1500	0. 0666	0. 1213	0. 0998	0. 0929	4. 1433
其他洗煤	0. 0049	0. 0652	0. 0211	0. 0318	0. 2275	0. 0005	0. 0040	0. 0000	0. 0000	0. 0029	0. 0000
煤制品	0. 9272	0. 4903	0. 5415	0. 5111	0. 4352	0. 5784	0. 3139	0. 2158	0. 1010	0. 0907	0. 0801
焦炭	6. 4814	4. 0448	10. 1506	8. 1557	5. 6820	5. 8759	3. 9734	0. 9112	0. 8039	0. 2628	0. 1447
其他焦化产品	0. 2050	4. 8838	0. 4262	0. 3632	0. 3091	0. 0583	0. 7868	0. 4911	0. 1943	0. 2429	0. 0000
煤焦煤气	0. 0000	0. 0000	0. 0077	0. 1209	0. 0000	0. 0136	0. 0000	0. 0000	0. 0000	0. 0000	0. 0000
天然气（气态）	4. 5123	0. 9629	12. 0969	10. 5134	11. 3841	12. 8959	14. 7100	20. 4755	30. 5299	24. 6041	37. 6542
液化天然气（液态）	0. 0000	0. 0000	0. 0000	0. 0000	0. 0000	0. 0027	0. 0005	0. 0022	0. 0027	0. 0007	0. 0029
原油	247. 5800	239. 1769	254. 2908	215. 1204	240. 8997	250. 9686	221. 4227	308. 0699	307. 1109	213. 4363	37. 2992
汽油	2. 3494	3. 4379	3. 2800	3. 7649	52. 5881	4. 4241	3. 8683	3. 5465	4. 7673	3. 6422	3. 0231
煤油	1. 4805	1. 6115	1. 6411	1. 5704	1. 6993	2. 1421	2. 0854	2. 0242	2. 2549	0. 0288	0. 0418
柴油	6. 0464	7. 2428	6. 0682	6. 9581	52. 9284	8. 0194	7. 8405	7. 9431	9. 6198	9. 6658	8. 6048
燃料油	0. 2127	0. 1034	0. 1764	0. 0719	0. 0589	0. 1831	0. 1004	0. 0927	0. 1571	0. 0000	0. 1529
液化石油气	0. 1963	0. 2061	0. 4025	0. 3962	0. 1536	0. 1937	0. 1647	0. 0960	0. 1087	0. 0945	0. 0516
其他石油制品	0. 0067	0. 0893	0. 6244	0. 7568	0. 7160	0. 8446	0. 7619	0. 4595	0. 4229	0. 4062	0. 2444
热力	22. 1259	25. 7757	28. 5502	31. 4074	29. 8053	28. 8670	26. 8962	25. 5110	30. 2648	21. 3576	18. 8819
电力	59. 8420	47. 0489	59. 2385	62. 9633	82. 8214	91. 8467	91. 3860	117. 9523	82. 1980	79. 1134	78. 2609
其他燃料	0. 0000	0. 0000	0. 0000	0. 0000	0. 0000	0. 4689	0. 2010	0. 2160	0. 2230	0. 2272	0. 2184
合计	768. 7485	810. 8298	863. 9249	857. 1194	1023. 5598	956. 0934	915. 8363	1023. 0970	1205. 4425	1059. 8566	776. 3337

由表2-17可计算出2005~2015年西安市规模以上企业煤炭、天然气、石油采购量（折算成标准煤），如表2-18所示。

表2-18 2005~2015年西安市规模以上企业煤炭、天然气、石油采购量

（万吨标准煤）

年度	2005	2006	2007	2008	2009	2010	2011	2012	2013	2014	2015
煤炭	408.2746	417.7100	476.2456	486.9714	514.9569	544.5138	549.2888	541.6383	535.3057	736.7842	706.7741
天然气	50.6132	4.5123	0.9629	12.0969	10.5134	11.3841	12.8986	14.7106	20.4777	30.5327	24.6049
石油	205.9893	247.5800	239.1769	254.2908	215.1204	240.8997	250.9686	221.4227	308.0699	307.1109	213.4363
合计	754.2742	768.7485	810.8298	863.9249	857.1194	1023.5598	956.0934	915.8363	1023.0970	1205.4425	1059.8566

2.2.3 煤炭

由表2-1、表2-2、表2-13和表2-17，可以计算出2005~2015年西安市能源总量、产业结构、GDP、总人口、规模以上工业企业煤炭供给和消费结构以及碳强度等统计数据如表2-19所示。采用SPSS软件，可以计算出西安市煤炭供给与消费结构各影响因素之间的相关性，如表2-20所示。

表2-19 2005~2015年西安市煤炭供给与消费结构对碳排放强度的影响（原始数据）

年度	能耗总量/万吨标准煤	第二产业GDP占比/%	GDP/亿元	规模以上工业企业能耗①/万吨标准煤	规模以上工业煤炭消费占比①/%	规模以上工业煤炭供给占比/%	总人口/万人	碳排放强度/吨碳·万元$^{-1}$
	X_1	X_2	X_3	X_4	X_5	X_6	X_7	C
2005	1196.99	41.1361	1313.93	835.0961	57.48169	54.1281	806.81	0.6182
2006	1343.495	41.9542	1538.94	803.77038	43.41615	54.3364	822.52	0.5739
2007	1528.006	42.1161	1856.63	1120.1395	79.74606	58.7356	830.54	0.5676
2008	1780.332	42.3434	2318.14	1264.7615	69.0231	56.3673	837.52	0.5157
2009	1977.682	42.0234	2724.08	1504.4928	66.69843	60.0799	843.46	0.4920
2010	2304.842	43.3946	3241.69	1507.3858	63.65102	53.1980	847.41	0.4809
2011	2143.732	43.3469	3862.58	1521.2823	72.9496	57.4514	851.34	0.3775
2012	2335.864	43.0991	4366.1	1679.2018	71.80744	59.1414	855.29	0.3627
2013	2541.285	40.5854	4924.97	1954.6446	65.75732	52.3221	858.81	0.3465
2014	2669.423	39.9586	5492.64	1872.9141	64.80024	61.1215	862.75	0.3242
2015	2726.564	36.6526	5801.2	1658.5901	64.14499	66.6858	870.56	0.3128

① 包括发电用煤。

表 2-20 西安市煤炭供给与消费结构各影响因素之间的相关性

		X_1	X_2	X_3	X_4	X_5	X_6	X_7	C
X_1	Pearson 相关性	1	-0.403	0.967 **	0.951 **	0.299	0.443	0.976 **	-0.950 **
	显著性(双侧)		0.219	0.000	0.000	0.372	0.172	0.000	0.000
X_2	Pearson 相关性	-0.403	1	-0.529	-0.256	0.182	-0.612 *	-0.391	0.409
	显著性(双侧)	0.219		0.094	0.447	0.593	0.045	0.234	0.211
X_3	Pearson 相关性	0.967 **	-0.529	1	0.907 **	0.247	0.515	0.950 **	-0.982 **
	显著性(双侧)	0.000	0.094		0.000	0.464	0.105	0.000	0.000
X_4	Pearson 相关性	0.951 **	-0.256	0.907 **	1	0.428	0.313	0.923 **	-0.915 **
	显著性(双侧)	0.000	0.447	0.000		0.190	0.349	0.000	0.000
X_5	Pearson 相关性	0.299	0.182	0.247	0.428	1	0.295	0.360	-0.293
	显著性(双侧)	0.372	0.593	0.464	0.190		0.379	0.276	0.382
X_6	Pearson 相关性	0.443	-0.612 *	0.515	0.313	0.295	1	0.533	-0.481
	显著性(双侧)	0.172	0.045	0.105	0.349	0.379		0.091	0.135
X_7	Pearson 相关性	0.976 **	-0.391	0.950 **	0.923 **	0.360	0.533	1	-0.955 **
	显著性(双侧)	0.000	0.234	0.000	0.000	0.276	0.091		0.000
C	Pearson 相关性	-0.950 **	0.409	-0.982 **	-0.915 **	-0.293	-0.481	-0.955 **	1
	显著性(双侧)	0.000	0.211	0.000	0.000	0.382	0.135	0.000	

** 在 0.01 水平（双侧）上显著相关；

* 在 0.05 水平（双侧）上显著相关。

依据表 2-20，可以绘制出西安市煤炭供给与消费结构对碳排放强度（C）的影响路径模型，如图 2-12 所示。通过计算，该路径模型的各项配适度指标如表 2-21 所示，结论表明，各项配适度指标均显示良好。决定系数 $R^2=0.995894$，接近于 1，对 C 估计值精度很好。路径分析把握了低碳经济的主要影响因素，模型的内在质量理想。

表 2-21 模型配适度指标

指标名称	指标值	标准	结论
CMIN	2.835	越小越好	良好
p 值	0.995	>0.05	良好
RMR	0.039	<0.05	良好
GFI	0.942	>0.9	良好
AGFI	-0.046	>0.9	不好
PGFI	0.052	>0.5	不好
NFI Delta1	0.983	>0.9	良好

续表 2-21

指标名称	指标值	标准	结论
RFI rho1	0.759	>0.9	不好
IFI Delta2	0.995	>0.9	良好
TLI rho2	0.914	>0.9	良好
CFI	0.994	>0.9	良好
PRATIO	0.071	>0.05	良好
PNFI	0.070	>0.05	良好
PCFI	0.071	>0.05	良好
NCP(NCP,LO90,HI90)	(0.835,0,9.641)	越小越好	良好
FMIN(FMIN,F0,LO90,HI90)	(0.284,0.084,0,0.964)	<0.05	良好
RMSEA(RMSEA,LO90,HI90,PCLOSE)	(0.204,0,0.694,0.251)	<0.05	良好
AIC	70.835	越小越好	良好
BCC	682.835	越小越好	良好
BIC	85.364	越小越好	良好
CAIC	118.364	越小越好	良好
ECVI(ECVI,LO90,HI90,MECVI)	(7.084,7.000,7.964,68.284)	越小越好	良好
HOELTER0.05,HOELTER0.01	22,33	>200	不好

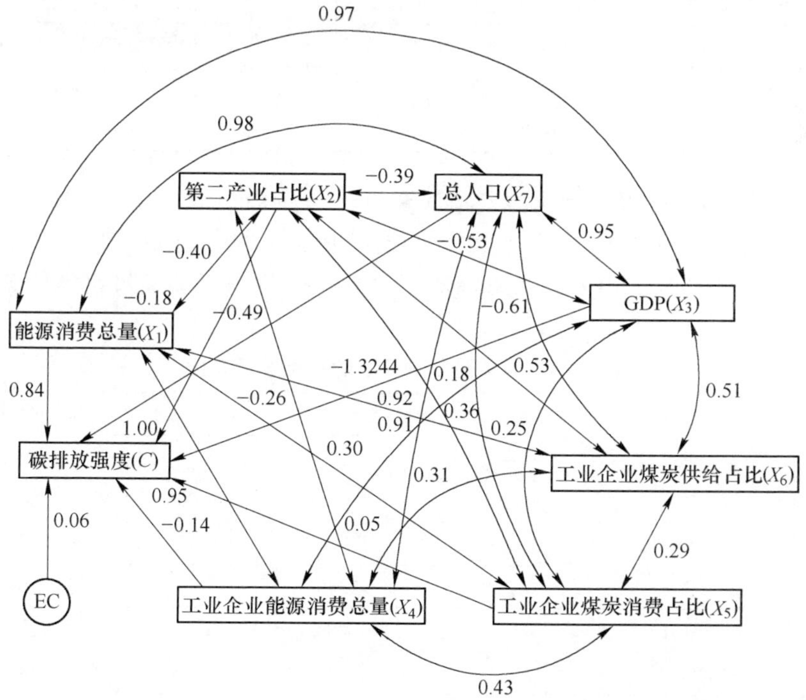

图 2-12　西安市煤炭供给与消费结构对碳排放强度（C）的影响路径模型（$p=0.9249$）

基于 2005 ~2015 年统计数据，由表 2-20 可得到各自变量的直接通径系数如表 2-22 所示。表 2-23 列出了各关键影响因素对碳排放强度（C）的效应。由表 2-23 可知：各关键影响因素对碳排放强度的效应中，只有 X_5（规模以上工业企业煤炭消费占比）和 X_1（能源总消费量）对碳排放强度的增长具有推动效应，而第二产业占比（X_2）、总人口（X_7）、GDP（X_3）、规模以上工业企业能源总消费（X_4）具有不同程度地制约碳排放强度的增长。

表 2-22　各关键影响因素的直接通径系数

路径	估计值(Estimate)	标准误(S. E.)	临界比(C. R.)	p 值(P.)	显著水平(α=0.05)
C←EC	0.006768	0.001513	4.472136	***	
C←X_1	0.000176	0.000032	5.55591	***	
C←X_2	-0.01045	0.001781	-5.86655	***	
C←X_7	-0.00289	0.00061	-4.73693	***	
C←X_5	0.000582	0.000322	1.807207	0.07073	接受
C←X_3	-9.1E-05	0.000007	-12.8013	***	
C←X_4	-0.00004	0.000024	-1.64346	0.100288	接受

表 2-23　各关键影响因素对碳排放强度（C）的效应

C	X_4	X_5	X_1	X_3	X_2	X_7
直接效应	-0.00004	0.000582	0.000176	-9.1E-05	-0.01045	-0.00289
间接效应	0.0	0.0	0.0	0.0	0.0	0.0
总效应	-0.00004	0.000582	0.000176	-9.1E-05	-0.01045	-0.00289

依据表 2-20，可以绘制出西安市煤炭供给与消费结构对能源消费总量（X_1）的影响路径图，如图 2-13 所示。基于 2005 ~2015 年统计数据，由表 2-20 可得到各自变量的直接通径系数如表 2-24 所示，表 2-25 列出了各关键影响因素对能源消费总量（X_1）的效应。

表 2-24　各关键影响因素的直接通径系数

路径	估计值(Estimate)	标准误(S. E.)	临界比(C. R.)	p 值(P.)	显著水平(α=0.05)
X_1←X_2	-1.949	20.482	-0.095	0.924	接受
X_1←X_7	14.231	5.208	2.732	0.006	拒绝
X_1←X_3	0.088	0.065	1.354	0.176	接受
X_1←X_6	-4.746	10.226	-0.464	0.643	接受
X_1←X_5	-3.131	3.539	-0.885	0.376	接受
X_1←X_4	0.384	0.234	1.644	0.1	接受
X_1←EC1	66.916	14.963	4.472	***	

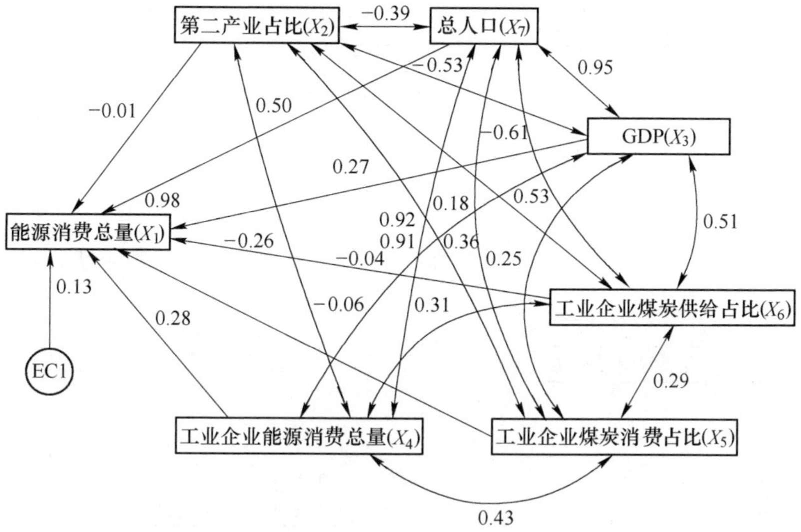

图 2-13 西安市煤炭供给与消费结构对能源消费总量（X_1）的影响路径模型

表 2-25 各关键影响因素对能源消费总量（X_1）的效应

X_1	X_4	X_5	X_6	X_3	X_2	X_7
直接效应	0.384	−3.131	−4.746	0.088	−1.949	14.231
间接效应	0.0	0.0	0.0	0.0	0.0	0.0
总效应	0.384	−3.131	−4.746	0.088	−1.949	14.231

由表 2-25 可知：各关键影响因素对能源消费总量（X_1）的效应中，只有总人口（X_7）、规模以上工业企业能源总消费（X_4）和 GDP（X_3）对能源总消费量（X_1）的增长具有推动效应，而规模以上工业煤炭供给占比（X_6）、规模以上工业企业煤炭消费占比（X_5）、第二产业占比（X_2）不同程度地制约能源消费总量（X_1）的增长。

依据表 2-20，可以绘制出西安市煤炭供给与消费结构对工业企业能源消费总量（X_4）的影响路径图，如图 2-14 所示。基于 2005 ~ 2015 年统计数据，由表 2-20 可得到各自变量的直接通径系数如表 2-26 所示，表 2-27 列出了各关键影响因素对规模以上工业企业能源总消费（X_4）的效应。

由表 2-27 可知：各关键影响因素对规模以上工业企业能源总消费（X_4）的效应中，只有总人口（X_7）、规模以上工业企业煤炭消费占比（X_5）、第二产业占比（X_2）和 GDP（X_3）对规模以上工业企业能源总消费（X_4）的增长具有推动效应，而规模以上工业煤炭供给占比（X_6）制约规模以上工业企业能源总消费（X_4）的增长。

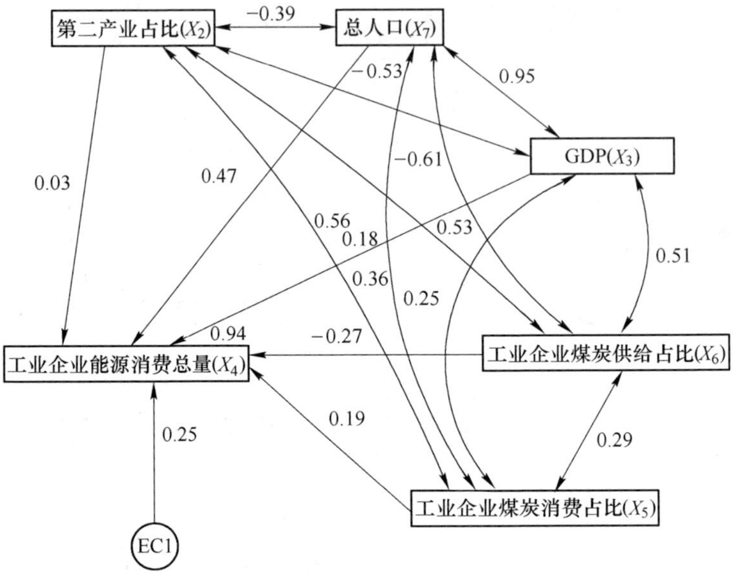

图 2-14　西安市煤炭供给与消费结构对工业企业能源消费总量（X_4）的影响路径模型

表 2-26　各关键影响因素的直接通径系数

路径	估计值(Estimate)	标准误(S. E.)	临界比(C. R.)	p 值(P.)	显著水平(α=0.05)
$X_4 \leftarrow X_2$	5.54566	27.67604	0.200378	0.841185	接受
$X_4 \leftarrow X_7$	9.639833	6.358825	1.515977	0.129525	接受
$X_4 \leftarrow X_3$	0.135878	0.076998	1.764705	0.077613	接受
$X_4 \leftarrow X_5$	7.9196	4.085756	1.938344	0.052581	接受
$X_4 \leftarrow$EC1	90.60034	20.25885	4.472136	***	
$X_4 \leftarrow X_6$	-24.6028	11.45247	-2.14826	0.031694	拒绝

表 2-27　各关键影响因素对规模以上工业企业能源总消费（X_4）的效应

X_4	X_5	X_6	X_3	X_2	X_7
直接效应	7.9196	-24.6028	0.135878	5.54566	9.639833
间接效应	0.0	0.0	0.0	0.0	0.0
总效应	7.9196	-24.6028	0.135878	5.54566	9.639833

从上述讨论可知：

（1）各关键影响因素对碳排放强度（C）的效应中，只有 X_5（规模以上工业企业煤炭消费占比）和 X_1（能源总消费量）对碳排放强度（C）的增长具有推动效应，而第二产业占比（X_2）、总人口（X_7）、GDP（X_3）、规模以上工业企业能源总消费（X_4）具有不同程度地制约碳排放强度（C）的增长。

（2）各关键影响因素对能源消费总量（X_1）的效应中，只有总人口（X_7）、规模以上工业企业能源总消费（X_4）和 GDP（X_3）对能源总消费量（X_1）的增长具有推动效应，而规模以上工业煤炭供给占比（X_6）、规模以上工业企业煤炭消费占比（X_5）、第二产业占比（X_2）不同程度地制约能源消费总量（X_1）的增长。

（3）各关键影响因素对规模以上工业企业能源总消费（X_4）的效应中，只有总人口（X_7）、规模以上工业企业煤炭消费占比（X_5）、第二产业占比（X_2）和 GDP（X_3）对规模以上工业企业能源总消费（X_4）的增长具有推动效应，而规模以上工业煤炭供给占比（X_6）制约规模以上工业企业能源总消费（X_4）的增长。

2.2.4 石油

由表 2-1、表 2-2、表 2-13 和表 2-17，可以计算出 2005～2015 年西安市能源总量、产业结构、GDP、总人口、规模以上工业企业原油及其制品供给和消费结构以及碳强度等统计数据如表 2-28 所示。采用 SPSS 软件，可以计算出西安市石油消费结构各影响因素之间的相关性，如表 2-29 所示。

表 2-28　2005～2015 年西安市石油消费结构对碳排放的影响（原始数据）

年度	能耗总量/万吨标准煤	第二产业GDP 占比/%	GDP/亿元	石油消费量/万吨标准煤	石油消费占比/%	总人口/万人	碳排放强度/吨碳·万元$^{-1}$
	X_1	X_2	X_3	X_4	X_5	X_6	C
2005	1196.99	41.1361	1313.93	278.1674	23.24	806.81	0.6182
2006	1343.495	41.9542	1538.94	366.4691	27.28	822.52	0.5739
2007	1528.006	42.1161	1856.63	132.2522	8.66	830.54	0.5676
2008	1780.332	42.3434	2318.14	212.6902	11.95	837.52	0.5157
2009	1977.682	42.0234	2724.08	337.5535	17.07	843.46	0.492
2010	2304.842	43.3946	3241.69	452.2273	19.62	847.41	0.4809
2011	2143.732	43.3469	3862.58	270.8166	12.63	851.34	0.3775
2012	2335.864	43.0991	4366.1	303.3351	12.99	855.29	0.3627
2013	2541.285	40.5854	4924.97	430.4102	16.94	858.81	0.3465
2014	2669.423	39.9586	5492.64	443.2789	16.61	862.75	0.3242
2015	2726.564	36.6526	5801.2	459.4459	16.85	870.56	0.3128

表 2-29　西安市石油消费结构各影响因素之间的相关性

		X_1	X_2	X_3	X_4	X_5	X_6	C
X_1	Pearson 相关性	1	-0.403	0.967**	0.663*	-0.289	0.976**	-0.950**
	显著性（双侧）		0.219	0	0.026	0.388	0	0
X_2	Pearson 相关性	-0.403	1	-0.529	-0.476	-0.146	-0.391	0.409
	显著性（双侧）	0.219		0.094	0.139	0.669	0.234	0.211
X_3	Pearson 相关性	0.967**	-0.529	1	0.639*	-0.253	0.950**	-0.982**
	显著性（双侧）	0	0.094		0.034	0.452	0	0
X_4	Pearson 相关性	0.663*	-0.476	0.639*	1	0.514	0.558	-0.563
	显著性（双侧）	0.026	0.139	0.034		0.106	0.074	0.072
X_5	Pearson 相关性	-0.289	-0.146	-0.253	0.514	1	-0.389	0.314
	显著性（双侧）	0.388	0.669	0.452	0.106		0.237	0.347
X_6	Pearson 相关性	0.976**	-0.391	0.950**	0.558	-0.389	1	-0.955**
	显著性（双侧）	0	0.234	0	0.074	0.237		0
C	Pearson 相关性	-0.950**	0.409	-0.982**	-0.563	0.314	-0.955**	1
	显著性（双侧）	0	0.211	0	0.072	0.347	0	

** 在 0.01 水平（双侧）上显著相关；

* 在 0.05 水平（双侧）上显著相关。

依据表 2-29，可以绘制出西安市石油消费结构对碳排放强度的影响路径模型，如图 2-15 所示。基于 2005～2015 年统计数据，可得到各自变量的直接通径系数如表 2-30 所示，表 2-31 列出了各关键影响因素对碳排放强度的效应。

表 2-30　各关键影响因素的直接通径系数

路径	估计值(Estimate)	标准误(S.E.)	临界比(C.R.)	p 值(P.)	显著水平(α=0.05)
$C \leftarrow EC$	0.007764	0.001736	4.472136	***	
$C \leftarrow X_4$	-3.5E-05	0.000042	-0.8507	0.394938	接受
$C \leftarrow X_1$	0.00016	0.000037	4.273165	***	
$C \leftarrow X_3$	-9.5E-05	0.000008	-11.588	***	
$C \leftarrow X_2$	-0.01163	0.001981	-5.87248	***	
$C \leftarrow X_6$	-0.00273	0.000756	-3.60872	***	

表 2-31　各关键影响因素对碳排放强度的效应

C	X_4	X_1	X_3	X_2	X_6
直接效应	-3.5E-05	0.00016	-9.5E-05	-0.01163	-0.00273
间接效应	0.0	0.0	0.0	0.0	0.0
总效应	-3.5E-05	0.00016	-9.5E-05	-0.01163	-0.00273

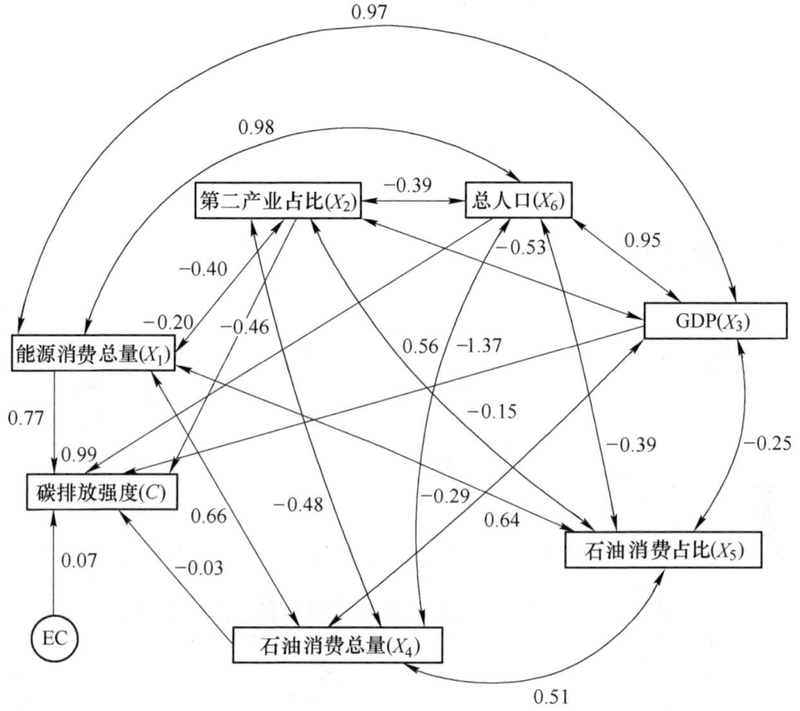

图 2-15 西安市石油消费结构对碳排放强度的影响路径模型（$p=0.03969$）

由表 2-31 可知：各关键影响因素对碳排放强度的效应中，只有能源消费总量（X_1）对碳排放强度的增长具有推动效应，而提高第二产业占比（X_2）、总人口（X_6）、GDP（X_3）和石油消费总量（X_4）的同时，控制能源消费总量（X_1），能够降低碳排放强度。

依据表 2-29，可以绘制出西安市石油消费结构对能源消费总量（X_1）的影响路径模型，如图 2-16 所示。基于 2005～2015 年统计数据，可得到各自变量的直接通径系数如表 2-32 所示，表 2-33 列出了各关键影响因素对能源消费总量（X_1）的效应。

表 2-32 各关键影响因素的直接通径系数

路径	估计值(Estimate)	标准误(S. E.)	临界比(C. R.)	p 值(P.)	显著水平($\alpha=0.05$)
$X_1 \leftarrow$EC	20.10263	4.495084	4.472136	***	
$X_1 \leftarrow X_2$	20.39612	4.521036	4.511383	***	
$X_1 \leftarrow X_6$	3.226753	1.770919	1.822079	0.068443	接受
$X_1 \leftarrow X_3$	0.12713	0.016753	7.588669	***	
$X_1 \leftarrow X_4$	3.089536	0.257007	12.02122	***	
$X_1 \leftarrow X_5$	−45.89	4.677046	−9.81174	***	

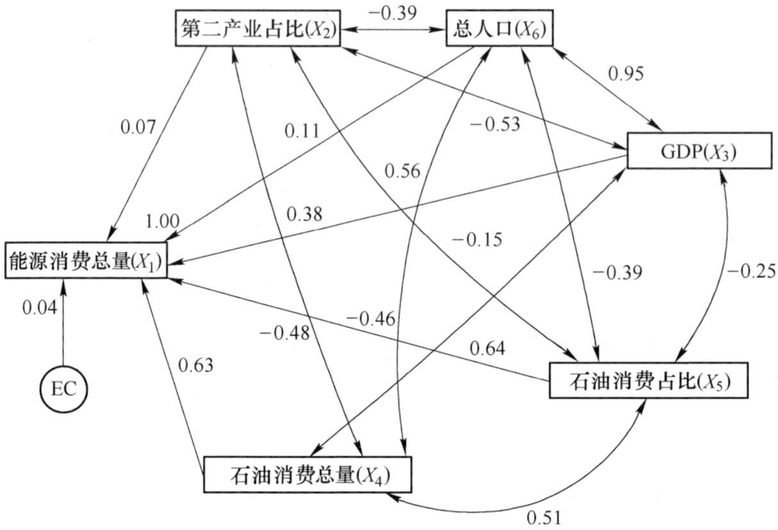

图 2-16　西安市石油消费结构对能源消费总量（X_1）的影响路径模型（$p=0.03969$）

表 2-33　各关键影响因素对能源消费总量（X_1）的效应

X_1	X_5	X_4	X_3	X_2	X_6
直接效应	-45.89	3.089536	0.12713	20.39612	3.226753
间接效应	0.0	0.0	0.0	0.0	0.0
总效应	-45.89	3.089536	0.12713	20.39612	3.226753

由表 2-33 可知：各关键影响因素对能源消费总量（X_1）的效应中，第二产业占比（X_2）、总人口（X_6）、石油消费总量（X_4）、GDP（X_3）对能源消费总量（X_1）的增长具有推动效应；而石油消费占比（X_5）对能源消费总量（X_1）的增长具有抑制作用。

依据表 2-29，可以绘制出西安市石油消费结构对石油消费总量（X_4）的影响路径模型，如图 2-17 所示。基于 2005 ~ 2015 年统计数据，可得到各自变量的直接通径系数如表 2-34 所示，表 2-35 列出了各关键影响因素对石油消费总量（X_4）的效应。

表 2-34　各关键影响因素的直接通径系数

路径	估计值(Estimate)	标准误(S.E.)	临界比(C.R.)	p 值(P.)	显著水平($\alpha=0.05$)
$X_4 \leftarrow X_2$	1.138042	5.551141	0.205011	0.837564	接受
$X_4 \leftarrow X_5$	17.2183	1.86285	9.242988	***	
$X_4 \leftarrow X_6$	4.376544	1.683018	2.600414	0.009311	拒绝
$X_4 \leftarrow X_3$	0.009255	0.020404	0.453562	0.650144	接受
$X_4 \leftarrow$ EC	24.73477	5.530863	4.472136	***	

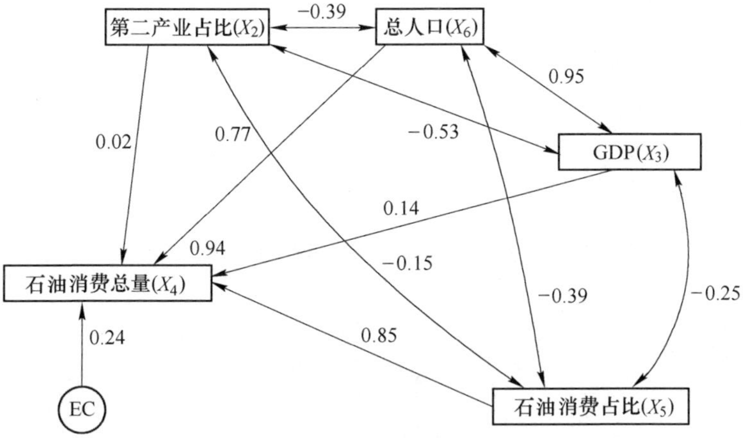

图 2-17 西安市石油消费结构对石油消费总量（X_4）的影响路径模型

表 2-35 各关键影响因素对石油消费总量（X_4）的效应

X_4	X_5	X_3	X_2	X_6
直接效应	17. 2183	0. 009255	1. 138042	4. 376544
间接效应	0. 0	0. 0	0. 0	0. 0
总效应	17. 2183	0. 009255	1. 138042	4. 376544

由表 2-35 可知：各关键影响因素对石油消费总量（X_4）的效应中，石油消费占比（X_5）、总人口（X_6）、第二产业占比（X_2）、GDP（X_3）对石油消费总量（X_4）的增长具有推动效应。

从上述讨论可知：

（1）各关键影响因素对碳排放强度的效应中，只有能源消费总量（X_1）对碳排放强度的增长具有推动效应，而提高第二产业占比（X_2）、总人口（X_6）、GDP（X_3）和石油消费总量（X_4）的同时，控制能源消费总量（X_1），能够降低碳排放强度。

（2）各关键影响因素对能源消费总量（X_1）的效应中，第二产业占比（X_2）、总人口（X_6）、石油消费总量（X_4）、GDP（X_3）对能源消费总量（X_1）的增长具有推动效应；而石油消费占比（X_5）对能源消费总量（X_1）的增长具有抑制作用。

（3）各关键影响因素对石油消费总量（X_4）的效应中，石油消费占比（X_5）、总人口（X_6）、第二产业占比（X_2）、GDP（X_3）对石油消费总量（X_4）的增长具有推动效应。

2.2.5　天然气

由表2-1、表2-2、表2-13和表2-17，可以计算出2005～2015年西安市能源总量、产业结构、GDP、总人口、规模以上工业企业煤炭供给和消费结构以及碳强度等统计数据如表2-36所示。采用SPSS软件，可以计算出西安市煤炭供给与消费结构各影响因素之间的相关性，如表2-37所示。

表2-36　2005～2015年西安市天然气消费结构对碳排放的影响（原始数据）

年度	能耗总量/万吨标准煤	第二产业GDP占比/%	GDP/亿元	天然气消费量/万吨标准煤	天然气消费占比/%	总人口/万人	碳排放强度/吨碳·万元$^{-1}$
	X_1	X_2	X_3	X_4	X_5	X_6	C
2005	1196.99	41.1361	1313.93	82.61304	6.9	806.81	0.6182
2006	1343.495	41.9542	1538.94	197.6334	14.71	822.52	0.5739
2007	1528.006	42.1161	1856.63	107.2473	7.02	830.54	0.5676
2008	1780.332	42.3434	2318.14	208.7991	11.73	837.52	0.5157
2009	1977.682	42.0234	2724.08	140.6863	7.11	843.46	0.492
2010	2304.842	43.3946	3241.69	143.3677	6.22	847.41	0.4809
2011	2143.732	43.3469	3862.58	164.524	7.67	851.34	0.3775
2012	2335.864	43.0991	4366.1	192.9551	8.26	855.29	0.3627
2013	2541.285	40.5854	4924.97	208.9115	8.22	858.81	0.3465
2014	2669.423	39.9586	5492.64	258.0477	9.67	862.75	0.3242
2015	2726.564	36.6526	5801.2	270.9547	9.94	870.56	0.3128

表2-37　西安市天然气消费结构各影响因素之间的相关性

		X_1	X_2	X_3	X_4	X_5	X_6	C
X_1	Pearson相关性	1	-0.403	0.967**	0.709*	-0.163	0.976**	-0.950**
	显著性（双侧）		0.219	0.000	0.015	0.632	0.000	0.000
X_2	Pearson相关性	-0.403	1	-0.529	-0.580	-0.210	-0.391	0.409
	显著性（双侧）	0.219		0.094	0.062	0.536	0.234	0.211
X_3	Pearson相关性	0.967**	-0.529	1	0.764**	-0.081	0.950**	-0.982**
	显著性（双侧）	0.000	0.094		0.006	0.812	0.000	0.000
X_4	Pearson相关性	0.709*	-0.580	0.764**	1	0.560	0.750**	-0.753**
	显著性（双侧）	0.015	0.062	0.006		0.073	0.008	0.007
X_5	Pearson相关性	-0.163	-0.210	-0.081	0.560	1	-0.075	0.060
	显著性（双侧）	0.632	0.536	0.812	0.073		0.826	0.861

续表 2-37

		X_1	X_2	X_3	X_4	X_5	X_6	C
X_6	Pearson 相关性	0.976 **	-0.391	0.950 **	0.750 **	-0.075	1	-0.955 **
	显著性（双侧）	0.000	0.234	0.000	0.008	0.826		0.000
C	Pearson 相关性	-0.950 **	0.409	-0.982 **	-0.753 **	0.060	-0.955 **	1
	显著性（双侧）	0.000	0.211	0.000	0.007	0.861	0.000	

** 在 0.01 水平（双侧）上显著相关；

* 在 0.05 水平（双侧）上显著相关。

依据表 2-37，可以绘制出西安市天然气消费结构对碳排放强度（C）的影响路径模型，如图 2-18 所示。

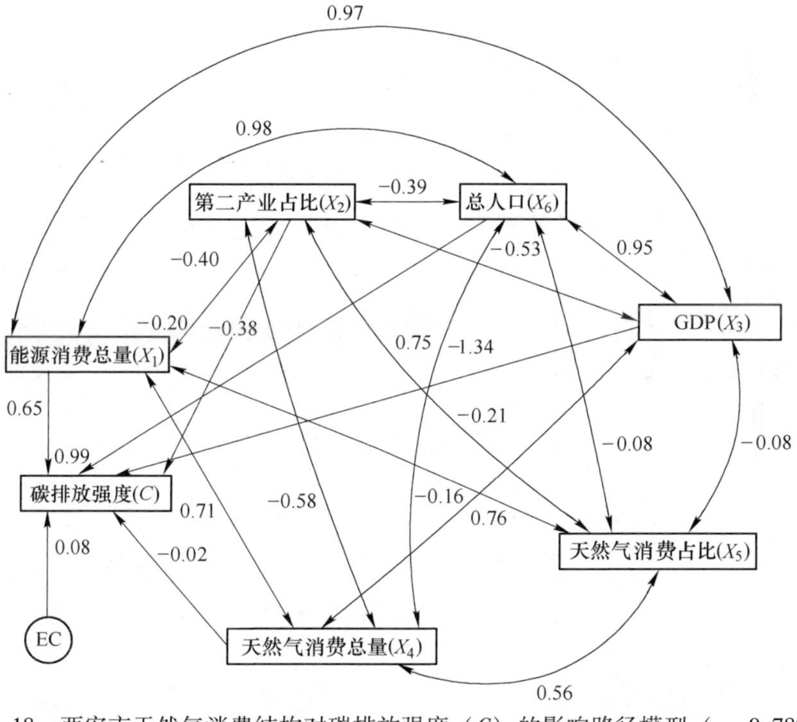

图 2-18 西安市天然气消费结构对碳排放强度（C）的影响路径模型（$p=0.7821$）

基于 2005～2015 年统计数据，可得到各关键影响因素的直接通径系数如表 2-38 所示。

表 2-39 列出了各关键影响因素对碳排放强度（C）的效应。

由表 2-39 可知：各关键影响因素对碳排放强度（C）的效应中，只有 X_1（能源消费总量）对碳排放强度（C）的增长具有推动效应，而第二产业占比（X_2）、总人口（X_6）、GDP（X_3）、天然气消费总量（X_4）不同程度地制约碳排放强度（C）的增长。

表 2-38　各关键影响因素的直接通径系数

路径	估计值（Estimate）	标准误（S. E.）	临界比（C. R.）	p 值（P.）	显著水平（$\alpha=0.05$）
$C \leftarrow$EC	0.00793	0.001773	4.472136	***	
$C \leftarrow X_4$	−4.2E-05	0.00008	−0.52776	0.597665	接受
$C \leftarrow X_1$	0.000135	0.000031	4.359443	***	
$C \leftarrow X_3$	−9.3E-05	0.000008	−11.1282	***	
$C \leftarrow X_2$	−0.0113	0.001961	−5.75872	***	
$C \leftarrow X_6$	−0.00222	0.000707	−3.1409	0.001684	拒绝

表 2-39　各关键影响因素对碳排放强度（C）的效应

C	X_4	X_5	X_1	X_3	X_2	X_7
直接效应	−4.2E-05	0.000135	−9.3E-05	−0.0113	−0.00222	−4.2E-05
间接效应	0.0	0.0	0.0	0.0	0.0	0.0
总效应	−4.2E-05	0.000135	−9.3E-05	−0.0113	−0.00222	−4.2E-05

依据表 2-37，可以绘制出西安市天然气消费结构对能源消费总量（X_1）的影响路径模型，如图 2-19 所示。

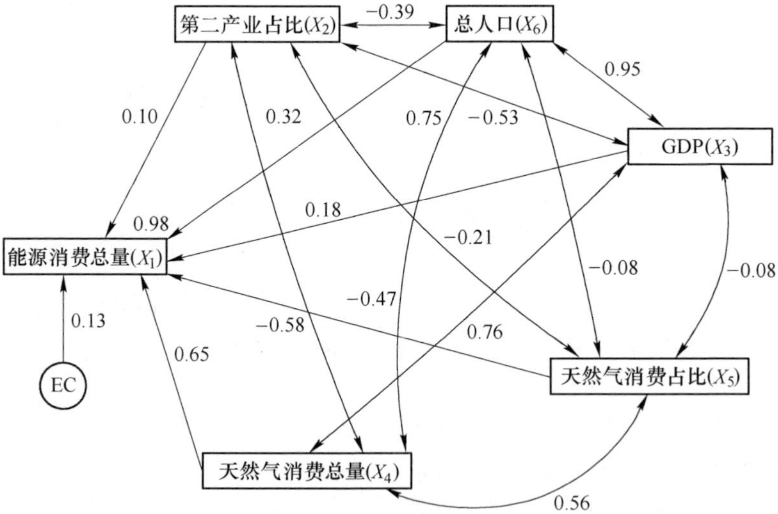

图 2-19　西安市天然气消费结构对能源消费总量（X_1）的影响路径模型

基于2005～2015年统计数据，可得到各关键影响因素的直接通径系数如表2-40所示。

表2-40 各关键影响因素的直接通径系数

路径	估计值(Estimate)	标准误(S. E.)	临界比(C. R.)	p值(P.)	显著水平($\alpha=0.05$)
$C \leftarrow EC$	63.29794	14.15385	4.472136	***	
$C \leftarrow X_2$	25.90918	16.28648	1.59084	0.111646	接受
$C \leftarrow X_3$	0.059041	0.068543	0.861376	0.389031	接受
$C \leftarrow X_5$	-98.5081	39.06302	-2.52177	0.011676	拒绝
$C \leftarrow X_4$	5.878593	2.706429	2.172084	0.029849	拒绝
$C \leftarrow X_6$	9.072504	4.86725	1.86399	0.062323	接受

表2-41列出了各关键影响因素对能源消费总量（X_1）的效应。

表2-41 各关键影响因素对能源消费总量（X_1）的效应

X_1	X_5	X_4	X_3	X_2	X_6
直接效应	-98.5081	5.878593	0.059041	25.90918	9.072504
间接效应	0.0	0.0	0.0	0.0	0.0
总效应	-98.5081	5.878593	0.059041	25.90918	9.072504

由表2-41可知：各关键影响因素对能源消费总量（X_1）的效应中，只有X_5（天然气消费占比）对能源消费总量（X_1）的增长具有抑制效应，而第二产业占比（X_2）、总人口（X_6）、天然气消费总量（X_4）、GDP（X_3）不同程度地促进能源消费总量（X_1）的增长。

依据表2-37，可以绘制出西安市天然气消费结构对天然气消费总量（X_4）的影响路径模型，如图2-20所示。

基于2005～2015年统计数据，可得到各关键影响因素的直接通径系数如表2-42所示。

表2-42 各关键影响因素的直接通径系数

路径	估计值(Estimate)	标准误(S. E.)	临界比(C. R.)	p值(P.)	显著水平($\alpha=0.05$)
$X_4 \leftarrow X_2$	-2.47774	1.734172	-1.42877	0.15307	接受
$X_4 \leftarrow X_6$	1.034461	0.465204	2.223674	0.02617	拒绝
$X_4 \leftarrow X_3$	0.016707	0.006019	2.775632	0.005509	拒绝
$X_4 \leftarrow X_5$	14.05831	1.03379	13.59881	***	
$X_4 \leftarrow EC$	7.395931	1.653781	4.472136	***	

表2-43列出了各关键影响因素对天然气消费总量（X_4）的效应。

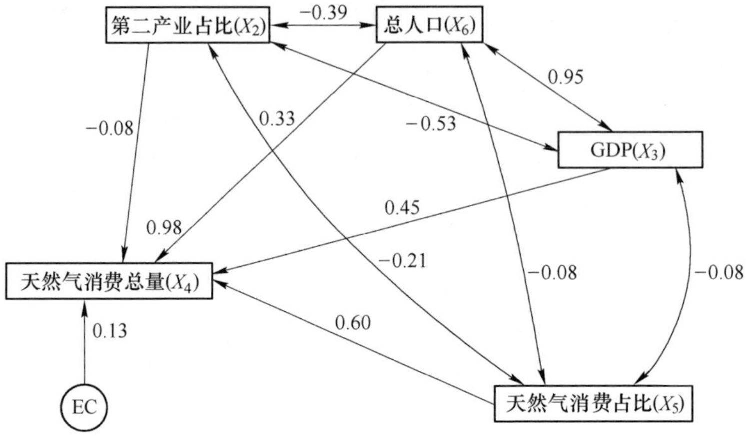

图 2-20　西安市天然气消费结构对天然气消费总量（X_4）的影响路径模型

表 2-43　各关键影响因素对天然气消费总量（X_4）的效应

X_4	X_5	X_3	X_2	X_6
直接效应	14. 05831	0. 016707	−2. 47774	1. 034461
间接效应	0. 0	0. 0	0. 0	0. 0
总效应	14. 05831	0. 016707	−2. 47774	1. 034461

由表 2-43 可知：各关键影响因素对天然气消费总量（X_4）的效应中，只有第二产业占比（X_2）对天然气消费总量（X_4）的增长具有抑制效应，而天然气消费占比（X_5）、总人口（X_6）、GDP（X_3）不同程度地促进天然气消费总量（X_4）的增长。

从上述讨论可知：

（1）各关键影响因素对碳排放强度（C）的效应中，只有 X_1（能源总消费量）对碳排放强度（C）的增长具有推动效应，而第二产业占比（X_2）、总人口（X_6）、GDP（X_3）、天然气消费总量（X_4）不同程度地制约碳排放强度（C）的增长。

（2）各关键影响因素对能源消费总量（X_1）的效应中，只有 X_5（天然气消费占比）对能源消费总量（X_1）的增长具有抑制效应，而第二产业占比（X_2）、总人口（X_6）、天然气消费总量（X_4）、GDP（X_3）不同程度地促进能源消费总量（X_1）的增长。

（3）各关键影响因素对天然气消费总量（X_4）的效应中，只有第二产业占比（X_2）对天然气消费总量（X_4）的增长具有抑制效应，而天然气消费占比（X_5）、总人口（X_6）、GDP（X_3）不同程度地促进天然气消费总量（X_4）的增长。

2.3 本章小结

低碳经济是相对于高碳经济而言的，是一种以低能耗、低排放、低污染为特征的可持续经济发展模式，其实质就是利用技术进步和制度创新转变能源利用方式，提高能源效率、优化能源结构，以达到在促进经济发展的同时降低碳排放的目标。本章根据对低碳经济内涵的理解，用碳强度体现低碳经济的发展目标，利用通径分析法研究能源总量、能源消费结构、产业结构、GDP、总人口、能源供给结构等对其的影响，结果发现：产业结构和能源供给结构对碳强度的影响较小，能源总量、总人口、经济增长等是碳强度增长的主要抑制因素，能源总量通过总人口和经济增长对碳强度增长起间接抑制作用，能源消费结构是碳强度增长的主要推动因素，因此在提高 GDP 的同时，降低能源总量，可以有效促进碳强度的降低。但考虑到煤炭消费对 GDP 增长的贡献，在相当长的一段时期内，在西安市 GDP 高速增长、总人口居高不下的情况下，降低煤炭的比例，反而不利于碳强度的下降。

从上述结论可知，西安市的 GDP、能源消费总量、总人口数的增长，与西安市的碳排放强度并不同步，只有能源总消费的增长才能导致西安市碳排放强度的增长。由此也可说明另外两个问题：（1）西安市第三产业的增长，会导致西安市 GDP 的增长，但碳排放强度并不会随之增长；（2）西安市 GDP 的增长，第二产业所做的贡献不高。

参 考 文 献

[1] 王韶华. 基于低碳经济的我国能源结构优化研究 [D]. 哈尔滨：哈尔滨工程大学，2013.

[2] 庄贵阳. 中国经济低碳发展的途径与潜力分析 [J]. 国际技术经济研究，2005，8（3）：8～12.

[3] 鲍健强，苗阳，陈锋. 低碳经济：人类经济发展方式的新变革 [J]. 中国工业经济，2008（4）：153～160.

[4] 邢继俊，赵刚. 中国要大力发展低碳经济 [J]. 中国科技论坛，2007（10）：87～92.

[5] 李友华，王虹. 中国低碳经济发展对策研究 [J]. 哈尔滨商业大学学报（社会科学版），2009（6）：3～6.

[6] 薛进军. 低碳经济学 [M]. 北京：社会科学文献出版社，2011.

[7] 金乐琴，刘瑞. 低碳经济与中国经济发展模式转型 [J]. 经济问题探索，2009（1）：84～87.

[8] 刘传江. 低碳经济发展的制约因素与中国低碳道路的选择 [J]. 吉林大学社会科学学报，2010，50（3）：146～152.

[9] 李慧明，杨娜. 低碳经济及碳排放评价方法探究 [J]. 学术交流，2010（4）：85～88.

[10] 方时娇．绿色经济视野下的低碳经济发展新论［J］．中国人口·资源与环境，2010，20（4）：8～11.

[11] Ehrlich P R., Holdren J P, Human Population and the Global Environment [J]. American Scientist, 1974 (5): 282～292.

[12] 徐国泉，刘则渊，姜照华．中国碳排放的因素分解模型及实证分析：1995～2004［J］．中国人口·资源与环境，2006（6）：158～161.

[13] Johan A, Delphine F, Koen S. A Shapley Decomposition of Carbon Emissions without Residuals [J]. Energy Policy, 2002, 30: 727～736.

[14] Manan, Zainuddin Abdul, Shiun, Lim Jeng. Energy Efficiency Award system in Malaysia for energy sustainability [J]. Renewable & Sustainable Energy Reviews, 2010, 14 (8): 2279～2289.

[15] 林伯强．中国能源需求的经济计量分析［J］．统计研究，2001（10）：34～39.

[16] Bhide, Anjali, Monroy. Energy poverty: A special focus on energy poverty in India and renewable energy technologies [J]. Renewable & Sustainable Energy Reviews, 2011, 15 (2): 1057～1066.

[17] 张晓华，刘滨，张阿玲．中国未来能源需求趋势分析［J］．清华大学学报（自然科学版），2006（6）：34～37.

[18] Shi Guangming, Bi Jun, Wang Jinnan. Chinese regional industrial energy efficiency evaluation based on a DEA model of fixing non-energy inputs [J]. Energy Policy, 2010, 38 (10): 6172～6179.

[19] Knapp T, R Mookerjee. Population Growth and Global CO_2 Emissions [J]. Energy Policy, 1996, 24 (1): 31～37.

[20] 徐玉高，郭元，吴宗鑫．经济发展，碳排放和经济演化［J］．环境科学进展，1999（2）：54～64.

[21] Anqing Shi. The impact of population pressure on global carbon dioxide emissions, 1975～1996: evidence from pooled cross-country data [J]. Ecological Economics, 2003 (44): 29～42.

[22] 于景华．混沌时间序列分析下江苏—西部联动能源系统的研究［D］．镇江：江苏大学，2003.

[23] 黄志杰，陈荫镔．能源管理［M］．北京：能源出版社，1982.

[24] 李晅煜．西安市能源、经济、环境（3E）系统发展相关性分析与研究［D］．天津：天津大学，2008.

[25] 魏楚，沈满洪．能源效率与能源生产率：基于 DEA 方法的省际数据比较［J］．数量经济技术经济研究，2007（9）：110～121.

[26] 林伯强．高级能源经济学［M］．北京：中国财政经济出版社，2009.

[27] 范德成，王韶华，张伟．低碳经济目标下一次能源消费结构影响因素分析［J］．资源科学，2012（4）：696～703.

[28] 张珍花，王鹏．中国一次能源结构对能源效率的影响［J］．统计与决策，2008（22）：82～83.

[29] 郭菊娥，柴建，吕振东．西安市能源消费需求影响因素及其影响机理分析［J］．管理学报，2008，5（5）：651～654.

[30] 郭菊娥，柴建，席西民．一次能源消费结构变化对我国单位 GDP 能耗影响效应研究［J］．中国人口·资源与环境，2008，18（4）：38～43.

3 西安市能源消费的空间关联网络结构特征及其效应分析

3.1 能源消费的空间关联性

伴随着资源环境约束的日益趋紧，“新常态”下经济发展面临的能源挑战愈发严峻，能源消费呈现出显著的空间非均衡特征[1~4]。为了破解资源环境约束，“十三五”以来，西安市制定了更为严格的节能目标，并综合考虑各区（县）经济社会发展水平、区位和资源特点等因素，将全市总体节能目标分解到各区（县）。如果各区（县）能源消费之间相互独立，那么无疑，各区（县）完成各自节能任务的总和即为全市完成的节能任务。然而，在多种因素的共同作用下，区（县）之间能源消费并非独立存在，而是呈现出一定的空间关联[5]。因此，在区（县）之间空间关联实际存在的条件下，各区（县）要实现各自的节能任务，不仅要考虑自身的能源消费情况，还需要充分考虑并有效“牵制”与之关联区（县）的能源消费。随着旨在促进能源跨区域流动的工程项目的实施和市场化进程的不断推进，能源消费的空间联系更加普遍和广泛，已经超越了单纯地理学意义上的“近邻”关系，逐步呈现出多线程的复杂网络结构形态。在此背景下，精确刻画西安市能源消费空间关联的整体网络结构特征及其演变趋势，明确各区（县）在能源消费空间关联网络中的地位和角色，深入揭示空间关联网络结构对于能源消费的影响效应，对于能源政策的制定和实施以及跨区域协同节能机制的构建均具有重要的理论意义和应用价值[6]。

3.2 能源消费的空间关联网络结构特征分析方法

社会网络分析以“关系”作为基本分析单位，采用图论工具、代数模型技术描述关系模式并探究这些关系模式对结构中成员或整体的影响，是一种针对“关系数据”（Relation Data）的跨学科分析方法，在社会学、经济学、管理学等领域得到广泛应用，已成为一种新的研究范式[7~18]。

3.2.1 能源消费空间关联关系的确定

关系的确定是网络分析的关键。由于引力模型不仅更加适用于总量数据，而且可以综合考虑经济地理距离因素，进而可以利用截面数据刻画空间关联网络的演变趋势。因此，采用引力模型构建网络在揭示能源消费空间关联网络的动态演变趋势上更具优势[6,12]。基于上述考虑，本书将引力模型引入到能源消费领域，同时为了增强适用性，对引力模型进行修正，修正后的引力模型如式（3-1）所示。

$$y_{ij}=k_{ij}\frac{\sqrt[3]{P_iE_iG_i}\sqrt[3]{P_jE_jG_j}}{\left(\frac{D_{ij}}{g_i-g_j}\right)^2},\quad k_{ij}=\frac{E_i}{E_i+E_j} \tag{3-1}$$

式中，i，j 代表区（县）；y_{ij}为区（县）i 和区（县）j 能源消费之间的引力；E_i 和 E_j 分别为区（县）i 和区（县）j 的能源消费总量；P_i 和 P_j 为区（县）i 和区（县）j 的年末总人口数；G_i 和 G_j 为区（县）i 和区（县）j 的实际地区生产总值；k_{ij}表示区（县）i 在区（县）i、j 之间能源消费联系中的贡献率。

为了同时考虑经济距离和地理距离因素对能源消费空间关联的影响，本书以 i 和 j 区（县）之间的距离（D_{ij}）比上区（县）i 和 j 人均 GDP 的差值（g_i-g_j）表征区（县）之间的“距离”。依据式（3-1），本书计算出西安市各区（县）能源消费之间的引力矩阵。引力矩阵的各行取平均作为临界值，引力高于该行临界值的记为 1，表示该行区（县）对该列区（县）能源消费具有关联关系；反之若引力低于该行临界值则记为 0，表示该行区（县）对该列区（县）能源消费不存在关联关系。

3.2.2 网络特征指标

（1）整体网络特征。整体网络结构特征通常采用网络密度、网络关联度、网络等级度和网络效率进行刻画。1）网络密度可以反映能源消费空间关联网络的紧密程度，网络密度越大，则西安市各区（县）能源消费之间的联系就越紧密，能源消费空间关联的网络结构对各省能源消费产生的影响也越大。2）网络关联度反映了能源消费空间关联网络自身的稳健性和脆弱性。如果网络中很多线都与某一个区（县）相连，那么能源消费空间关联网络对该区（县）的依赖性就很高，换言之，一旦排除该区（县），网络就可能崩溃。3）网络等级度表达的是网络中区（县）之间在多大程度上非对称地可达，它反映网络中各区（县）的等级结构。网络等级度越高则能源消费空间关联网络中区（县）之间的等级结构越森严，越多的区（县）在能源消费空间关联网络中将处于从属和边缘地位。4）网络效率反映了能源消费空间关联网络中各区（县）之间的连接效率。若网络效率越低，则说明区（县）之间存在更多的连线，区（县）能源消费之间的联系更加紧密，能源消费的空间关联网络就越稳定，也越容易通过能源消费空间关联网络促进能源的空间流动[6]。

（2）各节点的网络特征。根据社会网络分析方法，各节点的网络结构特征可以采用点度中心度、中介中心度和接近中心度等网络中心性指标进行刻画。1）点度中心度（Degree Centarlity）可以根据网络中的连接数来衡量各区（县）在能源消费空间关联网络中处于中心位置的程度。点度中心度越高，则说明该区（县）在能源消费空间关联网络中与其他区（县）之间的联系越多，该区（县）也更加处于网络的中心地位。2）中介中心度（Betweenness Centrality）反映了某个区（县）在多大程度上控制其他区（县）之间的关联关系，中介中心度越高则意味着该区（县）越能控制其他区（县）能源消费之间的相互行动，该区（县）也就更加处于网络的中心。3）接近中心度（Closeness Centrality）则刻画了网络中某个区（县）在能源消费联系过程中“不受其他区（县）控制”的程度。某个区（县）的接近中心度越高，该区（县）能源消费与其他区（县）之间存在更多的直接关联，该区（县）在网络中就是中心行动者[6]。

（3）空间聚类分析。块模型是社会网络分析中进行空间聚类分析的主要方法。块模型可以对各个位置（块）在网络中的角色进行分析[7]。通过块模型分析，能够从新的维度考察能源消费空间关联网络的发展状况，揭示和刻画能源消费空间关联网络的内部结构状态，找到网络中板块的个数以及每个板块所包含的区（县），进而分析板块之间的关系及联接方式。本书将能源消费空间关联网络中的块的角色划分为四种类型。一是净受益角色，此类板块中的成员既接收来自其他板块成员的关系，也有来自板块内部成员的关系，而接收来自板块外部的关系明显多于它对其他板块的溢出关系；二是净溢出角色，此类板块对其他板块发出的联系要明显多于它接收其他板块对该板块发出的联系；三是溢出－受益角色，此类板块成员既发出联系也接收其他板块的联系，而来自板块内部成员的联系相对较多；四是经纪人角色，此类板块既对其他板块发送联系，也接收来自其他板块成员的联系，而且该板块与其他板块成员之间的联系较多[6]。

3.3 数据来源

本书以西安市13个区（县）作为网络节点，实证考察能源消费的空间关联，样本的时期跨度为2005～2015年。引力模型测算所需数据的来源及处理如下：分区（县）能源消费总量来源于相应年份的《西安市统计年鉴》；分区（县）地区生产总值、人口数来源于相应年份的《西安市统计年鉴》，区（县）之间的地理距离以区（县）中心之间的球面距离表示。2005～2015年西安市各区县GDP能耗、地理坐标和各区（县）间的距离如附录A所示。表3-1是采用式（3-1）计算出来的2015年西安市各区（县）之间的吸引力，计算程序如附录B所示。表3-2是二值化后的数据。本书利用UCINET可视化工具Netdraw绘制了2015年西安市各区（县）能源消费关联网络图，如图 3-1 所示。

表 3-1　2015 年西安市各区（县）间的吸引力

	新城区	碑林区	莲湖区	灞桥区	未央区	雁塔区	阎良区	临潼区	长安区	蓝田县	周至县	户县	高陵县
新城区	0	2708061	50481	590291	487619	787893	5434	259549	1020928	129941	43495	126848	923
碑林区		0	4088031	1534672	1579540	3805522	35085	517847	10196156	299382	107168	396605	25417
莲湖区			0	454643	3432073	984441	5005	249483	1119198	128490	50086	150288	1835
灞桥区				0	461358	983874	3762	76506	5679	43738	6177	10486	56096
未央区					0	467634	15450	487542	2170459	218491	90267	278489	108
雁塔区						0	40703	907461	22942909	520388	171747	622188	14805
阎良区							0	24293	2147	9097	2623	3021	13591
临潼区								0	9091	1781	272	10	144391
长安区									0	30322	12565	29736	74235
蓝田县										0	8	65	11347
周至县											0	1046	8259
户县												0	17515
高陵县													0

表 3-2　西安市各区（县）间的关联性

	新城区	碑林区	莲湖区	灞桥区	未央区	雁塔区	阎良区	临潼区	长安区	蓝田县	周至县	户县	高陵县
新城区	0	1	0	1	0	1	0	0	1	0	0	0	0
碑林区	1	0	1	0	0	1	0	0	1	0	0	0	0
莲湖区	0	1	0	0	1	1	0	0	1	0	0	0	0
灞桥区	1	1	1	0	1	1	0	0	0	0	0	0	0
未央区	0	1	1	0	0	0	0	0	1	0	0	0	0
雁塔区	0	1	0	0	0	0	0	0	1	0	0	0	0
阎良区	0	1	0	0	1	1	0	1	0	0	0	0	1
临潼区	1	1	1	0	1	1	0	0	0	0	0	0	0
长安区	0	1	0	0	0	1	0	0	0	0	0	0	0
蓝田县	1	1	1	0	1	1	0	0	0	0	0	0	0
周至县	1	1	1	0	1	1	0	0	0	0	0	0	0
户县	0	1	1	0	1	1	0	0	0	0	0	0	0
高陵县	0	0	0	1	0	0	0	1	1	0	0	0	0

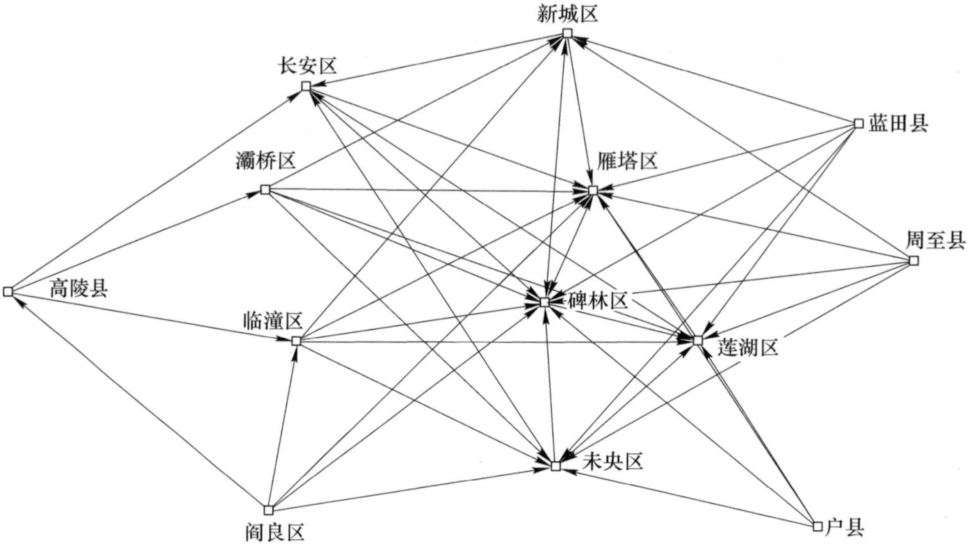

图 3-1 2015 年西安市各区（县）之间的能源消费的关联性（吸引力≥各行平均值）

3.4 西安市各区（县）之间能源消费空间关联的网络结构特征

3.4.1 整体网络结构特征及演变趋势

本书根据修正的引力模型，确定了西安市各区（县）能源消费的空间关联关系并建立关系矩阵，能源消费空间关联网络结构形态如图 3-1 所示。由图可以发现，西安市各区县之间能源消费的空间关联呈现出较为典型的网络结构形态。

（1）网络密度。表 3-3 给出了 2005 ~ 2015 年间西安市各区（县）之间的能源消费的关联性。图 3-2 描述样本考察期内西安市各区（县）之间能源消费空间关联关系与网络密度的演变趋势。由图可以直观发现，样本考察期内西安市各区（县）之间能源消费的空间关联关系总数呈现缓慢下降趋势，但 2015 年出现回升，平均关联关系数为 51 个。与之相对应，各区（县）之间能源消费空间关联的整体网络密度也呈现缓慢下降趋势，但 2015 年出现回升，平均值为 0. 324。网络密度保持缓慢下降趋势表明西安市各区（县）之间能源消费的空间关联性在下降，但 2015 年出现反弹。

尽管样本考察期内的网络密度呈现缓慢下降趋势，但是从数值上看西安市各区（县）之间能源消费空间关联的紧密程度并不是很高，所有各区（县）之间的最大可能关系总数为 156 个（13 × 12），而样本考察期内各区（县）之间能源消费之间实际的关系数最大仅为 55 个（2005 年），因此促进各区（县）之间能源消费的联系还存在较大空间。同时，尽管网络密度平均值越高表明西安市各区

（县）能源消费之间的空间关联越来越密切，但随着网络密度的缓慢下降，网络中的冗余连线减少，能源的利用效率在上升。

表 3-3　2005～2015 年间西安市各区（县）之间的能源消费的关联性

年　度	关联关系	整体网络密度
2005	55	0.352564
2006	53	0.339744
2007	53	0.339744
2008	49	0.314103
2009	51	0.326923
2010	51	0.326923
2011	49	0.314103
2012	49	0.314103
2013	48	0.307692
2014	47	0.301282
2015	51	0.326923
平均值	51	0.324

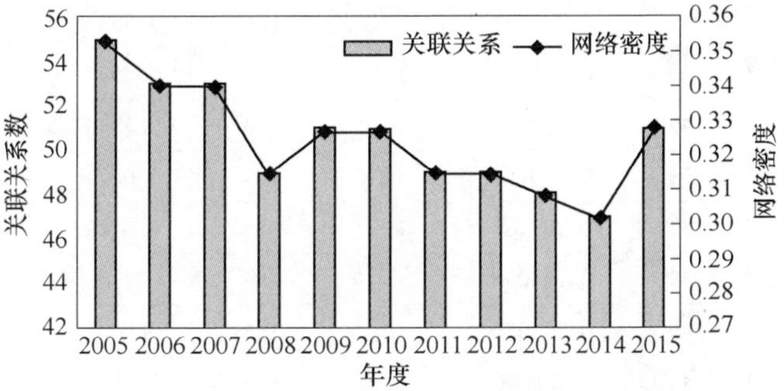

图 3-2　西安市能源消费空间关联关系与网络密度

（2）网络关联性。本书利用社会网络分析中的网络关联度、网络等级度与网络效率等指标衡量西安市各区（县）之间能源消费空间关联的网络关联性，所用软件是 UCINET。

1）网络关联度的计算方法。首先，利用如表 3-2 所示的西安市各区（县）间的关联矩阵 ***A***，计算出其对称矩阵 ***B***，即按照 Transform—Symmetrize 执行，将关联矩阵 ***A*** 转换成对称矩阵 ***B***；然后计算该对称矩阵 ***B*** 的可达矩阵 ***C***，即按照 Network—Cohesion—Reachability 执行，获得可达矩阵 ***C***；最后计算可达矩阵 ***C*** 的密度值，该密度值即为网络关联度，即按照 Network—Cohesion—Density—(new) Density Overall 执行，获得密度值。

2）网络等级度的计算方法。利用如表 3-2 所示的西安市各区（县）间的关联矩阵 $\boldsymbol{A}$，计算该关联矩阵 $\boldsymbol{A}$ 的可达矩阵 $\boldsymbol{B}$，即按照 Network—Cohesion—Reachability 执行，获得可达矩阵 $\boldsymbol{B}$；最后计算可达矩阵 $\boldsymbol{B}$ 的密度值，即按照 Network—Cohesion—Density—(new) Density Overall 执行，获得密度值 d；最后计算网络等级度 $=1-d$。

3）网络效率计算方法。对于具有 13 个顶点的有向图，最大可能边数为 $13\times12=156$，13 个顶点的有向图，只需 12 个边即可连接在一起，则最大多余的边数 $=156-12=144$。该有向图的实际边数为 X，则多余的边数 $=X-12$。因此，有向图的效率 $=1-(X-12)/144$。网络效率越低，网络连接数越多。

利用表 3-2 可以计算出 2005 ~ 2015 年间西安市各区（县）之间的能源消费之间的各关联参数，如表 3-4 所示。

表 3-4　2005 ~ 2015 年间西安市各区（县）之间的能源消费关联参数

年度	关联矩阵			对称可达矩阵		非对称可达矩阵		
	网络密度	网络关联关系数	网络效率	网络关联度	网络关联关系数	网络密度	网络关联关系数	网络等级度
2005	0.3526	55	0.701389	1	156	0.5513	86	0.4487
2006	0.3397	53	0.715278	1	156	0.5577	87	0.4423
2007	0.3397	53	0.715278	1	156	0.5577	87	0.4423
2008	0.3141	49	0.743056	1	156	0.5513	86	0.4487
2009	0.3269	51	0.729167	1	156	0.6154	96	0.3846
2010	0.3269	51	0.729167	1	156	0.5449	85	0.4551
2011	0.3141	49	0.743056	1	156	0.4808	75	0.5192
2012	0.3141	49	0.743056	1	156	0.5000	78	0.5000
2013	0.3077	48	0.750000	1	156	0.5641	88	0.4359
2014	0.3013	47	0.756944	1	156	0.4936	77	0.5064
2015	0.3269	51	0.729167	1	156	0.5577	87	0.4423
平均值	0.324	50.5454	0.7323	1	156	0.54314	84.7273	0.4569

网络关联度的测度结果显示 2005 ~ 2015 年的网络关联度均为 1，表明西安市各区（县）之间能源消费之间的联系非常密切，存在十分明显的空间关联和溢出效应。网络等级度的测度结果显示样本考察期内西安市各区（县）之间能源消费空间关联的网络等级度稳定，如图 3-3 所示，2005 ~ 2015 年的网络等级度稳定在 0.4569 左右，这一结果表明，西安市各区（县）之间能源消费的相互联系

和相互影响一直处于稳定状态。网络效率的测度结果显示样本考察期内西安市各区（县）之间能源消费空间关联的网络效率呈缓慢上升态势，如图3-3所示，但在2015年出现下降，2005～2015年的网络效率均值为0.7323，这说明能源消费空间关联网络中连线一直在减少，但在2015出现回升。综合考虑上述三个指标的测度结果，本书认为，由于市场体系尤其是要素市场体系的逐步完善，市场对能源资源的配置作用不断被发挥出来，从而使得西安市各区（县）之间能源消费的关联关系稳定，但存在能源消费区域集中化趋势。

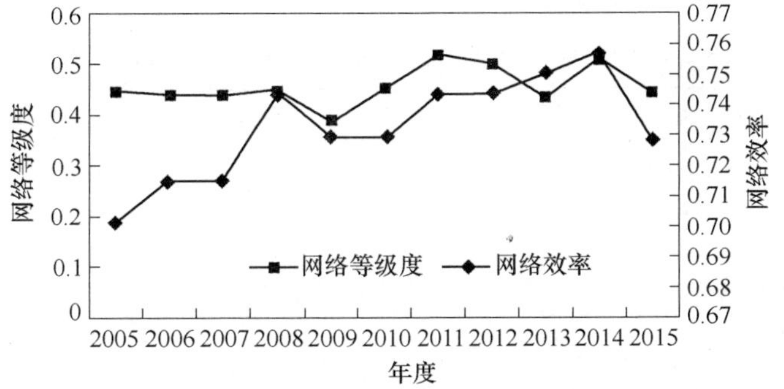

图3-3 西安市能源消费的网络等级度与网络效率

3.4.2 中心性分析

本部分通过测度点度中心度、中介中心度、接近中心度等指标进行网络中心性分析，考察并揭示各区（县）在能源消费空间关联网络中的地位和作用，表3-5报告了2015年的测度结果。

（1）点度中心度。根据表3-5中的点度中心度的测度结果，西安市13个区（县）的点度中心度均值为7.8461，高于这一均值的区（县）有6个，从高到低依次是碑林区、雁塔区、莲湖区、未央区、新城区、长安区，这些区（县）在能源消费空间关联网络中与其他区（县）的关系数较多。其中，碑林区的点度中心度最高达到15，原因在于碑林区的能源消费与其他12个区（县）之间均存在空间关联和空间溢出，说明碑林区在西安市能源消费空间关联网络处于中心地位。高于点度中心度均值的区（县）均位于西安市市区内，说明西安市市区内对整体能源消费空间关联及空间溢出效应具有很强的影响力。而根据表3-5的测度结果，阎良区、蓝田县、周至县、户县、高陵县的点度中心度排在全市最后5位，说明这些区（县）的能源消费与其他区（县）之间的关系数较少。原因在于它们的经济规模相对较小以及它们所处的地理位置相对偏远，从而导致其能源消费和其他区（县）之间的空间关联较弱。更进一步地，根据表3-5的点度中心度的点出度和点入度测算结果，全市13个区（县）的点出度均值为3.923077，点出度大于均值的区（县）有9个，从高到低依次是灞桥区、阎良区、临潼区、蓝田县、周至县、新城区、碑林区、莲湖区、户县，上述区（县）对其他区（县）有较强的能源溢出效应。全市13个区（县）的点入度均值为3.923077，碑林区、雁塔区、莲湖区、未央区、长安区、新城区等区（县）的点入度不仅均远高于全市点入度的均值而且也高于其自身的点出度。这些区（县）大都位于市区内等经济发达地区，能源消费量较大，而从能源禀赋角度看，这些地区的能源自给能力又相对较弱，因此对其他区（县）的能源依存度较高，其他区（县）将集中地向这些地区进行能源溢出。

表3-5　2015年西安市各区（县）之间能源消费空间关联的点度中心度分析

区（县）	点出度	点入度	中心度
新城区	4	5	9
碑林区	4	11	15
莲湖区	4	7	11
灞桥区	5	2	7
未央区	3	7	10
雁塔区	2	10	12
阎良区	5	0	5
临潼区	5	2	7
长安区	2	6	8
蓝田县	5	0	5
周至县	5	0	5
户　县	4	0	4
高陵县	3	1	4
平均值	3.923077	3.923077	7.846153846

（2）中介中心度。根据表3-6的中介中心度测度结果，西安市13个区（县）的中介中心度均值为3.308，高于这一均值的区（县）从高到低依次是碑林区、新城区、莲湖区、灞桥区，这些区（县）在能源消费空间关联网络中控制其他区（县）之间能源交流的能力较强。其中，碑林区的中介中心度达到16.967，远远高于其他区（县），说明碑林区在能源消费的空间关联网络中处于核心地位并发挥着“中介”和“桥梁”的作用。此外，2015年能源消费空间关联网络的中介中心度总量为43，而排名前5位区（县）的中介中心度之和占了总量的87.95%以上，这些区（县）大都位于能源消费量较大的区域；而排名最后四位区（县）（蓝田县、周至县、户县、阎良区）的中介中心度均为0，这些区（县）具有经济规模小、地理位置偏远等特点，因而难以对网络中的其他区（县）起

到控制和支配作用。能源消费空间关联网络中各个区（县）的中介中心度参差不齐呈现出非均衡特征，相当多的能源联系通过碑林区、新城区、莲湖区、灞桥区等区（县）来完成。

表 3-6　2015 年西安市各区（县）之间能源消费空间关联的中介中心度分析

区（县）	中介中心度	相对中介中心度
新城区	9. 8	7. 424
碑林区	16. 967	12. 854
莲湖区	4. 383	3. 321
灞桥区	3. 667	2. 778
未央区	1. 633	1. 237
雁塔区	1. 3	0. 985
阎良区	0	0
临潼区	3	2. 273
长安区	1	0. 758
蓝田县	0	0
周至县	0	0
户　县	0	0
高陵县	1. 25	0. 947
平均值	3. 308	2. 506

（3）接近中心度。根据表 3-7 中接近中心度的测度结果，西安市 13 个区（县）的接近中心度均值为 56. 64031，高于这一均值的区（县）有 7 个，从高到低依次是碑林区、雁塔区、莲湖区、长安区、新城区、未央区、灞桥区。较高的接近中心度说明了上述区（县）在能源消费空间关联网络中能够更快速地与其他区（县）产生内在连接，换言之，上述区（县）在网络中扮演着中心行动者的角色。究其原因在于，上述区（县）大都位于市区，这些区（县）与其他区（县）之间能源流动的效率更高，同时也具有较强的获得能源资源的能力。

表 3-7　2015 年西安市各区（县）之间能源消费空间关联的中介中心度分析

区(县)	入度远离度 (inFarness)	出度远离度 (outFarness)	总远离度 (sumFarness)	入度接近度 (inCloseness)	出度接近度 (outCloseness)	总接近度 (sumCloseness)
新城区	19	86	105	63. 158	13. 953	77. 111
碑林区	13	86	99	92. 308	13. 953	106. 261
莲湖区	17	87	104	70. 588	13. 793	84. 381

续表 3-7

区(县)	入度远离度(inFarness)	出度远离度(outFarness)	总远离度(sumFarness)	入度接近度(inCloseness)	出度接近度(outCloseness)	总接近度(sumCloseness)
灞桥区	27	85	112	44.444	14.118	58.562
未央区	19	88	107	63.158	13.636	76.794
雁塔区	14	90	104	85.714	13.333	99.047
阎良区	156	52	208	7.692	23.077	30.769
临潼区	132	74	206	9.091	16.216	25.307
长安区	18	90	108	66.667	13.333	80
蓝田县	156	74	230	7.692	16.216	23.908
周至县	156	74	230	7.692	16.216	23.908
户县	156	76	232	7.692	15.789	23.481
高陵县	144	65	209	8.333	18.462	26.795
总和	1027	1027	2054	534.229	202.095	736.324
均值	79	79	158	41.09454	15.54576923	56.64031

在上述区（县）中，碑林区的接近中心度达到 106.261，远高于其他区（县），这说明其他区（县）与碑林区在能源消费空间关联网络中最为“接近”，碑林区居于整个能源消费空间关联网络的中心。而接近中心度排名最后 5 位的区（县）分别是临潼区、高陵县、蓝田县、周至县、户县，这些区（县）受其经济发展水平与地理位置的限制，在网络中扮演着边缘行动者的角色。

3.4.3　块模型分析

本书通过块模型分析揭示各个区（县）在能源消费关联网络的空间聚类特征。采用 CONCOR 方法（Convergent Correlations），选择最大分割深度为 2，把西安市 13 个区（县）划分为 4 个板块（Block），划分结果如图 3-4 和图 3-5 所示。依据表 3-2，计算结果如表 3-8 所示。其中，位于第 I 板块的成员有 6 个，分别是新城区、碑林区、莲湖区、未央区、雁塔区、长安区，这些区（县）主要分布在西安市市区内。位于第Ⅱ板块的成员只有高陵县，高陵县位于西安市西部边缘地区。位于第Ⅲ板块的成员有 5 个，分别是灞桥区、临潼区、蓝田县、周至县、户县，这些区（县）主要分布在西安市区的东部和南部的边缘位置。位于第Ⅳ板块的成员只有阎良区，阎良区位于西安市北部边缘地区。

	新城区	碑林区	莲湖区	未央区	雁塔区	长安区	高陵县	灞桥区	临潼区	蓝田县	周至县	户县	阎良区
新城区		1			1	1		1					
碑林区	1		1		1	1							
莲湖区		1		1	1	1							
未央区		1	1			1							
雁塔区		1				1							
长安区		1			1								
高陵县						1		1	1				
灞桥区	1	1	1	1	1								
临潼区	1	1	1	1	1								
蓝田县	1	1	1	1	1								
周至县	1	1	1	1	1								
户　县	1	1	1	1	1								
阎良区		1		1	1		1		1				

图 3-4　能源消费空间关联板块矩阵

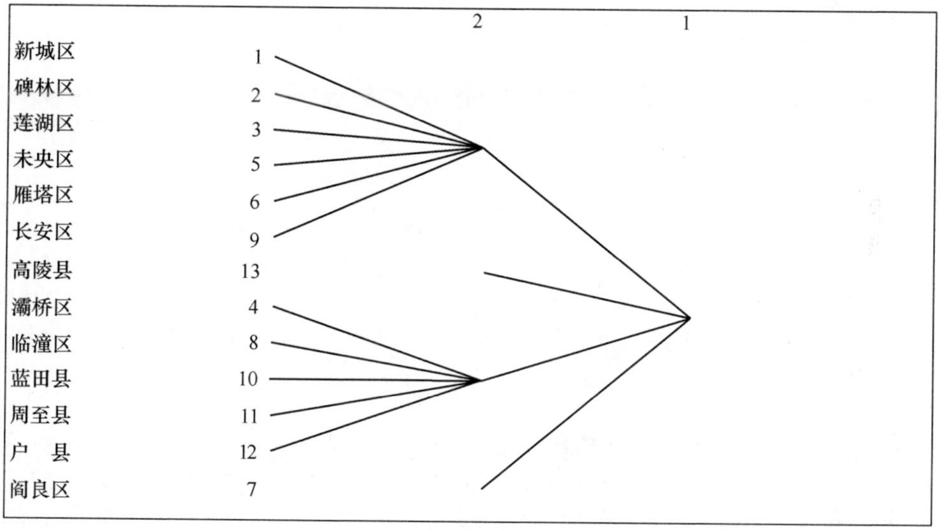

图 3-5　2015 年西安市各个区（县）在能源消费关联网络的空间聚类特征

本书进一步通过块模型分析揭示四个板块在能源消费空间关联网络中的位置（表 3-8）。根据前文测算，在能源消费的整体关联网络中存在 51 个关联关系，而板块内部之间的关联关系有 18 个，板块和板块之间的关联关系有 33 个，说明板块之间的能源消费存在着明显的空间关联和溢出效应。(1) 第 I 板块的溢出关系有 19 个，属于板块内部的关系有 18 个，接收其他板块溢出的关系有 28 个；

期望内部关系比例为42%，实际的内部关系比例为95%。根据前文的定义，第Ⅰ板块为“净受益”板块，该板块成员主要接收其他板块的联系，而来自板块内部成员的联系相对较多。(2）第Ⅱ板块的发出关系有3个，属于板块内部的关系有0个，接收其他板块发出的关系有1个；期望内部关系比例为0%，实际的内部关系比例为0%。第Ⅱ板块为“溢出－受益”板块。(3）第Ⅲ板块的发出关系有24个，属于板块内部的关系有0个，接收其他板块发出的关系有4个；期望内部关系比例为0%，实际的内部关系比例为0%。因此第Ⅲ板块为“净溢出”板块，该板块成员在实现能源的自给自足的同时还对其他地区进行能源溢出。第Ⅳ板块的发出关系有5个，属于板块内部的关系有0个，接收其他板块发出的关系有0个；期望内部关系比例为0%，实际的内部关系比例为0%。因此第Ⅳ板块为“净溢出”板块，该板块只对其他板块发送关系，不接收来自外部成员的联系。

表3-8　能源消费空间关联板块的溢出效应

板　块	接收关系数合计/个		发出关系数合计/个		关系比例/%	
	板块内	板块外	板块内	板块外	期望内部	实际内部
板块Ⅰ	18	28	18	1	42	95
板块Ⅱ	0	1	0	3	0	0
板块Ⅲ	0	4	0	24	33	0
板块Ⅳ	0	0	0	5	0	0
合　计	18	33	18	33		

注：板块内接收关系数（发出关系数）合计为接收关系矩阵中主对角线上的关系数；板块外接收关系数（发出关系数）合计为接收关系矩阵中每列（行）除自身板块之外的关系数之和。期望内部关系比例根据“（板块内区（县）个数－1）/（网络中所有区（县）个数－1）”计算；实际内部关系比例根据“发出关系数合计中的板块内部关系数/（板块内部关系数＋板块外部关系数）”计算，板块Ⅰ：18×100/（18＋1）＝95%。

为了考察板块之间能源消费的关联关系，本书根据关联关系在板块之间的分布情况（图3-4和表3-8），计算出各个板块的网络密度矩阵。同时，依据前文测算，2015年西安市各区（县）能源消费空间关联的网络密度为0.3269，在四个板块中任何一个板块的网络密度高于0.3269即板块的网络密度大于整体的网络密度，则能源消费将更加集中于该板块。本书将板块网络密度大于整体网络密度的情形赋值为1，将板块网络密度小于整体网络密度的情形赋值为0，可以将多值密度矩阵转化为像矩阵，密度矩阵和像矩阵具体如表3-9所示，图3-6直观地描述了四大板块间的关联关系。根据表3-9和图3-6，第Ⅰ板块不仅自身内部存在着能源消费的关联关系，而且还接收来自第Ⅲ板块和第Ⅳ板块的溢出，说明经济发展水平高、能源消费量大的新城区、碑林区、莲湖区、未央区、雁塔区、长安区能源供给相对紧张，更加需要来自其他区（县）尤其是能源丰富地区的能源输入。第Ⅲ板块和第Ⅳ板块主要为能源输出板块，第Ⅱ板块主要为能源传递板块，即“经纪人”板块。这表明在西安市各区（县）之间能源消费关联网络中各板块之间发挥着比较优势，“全市一盘棋”的联动效应愈加明显。

表 3-9 能源消费空间关联板块的密度矩阵与像矩阵

板块	密度矩阵				像矩阵			
	板块Ⅰ	板块Ⅱ	板块Ⅲ	板块Ⅳ	板块Ⅰ	板块Ⅱ	板块Ⅲ	板块Ⅳ
板块Ⅰ	0.6	0	0.033	0	1	0	0	0
板块Ⅱ	0.167		0.4	0	0		1	0
板块Ⅲ	0.8	0	0	0	1	0	0	0
板块Ⅳ	0.5	1	0.2	0	1	1	0	

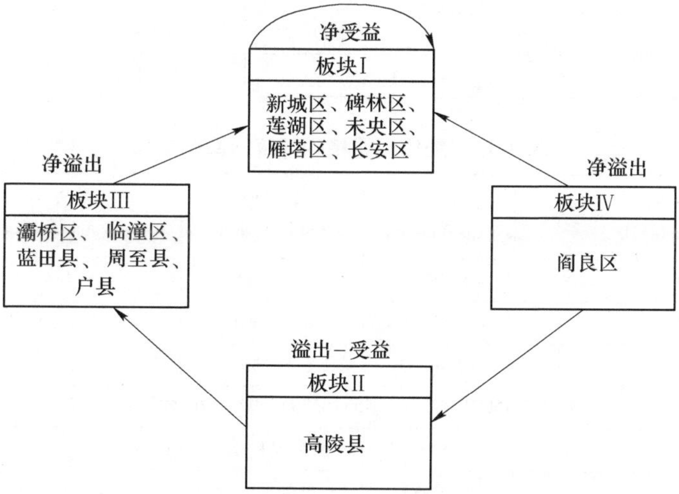

图 3-6 能源消费四大板块之间的关联关系

3.5 西安市能源消费空间关联网络的效应分析

如 3.1 节所述，结构往往决定属性数据的表现，更具分析价值[7]。在刻画了西安市各区（县）能源消费空间关联的网络结构特征基础上，本书更加关心能源消费空间关联的网络结构究竟对能源消费的“属性数据”存在何种效应。为了揭示能源消费空间关联网络的效应，本书从整体网络结构角度实证考察能源消费空间关联网络结构对于能源强度的影响。

以西安市各区（县）能源强度作为被解释变量，分别对网络密度、网络等级度、网络效率三个整体网络结构特征指标进行回归，计算数据如表 3-10 所示。

表3-11报告了回归结果，回归结果显示具有较高的 R^2，拟合效果较好。

表3-10　整体网络结构的效应分析原始数据

年度	GDP能耗（E）	网络效率（X_1）	网络等级度（X_2）	网络密度（X_3）
2005	0.911	0.7014	0.4487	0.3526
2006	0.873	0.7153	0.4423	0.3397
2007	0.823	0.7153	0.4423	0.3397
2008	0.768	0.7431	0.4487	0.3141
2009	0.726	0.7292	0.3846	0.3269
2010	0.711	0.7292	0.4551	0.3269
2011	0.555	0.7431	0.5192	0.3141
2012	0.535	0.7431	0.5	0.3141
2013	0.516	0.75	0.4359	0.3077
2014	0.486	0.7569	0.5064	0.3013
2015	0.47	0.7292	0.4423	0.3269

表3-11　整体网络结构效应的回归结果

变量 (Variable)	系数 (Coefficient)	标准误 (Std. Error)	t统计值 (t-Statistic)	p值 (Prob.)
X_1	−1.565545	0.994098	−1.57484	0.1539
X_2	−0.453364	0.992501	−0.456789	0.66
X_3	6.246835	1.502567	4.157443	0.0032
$E = -1.56554500121X_1 - 0.453363701459X_2 + 6.24683468717X_3$				
决定系数 R^2 (R-squared)	0.655896	因变量均值(Mean dependent var)	0.670364	
调整的 R^2 (Adjusted R-squared)	0.56987	因变量标准差(S. D. dependent var)	0.163138	
回归标准误(S. E. of regression)	0.106993	AIC准则(Akaike info criterion)	−1.405106	
残差平方和(Sum squared resid)	0.09158	SC准则(Schwarz criterion)	−1.296589	
对数似然估计(Log likelihood)	10.72808	HQ准则(Hannan-Quinn criter)	−1.473511	
D. W. 值(Durbin-Watson stat)	1.368153			

根据表3-11的回归结果，能源消费空间关联的网络密度、网络等级度和网络效率的回归系数分别为6.246835、−0.453364、−1.565545，这一估计结果表明能源消费空间关联的网络结构对能源强度存在影响，能源消费空间关联网络密度的降低以及网络等级度和网络效率的升高均能够降低能源强度。产生这一结果的具体原因在于：（1）网络密度的降低意味着整体网络链接数量的降低，扩大了西安市各区（县）能源强度的空间差异，这将有助于降低能源强度。因此，

从降低网络密度的角度，为了实现节能目标，应继续发挥政府和市场的能源调控作用，适当降低能源消费的空间关联，使能源供给和消费更加区域化。(2) 网络等级度上升意味着网络的等级结构变大，更多的区（县）在能源消费关联中，由过去双向链接导致的平等地位转变为单向链接的从属地位，从而对其他区（县）的能源消费行为产生约束，可促进各区（县）能源强度的降低。(3) 网络效率的提升意味着能源消费空间关联网络中的连线减少，强化了某些区（县）在节能方面的“比较优势”，进而有效降低各自能源强度。

3.6 结论与政策含义

3.6.1 研究结论

本书基于2005~2015年西安市各区（县）数据，从网络结构视角审视能源消费的空间关联，构建修正的引力模型确定西安市各区（县）能源消费的空间关联关系并建立网络，在此基础上，利用社会网络分析方法对西安市各区（县）能源消费空间关联网络结构及其效应进行了实证考察。主要研究发现如下：

(1) 从整体网络结构特征看，样本考察期内，西安市各区（县）能源消费空间关联的网络密度呈现出缓慢下降的态势，西安市各区（县）之间能源消费的联系在缓慢降低。网络关联度的测度结果表明西安市各区（县）能源消费空间关联网络的连通效果比较好，西安市各区（县）之间的能源消费具有普遍的空间关联和空间溢出效应；网络效率在缓慢上升，各区县间能源消费的联系在缓慢降低，而网络等级度保持稳定。

(2) 从个体网络结构特征看：1) 西安市13个区（县）的点度中心度均值为7.8461，高于这一均值的区（县）有6个，从高到低依次是碑林区、雁塔区、莲湖区、未央区、新城区、长安区，这些区（县）在能源消费空间关联网络中与其他区（县）的关系数较多。高于点度中心度均值的区（县）均位于西安市市区内，说明西安市区内对整体能源消费空间关联及空间溢出效应具有很强的影响力。2) 西安市13个区（县）的中介中心度均值为3.308，高于这一均值区（县）从高到低依次是碑林区、新城区、莲湖区、灞桥区，这些区（县）在能源消费空间关联网络中控制其他区（县）之间能源交流的能力较强。3) 西安市13个区（县）的接近中心度均值为56.64031，高于这一均值的区（县）有7个，从高到低依次是碑林区、雁塔区、莲湖区、长安区、新城区、未央区、灞桥区，较高的接近中心度说明了上述区（县）在能源消费空间关联网络中能够更快速地与其他区（县）产生内在连接，这些区（县）与其他区（县）之间能源流动的效率更高，同时也具有较强的获得能源资源的能力。

(3) 块模型分析结果显示，位于第Ⅰ板块的成员有6个，分别是新城区、碑林区、莲湖区、未央区、雁塔区、长安区，这些区（县）主要分布在西安市市区内。位于第Ⅱ板块的成员只有高陵县，高陵县位于西安市西部边缘地区。位于第Ⅲ板块的成员有5个，分别是灞桥区、临潼区、蓝田县、周至县、户县，这些区（县）主要分布在西安市区的东部和南部的边缘位置。位于第Ⅳ板块的成员只有阎良区，阎良区位于西安市北部边缘地区。第Ⅰ板块不仅自身内部存在着能源消费的关联关系，而且还接收来自第Ⅲ板块和第Ⅳ板块的溢出，说明经济发展水平高、能源消费量大的新城区、碑林区、莲湖区、未央区、雁塔区、长安区能源供给相对紧张，更加需要来自其他区（县）尤其是能源丰富地区的能源输入。第Ⅲ板块和第Ⅳ板块主要为能源输出板块，第Ⅱ板块主要为能源传递板块，即“经纪人”板块。这表明在西安市各区（县）之间能源消费关联网络中各板块之间发挥着比较优势，“全市一盘棋”的联动效应愈加明显。

（4）效应分析结果显示，能源消费空间关联的网络结构对能源强度存在影响，能源消费空间关联网络密度的降低以及网络等级度和网络效率的升高均能够降低能源强度。因此，弱化能源消费空间关联的网络结构，使能源供给与消费趋于区域集中化，应成为区域间能源强度收敛的重要驱动机制。

3.6.2 政策含义

（1）全面认识能源消费空间关联关系及其网络结构特征，创新协同节能思路，实现能源政策的有效转向。一方面，能源消费空间关联的网络结构为能源政策的制定带来了严峻挑战。西安市各区（县）能源消费存在较强的空间关联性，而且这种关联不是简单的单个区（县）对单个区（县）(点对点）的关系，而是多个区（县）之间的复杂网络关系，由上述关系决定的网络结构使得各区（县）节能任务的完成不仅取决于自身而且也与其他区（县）存在密切联系，这无疑增加了能源政策实施的难度，因此，要通过宏观调控和市场机制为能源跨区域交流和空间优化配置创造更多有利条件。另一方面，能源消费的“属性数据”和“关系数据”的表现存在较大差异。为顺利完成全市总体节能目标，在能源政策的制定和实施过程中不仅要考虑“属性数据”（即数量）的表现，也要更加重视能源消费的空间联动效应（结构)，逐步形成“数量-结构”驱动型的协同节能思路，推动能源政策从“局部”转向“整体”、从“点”转向“面”。

（2）不断调整和优化能源消费的空间关联网络结构，提高能源的空间配置效率，实现空间协同节能。尽管能源消费在地理上存在明显的近邻效应，为地理上邻近地区的跨区域协同节能创造了条件，然而西安市各区（县）能源消费的空间关联关系呈现复杂的网络结构形态，从空间维度上为跨区域协同节能机制的构建提供了新的驱动力量，因此，跨区域协同节能不能仅局限于地理上的邻近地区，而应从“全市一盘棋”的网络结构视角重新审视和构建跨区域协同节能机制。一方面，进一步发挥政府宏观调控与市场机制两种力量对于能源消费空间关联的促进作用，促进能源资源的空间联系和空间格局优化，实现能源消费的互联互通。同时，也要更加充分认识市场在能源配置中的决定性作用，利用价格、竞争、供求等市场机制进一步有针对性地建立西安市各区（县）之间的供给与能源联系。另一方面，除了从能源消费"量"的层面进行节能之外，要更加注重从"关系"的角度利用好不同区（县）在网络中的作用，实现空间协同节能。

（3）充分考虑能源消费空间关联网络的板块结构特征，制定并推行区域差别化的能源政策，实现能源的空间分类管理。节能目标的分解不能采取一刀切的政策，要充分发挥能源消费板块之间的关联效应，因地制宜地实行能源空间分类管理政策以降低节能成本、提高节能效率。一方面，对于经济发达、能源供给量和需求量较大的"净溢出"板块和"净受益"板块，应把优化和调整产业结构作为节能减排的核心，大力发展新能源产业，提升高污染、高能耗产业的准入门槛，加快淘汰落后产能。同时要利用这些板块自身的技术和管理优势，大力开发和生产清洁能源，注重调节板块内部的能源消费结构，发展循环经济，促进经济发展方式的转变。当然，"净溢出"板块和"净受益"板块还要承担更多的节能任务，以保障"溢出－收益"板块和"净溢出"板块的顺利转型。另一方面，对于能源利用效率相对较低的"净溢出"板块和"溢出－收益"板块，在保障能源有效供给的前提下，要制定更为严格的节能措施以加强对能源的控制和管理，积极引入"净溢出"板块和"净受益"板块先进的能源技术和能源管理手段以降低其能源强度。

（4）充分发挥能源消费空间关联的整体网络结构和个体网络结构对于降低能源强度和提升能源消费空间公平性的积极作用。一是应继续发挥政府和市场的能源调控作用，有针对性地控制能源消费的空间关联性，使能源供给、消费更加趋于区块化。二是确保更多的区（县）在能源消费关联中，由过去双向链接导致的平等地位转变为单向链接的从属地位，从而对其他区（县）的能源消费行为产生约束，可促进各区（县）能源强度的降低。三是强化某些区（县）在节能方面的"比较优势"，进而有效降低各自能源强度。

参 考 文 献

[1] 康晓娟，杨冬民．基于泰尔指数法的中国能源消费区域差异分析［J］．资源科学，2010（3）：485～190.

[2] 史丹．中国能源利用效率问题研究［M］．北京：经济管理出版社，2011.

[3] 吴玉鸣．中国区域能源消费的决定因素及空间溢出效应［J］．南京农业大学学报，2012（4）：124～132.

[4] 马晓钰，李强谊．中国能源消费区域差异分解及影响因素分析［J］．工业技术经济，

2014（252）：114～124.

[5] 吴玉鸣，李建霞．中国省际能源消费的空间计量经济分析［J］．中国人口资源与环境，2008（3）：93～98.

[6] 刘华军，刘传明，孙亚男．中国能源消费的空间关联网络结构特征及其效应研究［J］．中国工业经济，2015（5）：83～95.

[7] Wasserman，Faust S K. Social Network Analysis：Methods and Applications［M］. Cambridge：Cambridge UniversityPress，1994.

[8] Borgatti S P，Mehra A，Brass D J. Network Analysis in the Social Science［J］. Science，2009，5916（323）：892～895.

[9] Freeman L. The Development of Social Network Analysis［M］. Vancouver：Empirical Press，2004.

[10] Scott J，Canington P J. The Sage Handbook of Social Network Analysis［M］. New York：Sage Publication，2011.

[11] 徐振宇．社会网络分析在经济学领域的应用进展［J］．经济学动态，2013（10）：62～72.

[12] Scott J. Social Network Analysis［M］. London：Sage Publication，2013.

[13] 侯赟慧，刘志彪，岳中刚．长三角区域经济一体化进程的社会网络分析［J］．中国软科学，2009（12）：90～101.

[14] 冷炳荣，杨永春．中国城市经济网络结构空间特征及其复杂性分析［J］．地理学报，2011（2）：199～211.

[15] 汤放华，汤慧，孙倩．长江中游城市集群经济网络结构分析［J］．地理学报，2013（10）：1357～1366.

[16] 李敬，陈澍．中国区域经济增长的空间关联及其解释——基于网络分析方法［J］．经济研究，2014（11）：4～16.

[17] 罗家德．社会网络分析讲义［M］．2版．北京：社会科学文献出版社，2010.

[18] 刘军．整体网分析——UCINET软件实用指南［M］．2版．上海：格致出版社，2014.

4 西安市能源结构优化总体设计

4.1 西安市能源战略和政策评估

自改革开放以来，西安市各个阶段制定的能源政策基本上符合西安市的市情，促进了能源开发与利用的健康发展，保障了社会经济的正常运行。主要表现在：

（1）能源需求量逐年大幅上升，西安市已经成为能源消费大市，能源需求总量由2000年的744.988万吨标准煤增加至2015年的2726.564万吨标准煤，增长了3.66倍，平均增速高达9.2%。煤炭、石油、天然气、发电量等分别由2000年的547.67374万吨标准煤、174.0101万吨标准煤、23.30419万吨标准煤、732373万千瓦时增长至2015年的1996.1635万吨标准煤、459.4459万吨标准煤、270.9547万吨标准煤、2844836万千瓦时，增长速度惊人。西安市的能源供需失衡，尤其是能源供不应求的问题有所缓解，能源缺口有所缩小。

（2）加大了对能源基础建设的投资力度，开展了多项重大能源建设项目。西安市开始对能源建设给予充分的重视，大幅增加对能源基础设施建设的投入。自2000年以来，西安市对能源基础建设的固定投资大体呈增加趋势，对煤炭、石油、天然气、电力行业的固定资产投资均呈增长趋势。

（3）能源效率大幅度提高，以较小的能源投入获得了较大的GDP增长率，如图4-1所示，2000年以来，西安市能源消费平均增长率约为9.20%，而GDP平均增长率高达15.80%，能源消费弹性系数逐步降低。能源强度（单位GDP能源消费量）自2000年以来不断降低，年降低率约为5.69%，2015年每万元GDP约消费0.47吨标准煤。

为适应市场经济的发展，提高能源利用效益，西安市不断探索能源管理体制的创新改革。煤炭、石油、天然气和电力已逐步实现了市场化改革。

虽然在西安市能源战略和政策的指导下，西安市能源开发利用在过去几十年中取得了巨大的成就，但由于受政策本身、制度、管理等因素的影响，西安市在各个阶段的能源政策的执行并不完善，主要表现在：

（1）能源战略和政策没有充分考虑相应阶段经济发展和环境改善等。西安市能源政策的制定主要考虑西安市市情以及发展阶段等，主要为经济发展服务，忽略了环境，因此导致了能源效率低下、能源使用浪费严重、能源结构不合理（煤炭比重过大，清洁能源发展缓慢）、环境污染严重（二氧化碳、二氧化硫、

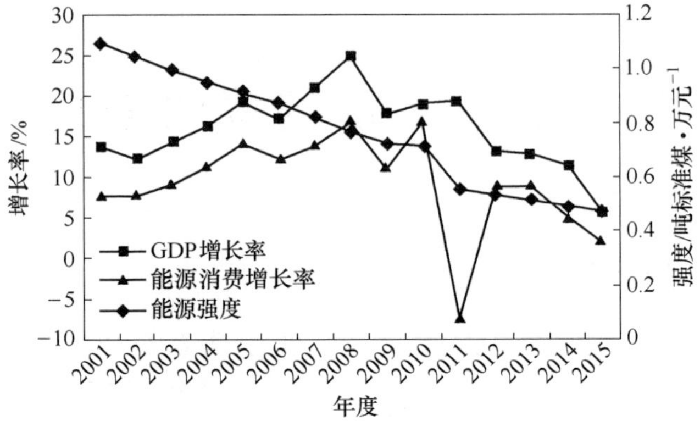

图 4-1　2001 年以来 GDP 增长率、能源消费增长率及能源强度变化

烟尘排放量上升）等问题。但能源政策又滞后于经济发展，清洁能源供需缺口严重，不能充分满足经济飞速发展对能源的需求。能源政策与经济、环境政策的不协调，导致能源、经济与环境之间的矛盾日益严重。

（2）能源管理体制混乱，能源政策的制定缺乏民主科学的决策机制，能源政策实施效果较差。西安市虽对能源管理体制进行了多次改革尝试，但由于计划经济体制的影响根深蒂固，仍然没有形成统一的综合管理机制，部门分割、行业分割、地方分割、垄断等现象严重。能源各行业之间缺乏明确分工，并由多部门监管，无法实现统一调度。体制的混乱直接影响能源政策的制定无法开展全面、深入的调研工作，缺乏科学、民主的决策机制，容易导致能源政策的失误。由于煤炭、石油、天然气、电力等的发展相互影响，各部门为各自的利益，已有能源政策很难跨部门、跨行业实施，导致能源政策不能充分发挥作用。由于缺乏统一领导，能源政策的执法较薄弱，违法成本较低使得能源政策形同虚设，部分基层管理部门为逃避责任，降低执法成本，对于不执行能源政策的能源企业一律直接关闭，造成了严重的资源浪费，从而严重影响了西安市能源有效开发和利用，违背了能源政策制定的目的。

（3）西安市的原油价格根据国际油价定价机制，由国际石油市场供求关系调节，但出于能源安全等考虑，成品油价格仍由国家控制。为了保障国内市场稳定，国家对成品油价格的调控幅度较小，且只有当国际成品油价格变动超过国家规定的幅度才加以调控。国家对成品油价格调控的不灵活以及滞后，不仅造成了极大的地方财政压力，也影响了企业和消费者节约能源的积极性。

煤炭和电力是两个联系十分紧密的行业，西安市电力供给的 90% 以上都需要用电煤来提供。国家把煤炭行业完全推向市场，其价格由市场加以调节，而电力则主要由政府控制，价格由政府宏观调节。由于煤炭价格由煤炭市场供求关系决定，供求关系不断变化，而政府对煤炭市场变化反应迟钝，使得电价总是滞后于煤炭价格的变动，无法实现煤电联动。当对电力需求较小时，煤炭企业就要承受价格下降以及大量库存造成的损失。而当煤炭市场的需求较大，煤炭价格持续上涨，发电企业却不能随之提高价格以保证利润，严重影响了其积极生产的动力，降低了实际生产能力。

4.2 西安市能源结构的影响因素分析

4.2.1 西安市能源结构影响因素

（1）节能和碳排放约束。能源结构的变化离不开低碳经济发展模式这一大背景。中国制定了《2009 中国可持续发展战略报告》，在报告中提出，在 2005 年基础上，2020 年能耗强度和 CO_2 排放强度分别降低 40% ~60% 和 50% 左右。化石能源生产和消费产生了大量 CO_2，约占全球排放总量的 3/4。各种能源的碳排放强度不同，煤炭的碳排放量最大，石油、天然气次之，核电、水电等为零碳清洁能源。为实现节能减排目标，重点在于优化能源结构，降低煤炭的消费比重，提高可再生能源的比重。因此，能源结构受节能和碳排放约束的影响[1~8]。

（2）经济增长。现代化建设和经济快速发展需要充足、稳定的能源支撑。近 15 年来，西安市经济高速稳定发展的重要时期，对能源需求弹性明显提高。对能源的需求持续增长，由 2000 年的 547.67374 万吨标准煤猛增至 2015 年的 2726.564 万吨标准煤，而且还将继续增加。为实现全面建设小康社会的目标、减轻社会负担，就需要以廉价、可得的能源为支撑，也就决定了在短期内以煤炭为主的能源结构特征不会改变[9~17]。

（3）人口规模。人口是社会系统中最基本的因素。能源也是人类赖以生存的基础，人口规模直接决定了生活用能总量，包括照明、家电、炊事、采暖降温等，而各项用途对不同能源的利用量及利用方式也影响了能源结构的变化[2~3]。

（4）产业结构。产业发展影响着能源结构的变化。在三次产业中，以工业为主的第二产业的能耗指数较高，对煤炭的消耗量最大，但随着产业结构的优化升级，资源密集型产业向技术密集型产业转移，经济效率得到明显提高，必然带动能源结构的变化[4]。

（5）技术进步。根据低碳经济的内涵，技术创新是其核心要素之一，且能源技术是实现能源结构优化的重要支撑。基于低碳经济的能源结构优化需要通过重大能源技术研发、装备研制、示范工程实施以及技术创新平台建设，形成完整的能源科技创新体系，突破能源发展的技术瓶颈，在能源勘探与开采、加工与转换、发电与输配电以及新能源领域所需要的关键技术与装备上实现自动化，并达到国际先进水平。建立可再生能源技术创新体系，形成较完善的可再生能源产业体系，可再生能源达到相当的比重[18~23]。

4.2.2　基于低碳经济的西安市能源结构影响因素的路径分析

根据基于低碳经济的能源结构影响因素分析，能耗量约束、碳排放约束、经济增长、人口、产业结构、技术进步等对能源结构产生主要影响。本书选取能耗量约束、碳排放约束、经济增长、人口数、产业结构、技术进步、能源结构等因素构建模型。以 GDP 反映经济发展水平，以第二产业产值占总产值的比重反映产业结构，将技术进步归结为随时间变化的变量，通过历年《西安市统计年鉴》等获得研究所需数据。

传统的经济计量方法是以经济理论为基础来描述变量关系的模型。但是，经济理论通常并不足以对变量之间的动态联系提供一个严密的说明，而且内生变量既可以出现在方程的左端又可以出现在方程的右端，使得估计和推断变得更加复杂。为了解决这些问题而出现了一种用非结构性方法来建立各个变量之间关系的模型。本章所要介绍的向量自回归模型（Vector Autoregression，VAR）就是非结构化的多方程模型。

向量自回归（VAR）是基于数据的统计性质建立模型，VAR 模型把系统中每一个内生变量作为系统中所有内生变量的滞后值的函数来构造模型，从而将单变量自回归模型推广到由多元时间序列变量组成的“向量”自回归模型。VAR 模型是处理多个相关经济指标的分析与预测最容易操作的模型之一，并且在一定的条件下，多元 MA 和 ARMA 模型也可转化成 VAR 模型，因此近年来 VAR 模型受到越来越多的经济工作者的重视。

4.2.2.1　VAR 模型的一般表示

VAR（p）模型的数学表达式是

$$\boldsymbol{y}_t = \boldsymbol{A}_1\boldsymbol{y}_{t-1} + \cdots + \boldsymbol{A}_p\boldsymbol{y}_{t-p} + \boldsymbol{B}\boldsymbol{X}_t + \boldsymbol{\varepsilon}_t \tag{4-1}$$

式中，$\boldsymbol{y}_t$ 是 k 维内生变量向量；$\boldsymbol{X}_t$ 是 d 维外生变量向量；p 是滞后阶数；样本个数为 T。$k \times k$ 维矩阵 $\boldsymbol{A}_1$、…、$\boldsymbol{A}_p$ 和 $k \times d$ 维矩阵 $\boldsymbol{B}$ 是要被估计的系数矩阵。$\boldsymbol{\varepsilon}_t$ 是 k 维扰动向量，它们相互之间可以同期相关，但不与自己的滞后值相关及不与等式右边的变量相关。

由于仅仅有内生变量的滞后值出现在等式的右边，所以不存在同期相关性问题，用普通最小二乘法（OLS）能得到 VAR 简化式模型的一致且有效的估计量。即使扰动向量 $\boldsymbol{\varepsilon}_t$ 有同期相关，OLS 仍然是有效的，因为所有的方程有相同的回归量，其与广义最小二乘法（GLS）是等价的。注意，由于任何序列相关都可以通过增加更多的 $\boldsymbol{y}_t$ 的滞后而被消除（absorbed），所以扰动项序列不相关的假设并不要求非常严格。

残差的协方差的行列式值 $\hat{\boldsymbol{\Sigma}}$由下式得出：

$$|\hat{\boldsymbol{\Sigma}}| = \det\left(\frac{1}{T-m}\sum_t \hat{\boldsymbol{\varepsilon}}_t \hat{\boldsymbol{\varepsilon}}_t'\right)（调整后）$$

$$|\hat{\Sigma}| = \det\left(\frac{1}{T}\sum_{t}\hat{\boldsymbol{\varepsilon}}_t\,\hat{\boldsymbol{\varepsilon}}_t'\right)(\text{未调整})$$

式中，m 是 VAR 模型每一方程中待估参数的个数；$\hat{\boldsymbol{\varepsilon}}_t$ 是 k 维残差列向量。通过假定服从多元正态（高斯）分布计算对数似然值：

$$l = -\frac{Tk}{2}(1+\ln 2\pi) - \frac{T}{2}\ln|\hat{\Sigma}|$$

AIC 和 SC 两个信息准则的计算将在后文详细说明。

4.2.2.2 VAR 模型的检验

无论建立什么模型，都要对其进行识别和检验，以判别其是否符合模型最初的假定和经济意义。本节简单介绍关于 VAR 模型的各种检验。

A Granger 因果检验

VAR 模型的另一个重要的应用是分析经济时间序列变量之间的因果关系。本节讨论由 Granger（1969）提出，Sims（1972）推广的如何检验变量之间因果关系的方法。

Granger 解决了 x 是否引起 y 的问题，主要看现在的 y 能够在多大程度上被过去的 x 解释，加入 x 的滞后值是否使解释程度提高。如果 x 在 y 的预测中有帮助，或者 x 与 y 的相关系数在统计上显著时，就可以说"y 是由 x Granger 引起的"。

考虑对 y_t 进行 s 期预测的均方误差（MSE）：

$$\text{MSE} = \frac{1}{s}\sum_{i=1}^{s}(\hat{y}_{t+i} - y_{t+i})^2$$

这样可以更正式地用如下的数学语言来描述 Granger 因果的定义：如果关于所有的 $s>0$，基于（y_t，y_{t-1}，…）预测 y_{t+s} 得到的均方误差，与基于（y_t，y_{t-1}，…）和（x_t，x_{t-1}，…）两者得到的 y_{t+s} 的均方误差相同，则 y 不是由 x Granger 引起的。对于线性函数，若有

$$\text{MSE}[\hat{E}(y_{t+s}|y_t, y_{t-1}, \cdots)] = \text{MSE}[\hat{E}(y_{t+s}|y_t, y_{t-1}, \cdots, x_t, x_{t-1}, \cdots)] \quad (4\text{-}2)$$

可以得出结论：x 不能 Granger 引起 y。等价的，如果式（4-2）成立，则称 x 对于 y 是外生的。与这个意思相同的第三种表达方式是 x 关于未来的 y 无线性影响信息。

可以将上述结果推广到 k 个变量的 VAR(p) 模型中去，考虑对模型（4-1），利用从（$t-1$）至（$t-p$）期的所有信息，得到 $\boldsymbol{y}_t$ 的最优预测如下：

$$\boldsymbol{y}_t = \hat{\boldsymbol{A}}_1\boldsymbol{y}_{t-1} + \cdots + \hat{\boldsymbol{A}}_p\boldsymbol{y}_{t-p} + \hat{\boldsymbol{\varepsilon}}_t \quad (4\text{-}3)$$

式（4-3）所示的 VAR（p）模型中 Granger 因果关系如同两变量的情形，可以判断是否存在过去的影响。作为两变量情形的推广，对多个变量的组合给出如下的系数约束条件：在多变量 VAR（p）模型中不存在 y_{jt} 到 y_{it} 的 Granger 意义下的因果关系的必要条件是

$$\hat{a}_{ij}^{(q)}=0 \quad q=1,2\cdots,p$$

式中，$\hat{a}_{ij}^{(q)}$ 是$\hat{\boldsymbol{A}}_q$ 的第 i 行第 j 列的元素。

Granger 因果关系检验实质上是检验一个变量的滞后变量是否可以引入到其他变量方程中。一个变量如果受到其他变量的滞后影响，则称它们具有 Granger 因果关系。

在一个二元 p 阶的 VAR 模型中

$$\begin{pmatrix} y_t \\ x_t \end{pmatrix}=\begin{pmatrix} a_{10} \\ a_{20} \end{pmatrix}+\begin{pmatrix} a_{11}^{(1)} & a_{12}^{(1)} \\ a_{21}^{(1)} & a_{22}^{(1)} \end{pmatrix}\begin{pmatrix} y_{t-1} \\ x_{t-1} \end{pmatrix}+\begin{pmatrix} a_{11}^{(2)} & a_{12}^{(2)} \\ a_{21}^{(2)} & a_{22}^{(2)} \end{pmatrix}\begin{pmatrix} y_{t-2} \\ x_{t-2} \end{pmatrix}+\cdots+$$
$$\begin{pmatrix} a_{11}^{(p)} & a_{12}^{(p)} \\ a_{21}^{(p)} & a_{22}^{(p)} \end{pmatrix}\begin{pmatrix} y_{t-p} \\ x_{t-p} \end{pmatrix}+\begin{pmatrix} \varepsilon_{1t} \\ \varepsilon_{2t} \end{pmatrix}$$

当且仅当系数矩阵中的系数 $a_{12}^{(q)}$ 全部为 0 时，变量 x 不能 Granger 引起 y，等价于变量 x 外生于变量 y。

这时，判断 Granger 原因的直接方法是利用 F 检验来检验下述联合检验：

$$\mathbf{H}_0: a_{12}^{(q)}=0, q=1,2,\cdots,p$$
$$\mathbf{H}_1:\text{至少存在一个 } q \text{ 使得 } a_{12}^{(q)}\neq 0$$

其统计量为

$$S_1=\frac{(RSS_0-RSS_1)/p}{RSS_1/(T-2p-1)}\sim F(p,T-2p-1) \tag{4-4}$$

如果 S_1 大于 F 的临界值，则拒绝原假设；否则接受原假设：x 不能 Granger 引起 y。

式中，RSS_1 是式（4-3）中 y 方程的残差平方和：

$$RSS_1=\sum_{t=1}^{T}\hat{\varepsilon}_{1t}^2$$

RSS_0 是不含 x 的滞后变量，即如下方程的残差平方和：

$$y_t=a_{10}+a_{11}^{(1)}y_{t-1}+a_{11}^{(2)}y_{t-2}+\cdots+a_{11}^{(p)}y_{t-p}+\tilde{\varepsilon}_{1t}$$

则有

$$RSS_0=\sum_{t=1}^{T}\hat{\hat{\varepsilon}}_{1t}^2$$

在满足高斯分布的假定下，检验统计量式（4-4）具有精确的 F 分布。如果回归模型形式是如式（4-3）的 VAR 模型，一个渐近等价检验可由下式给出：

$$S_2=\frac{T(RSS_0-RSS_1)}{RSS_1}\sim\chi^2(p)$$

注意，S_2 服从自由度为 p 的 χ^2 分布。如果 S_2 大于 χ^2 的临界值，则拒绝原假设；否则接受原假设：x 不能 Granger 引起 y。

而且 Granger 因果检验的任何一种检验结果都和滞后长度 p 的选择有关，并对处理序列非平稳性的方法选择结果极其敏感。

B VAR 模型滞后结构的检验

(1) AR 根的图表。如果被估计的 VAR 模型所有根模的倒数小于 1，即位于单位圆内，则其是稳定的。如果模型不稳定，某些结果将不是有效的（如脉冲响应函数的标准误差）。共有 kp 个根，其中 k 是内生变量的个数，p 是最大滞后阶数。如果估计一个有 r 个协整关系的 VEC 模型，则应有 $k-r$ 个根等于 1。

(2) Granger 因果检验。选择 View/Lag Structure/Pairwise Granger Causality Tests，即可进行 Granger 因果检验。输出结果对于 VAR 模型中的每一个方程，将输出每一个其他内生变量的滞后项（不包括它本身的滞后项）联合显著的 χ^2（Wald）统计量，在表的最后一行（ALL）列出了检验所有滞后内生变量联合显著的 χ^2 统计量数值。

4.2.2.3 滞后阶数 p 的确定

VAR 模型中一个重要的问题就是滞后阶数的确定。在选择滞后阶数 p 时，一方面想使滞后数足够大，以便能完整反映所构造模型的动态特征。但是另一方面，滞后数越大，需要估计的参数也就越多，模型的自由度就减少。所以通常进行选择时，需要综合考虑，既要有足够数目的滞后项，又要有足够数目的自由度。事实上，这是 VAR 模型的一个缺陷，在实际中常常会发现，将不得不限制滞后项的数目，使它少于反映模型动态特征性所应有的理想数目。

A 确定滞后阶数的 LR（似然比）检验

LR（Likelihood Ratio）检验方法，从最大的滞后数开始，检验原假设——在滞后数为 j 时，系数矩阵 $\boldsymbol{A}_j$ 的元素均为 0；备择假设——系数矩阵 $\boldsymbol{A}_j$ 中至少有一个元素显著不为 0。χ^2(Wald) 统计量如下：

$$\mathrm{LR}=(T-m)(\ln|\hat{\Sigma}_{j-1}|-\ln|\hat{\Sigma}_j|)\sim\chi^2(k^2)$$

式中，m 是可选择的其中一个方程中的参数个数，$m=d+kj$，d 是外生变量的个数，k 是内生变量个数；$\hat{\Sigma}_{j-1}$ 和 $\hat{\Sigma}_j$ 分别表示滞后阶数为 $j-1$ 和 j 的 VAR 模型的残差协方差矩阵的估计。

从最大滞后数开始，比较 LR 统计量和 5% 水平下的临界值。如果 $\mathrm{LR}>\chi^2_{0.05}$ 时，拒绝原假设，表示统计量显著，此时表示增加滞后值能够显著增大极大似然的估计值；否则，接受原假设。每次减少一个滞后数，直到拒绝原假设。

B AIC 信息准则和 SC 准则

实际研究中，大家比较常用的方法还有 AIC 信息准则和 SC 信息准则，其计算方法可由下式给出：

$$\mathrm{AIC}=-2l/T+2n/T$$

$$\mathrm{SC}=-2l/T+n\ln T/T$$

式中，在 VAR 模型（4-1）中 $n=k(d+pk)$ 是被估计的参数的总数，k 是内生变

量个数，d 是外生变量的个数，p 是滞后阶数；T 是样本长度；l 是由下式确定的

$$l = -\frac{Tk}{2}(1 + \ln 2\pi) - \frac{T}{2}\ln|\hat{\Sigma}|$$

在 Eviews 软件中滞后阶数 p 的确定：

一旦完成 VAR 模型的估计，在窗口中选择 View/Lag Structure/Lag Length Criteria，需要指定较大的滞后阶数，表中将显示出直至最大滞后数的各种信息标准（如果在 VAR 模型中没有外生变量，滞后从 1 开始，否则从 0 开始）。表中用“ * ”表示从每一列标准选中的滞后数。

在 Eviews 软件中关于残差的各种检验：

（1）相关图（Correlogram）。显示 VAR 模型在指定的滞后数的条件下得到的残差的交叉相关图（样本自相关）。交叉相关图能以 3 种形式显示：有两种表格形式，一种是以变量来显示（Tabulate by Variable），另一种是以滞后阶数来显示（Tabulate by Lag）。曲线图（Graph）显示交叉相关图的矩阵形式。点线代表滞后的相关系数加减两倍的渐近标准误差的曲线图。

（2）混合的自相关检验。计算与指定阶数所产生的残差序列相关的 Box-Pierce 检验和 Ljung-Box Q 检验。

同时计算出 Q 统计量和调整后的 Q 统计量（即小样本修正）。在原假设是滞后 h 期残差不存在序列相关的条件下，两个统计量都近似的服从自由度为 $k^2(h-p)$ 的 χ^2 统计量，其中 p 为 VAR 模型的滞后阶数。

（3）自相关 LM 检验。计算与直到指定阶数所产生的残差序列相关的多变量 LM 检验统计量。滞后 h 阶数的检验统计量是通过残差 ε_t 关于原始右侧回归量和滞后残差 ε_{t-h} 的辅助回归运算得到的，这里 ε_{t-h} 缺少的前 h 个值被赋予 0。参考 Johansen（1995）LM 统计量的计算公式。在原假设是滞后 h 期没有序列相关的条件下，LM 统计量渐近地服从自由度为 k^2 的 χ^2 分布。

（4）正态性检验。这是 J – B 残差正态检验在多变量情形下的扩展，这种检验主要是比较残差的第三、第四阶残差矩与来自正态分布的那些矩。

（5）White 异方差检验。这个回归检验是通过残差序列对每一个回归量及回归量交叉项乘积的回归来实现的，并检验回归的显著性。

4.2.3 基于低碳经济的西安市能源结构影响因素分析

外生变量：总人口（TP）、总能耗（TE）、技术进步（利用单位 GDP 能耗来表示，TG）、GDP，产业结构（PS）、碳排放强度（CD）；内生变量：能源消费结构 A（煤炭占总能耗的比例，ESA）、能源消费结构 B（天然气占总能耗的比例，ESB）、能源消费结构 C（石油占总能耗的比例，ESC）。

对附录 C 的数据进行标准化处理，其结果如表 4-1 所示，表 4-2 是标准化复原数据。利用 EViews 软件，利用表 4-1 可得 VAR（2）计算结果如表 4-3 所示。

表 4-1 2000～2015 年西安市能源消费结构分析数据（标准化后）

年度	GDP	TE	PS	TG	ESA	ESB	ESC	CD	TP
2000	-1.09578	-1.32319	0.54528	-1.18834	-0.26899	-1.46144	1.16531	1.56375	-1.6617
2001	-1.04617	-1.24122	0.36617	-1.07867	0.30135	-1.28788	0.39094	1.33954	-1.51865
2002	-0.99483	-1.15345	0.47595	-0.98606	0.88808	-1.14103	-0.38731	1.17122	-1.41587
2003	-0.92776	-1.04322	0.62617	-0.8757	1.17325	-0.55696	-1.06295	0.95462	-1.26311
2004	-0.84069	-0.89445	0.75906	-0.76649	-0.79344	-0.51023	1.23113	0.72151	-1.10528
2005	-0.72242	-0.68673	-0.46584	-0.65751	-0.86719	-0.20317	1.14208	0.53287	0.10568
2006	-0.59663	-0.48044	0.00217	-0.54738	-2.80929	2.40347	1.9242	0.25149	0.32687
2007	-0.41901	-0.22064	0.10039	-0.38702	1.50431	-0.16312	-1.68051	0.21147	0.43979
2008	-0.16099	0.13465	0.2275	-0.18658	0.19319	1.40887	-1.04359	-0.11818	0.53806
2009	0.06596	0.41254	0.04261	-0.01309	0.1096	-0.13309	-0.05239	-0.26872	0.62169
2010	0.35534	0.8732	0.83417	0.05396	-0.16246	-0.43013	0.44127	-0.33922	0.67731
2011	0.70247	0.64635	0.81106	0.96471	0.74386	0.05382	-0.91195	-0.99599	0.73264
2012	0.98398	0.91688	0.66661	1.12	0.5898	0.25073	-0.84225	-1.08999	0.78825
2013	1.29643	1.20613	-0.78362	1.27852	-0.05101	0.23738	-0.07756	-1.19289	0.83781
2014	1.6138	1.38656	-1.14762	1.55407	-0.23293	0.72133	-0.14144	-1.33453	0.89328
2015	1.78631	1.46702	-3.06007	1.71558	-0.31815	0.81145	-0.09498	-1.40694	1.00324

表 4-2 2000～2015 年西安市能源消费结构分析数据（标准化复原数据）

影响因素	均值	标准差	方差
GDP	2606.101250	1.7886601E3	3199304.876
TE	1684.702125	710.1906782	504370.799
PS	0.419463	0.0173076	0.000
TG	1.383081	0.4340337	0.188
ESA	0.751512	0.0610163	0.004
ESB	0.075087	0.0299619	0.001
ESC	0.173406	0.0516546	0.003
CD	0.534306	0.1574380	0.025
TP	799.303750	71.0259444	5044.685

以 ESA、ESB 为内生变量，采用 VAR（2）建模，得：

$$\mathrm{ESA} = C(1,1)\times \mathrm{ESA}(-1) + C(1,2)\times \mathrm{ESA}(-2) + C(1,3)\times \mathrm{ESB}(-1) + C(1,4)\times \mathrm{ESB}(-2) + C(1,5)\times \mathrm{CD} + C(1,6)\times \mathrm{GDP} + C(1,7)\times \mathrm{PS} + C(1,8)\times \mathrm{TE} + C(1,9)\times \mathrm{TG} + C(1,10)\times \mathrm{TP}$$

$$\mathrm{ESB} = C(2,1)\times \mathrm{ESA}(-1) + C(2,2)\times \mathrm{ESA}(-2) + C(2,3)\times \mathrm{ESB}(-1) + C(2,4)\times \mathrm{ESB}(-2) + C(2,5)\times \mathrm{CD} + C(2,6)\times \mathrm{GDP} + C(2,7)\times \mathrm{PS} + C(2,8)\times \mathrm{TE} + C(2,9)\times \mathrm{TG} + C(2,10)\times \mathrm{TP}$$

表 4-3　计算结果分析

决定系数 R^2(R-squared)	0.862003	0.9584
调整的 R^2(Adjusted R-squared)	0.55151	0.864801
残差平方和(Sum squared resid)	2.047428	0.443687
标准误方程(S. E. equation)	0.715442	0.333049
F 统计值(F-statistic)	2.776236	10.23941
对数似然估计(Log likelihood)	-6.40783	4.296709
AIC 准则(Akaike info criterion)	2.343975	0.814756
SC 准则(Schwarz criterion)	2.800445	1.271225
因变量均值(Mean dependent var)	-0.00231	0.19638
因变量标准差(S. D. dependent var)	1.068311	0.905778
自由度调整的残差协方差(Determinant resid covariance (dof adj.))		0.054278
残差协方差矩阵(Determinant resid covariance)		0.004431
对数似然估计(Log likelihood)		-1.79616
AIC 准则(Akaike info criterion)		3.113737
SC 准则(Schwarz criterion)		4.026676

表 4-4 给出了 VAR 取不同滞后阶数 p 时的情形。从表 4-4 可知，$p=2$。图 4-2 给出了单位根检验情形，4 个单位根均在单位园内，检验通过。

表 4-4　滞后阶数 p 的确定

Lag	LogL	LR	FPE	AIC	SC	HQ
0	-14.8392	NA *	0.178478	3.834167	4.381931	3.783462
1	-13.3131	1.308105	0.308719	4.187578	4.91793	4.119971
2	-1.79616	6.58108	0.159511 *	3.113737 *	4.026676 *	3.029228 *

表 4-5 给出了 VAR 取不同滞后阶数 p 时的情形。从表 4-5 可知，当置信水平 $\alpha=0.05$ 时，$p=1$ 时接受零假设，$p=2$ 时拒绝 ESB 和 Joint。

表 4-5　滞后阶数 p 的检测

	ESA	ESB	Joint
Lag 1	0.629776	0.006632	0.668307
	[0.729871]	[0.996689]	[0.955179]
Lag 2	1.071495	12.94626	16.16457
	[0.585232]	[0.001544]	[0.002806]
df	2	2	4

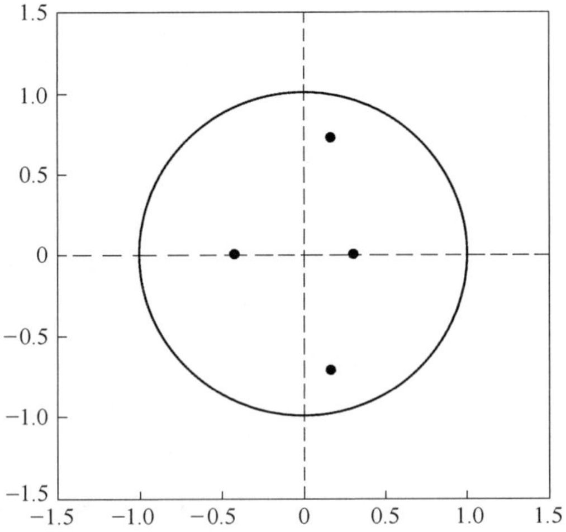

图4-2 AR单位根检验

对ESA和ESB表达式进行Granger因果关系揭示（其零假设是ESA和ESB没有Granger因果关系），如表4-6所示。由表4-6可知，ESB对ESA没有Granger影响，但ESA对ESB有Granger影响。也就是说，煤炭消费结构对天然气消费结构有Granger因果影响。

表4-6 ESA和ESB的Granger因果关系揭示

因变量：ESA			
排除	Chi-sq	df	Prob.
ESB	0.954446	2	0.6205
All	0.954446	2	0.6205
因变量：ESB			
排除	Chi-sq	df	Prob.
ESA	7.550959	2	0.0229
All	7.550959	2	0.0229

由于ESB对ESA没有Granger影响，而ESA对ESB有Granger影响，因此需要分别对ESA和ESB进行VAR建模。

对ESA进行VAR（2）建模，得：

$$ESA = -0.0801389324667 \times ESA(-1) - 0.20533992017 \times ESA(-2) + 16.535614935 \times CD - 32.2952924499 \times GDP - 0.613790357571 \times PS + 19.3181948863 \times TE + 30.2464942845 \times TG - 1.26745900317 \times TP$$

经过检测，ESA的VAR（2）具有很好的动态特性。

对 ESB 进行 VAR（2）建模，得：

$$ESB = 0.0502634324011 \times ESB(-1) + 0.33851807684 \times ESB(-2) + 0.16137600697 \times ESA - 15.2405791348 \times CD + 25.1567711815 \times GDP + 0.395133993873 \times PS - 16.6496188983 \times TE - 23.9541955229 \times TG + 0.836423702198 \times TP$$

经过检测，ESB 的 VAR（2）具有最佳的动态特性。

$$ESC = 0.0411961432407 \times ESC(-1) - 0.218809834058 \times ESC(-2) - 1.11220090406 \times ESA + 5.39510792734 \times CD - 8.4767193345 \times GDP - 0.0793701150052 \times PS + 5.34603348871 \times TE + 8.47337428589 \times TG - 0.387754369954 \times TP$$

经过上述分析，可得如下结论：

（1）煤炭消费结构对天然气消费结构有 Granger 因果影响，但天然气消费结构对煤炭消费结构没有 Granger 因果影响。此表明在 2000～2015 年间，天然气的使用对煤炭的消费并没有带来实质性影响，也就是企业的技术进步进展缓慢。

（2）其他因素对能源结构 ES 的影响计算方法：

$$\frac{ES - m_{ES}}{s_{ES}} = \alpha_X \frac{X - m_X}{s_X}, \frac{dX}{dES} = \frac{s_X}{\alpha_X s_{ES}}$$

式中，ES 为 ES 的取值；m_{ES}为 ES 的均值；s_{ES}为 ES 的标准差；X 为影响因素 X 的取值；m_X 为影响因素 X 的均值；s_X 为 ESA 的标准差；α_X 为影响因素 X 的影响系数，在 ES 的 VAR（2）模型中提取。

表 4-7 给出了其他因素对 ESA 的影响。

表 4-7　其他因素对 ESA 的影响

影响因素	标准差	$\frac{s_X}{s_{ESA}}$	ESA 的 VAR(2)模型系数	影响程度
GDP	1.79E+03	29314.46	-32.29529	-907.701
TE	710.1906782	11639.36	19.318195	602.5076
PS	0.0173076	0.283655	-0.61379	-0.46214
TG	0.4340337	7.113406	30.246494	0.235181
CD	0.157438	2.580261	16.535615	0.156043
TP	71.0259444	1164.049	1.267459	918.4113

由表 4-7 可知：能源消费总量（TE）、技术进步（TG）、碳排放强度（CD）和总人口（TP）的增加会导致推动煤炭消费占比增加，其中，能源消费总量（TE）和技术进步（TG）影响强烈；而国内生产总值（GDP）和产业结构（PS）会导致煤炭消费占比降低，其中，国内生产总值（GDP）影响较大。

表 4-8 给出了其他因素对 ESB 的影响。

表 4-8 其他因素对 ESB 的影响

影响因素	标准差	$\frac{s_X}{s_{ESB}}$	ESB 的 VAR(2)模型系数	影响程度
GDP	1.79E+03	23839.0134	25.15677118	947.6182
TE	710.1906782	9458.2375	-16.64962	-568.0753
PS	0.0173076	0.2305	0.395134	0.5833
TG	0.4340337	5.7804	-23.9542	-0.2413
CD	0.157438	2.0967	15.24057913	0.1376
TP	71.0259444	945.9153	0.8364237	1130.9045
ESA	0.0610163	0.8126	0.161376	5.0355

由表 4-8 可知：国内生产总值（GDP）、总人口（TP）、碳排放强度（CD）、A 型能耗结构（ESA）和产业结构（PS）的增加会导致推动天然气消费占比增加，其中，国内生产总值（GDP）、总人口（TP）影响强烈；而能源消费总量（TE）和技术进步（TG）会导致天然气消费占比降低，其中，能源消费总量（TE）影响较大。

表 4-9 给出了其他因素对 ESC 的影响。

表 4-9 其他因素对 ESC 的影响

影响因素	标准差	$\frac{s_X}{s_{ESC}}$	ESC 的 VAR(2)模型系数	影响程度
GDP	1.79E+03	10322.5955	-8.476719	-1217.7583
TE	710.1906782	4095.5369	5.3460335	766.0889
PS	0.0173076	0.0998	-0.07937	-1.2575
TG	0.4340337	2.5030	8.4733743	0.2954
CD	0.157438	0.9079	5.3951079	0.1683
TP	71.0259444	409.5933	-0.387754	-1056.3217
ESA	0.0610163	0.3519	-1.112201	-0.3164

由表 4-9 可知：能源消费总量（TE）、技术进步（TG）、碳排放强度（CD）和的增加会导致推动天然气消费占比增加，其中，能源消费总量（TE）影响较大；而国内生产总值（GDP）、总人口（TP）、A 型能耗结构（ESA）、产业结构（PS）和会导致石油消费占比降低，其中，国内生产总值（GDP）、总人口（TP）影响强烈。

从上述计算结果可知：技术进步对天然气消费量影响巨大，总人口数增加对天然气消费量增加有一定程度的影响；第二产业占比越高，天然气消费量越低，表明企业用煤量较重；提升企业技术进步水平，可大幅降低天然气消费水平。

碳排放量与总人口（TP）、总能耗（不含电力，TE）、技术进步（利用单位GDP能耗来表示，TG）、GDP，产业结构（PS）、能源消费结构A（ESA）、能源消费结构（ESB）的制约关系，可建立VAR（3）模型，即

$$\begin{aligned}CD = & 0.0822732252307 \times CD(-1) - 0.661448313917 \times CD(-2) + \\ & 0.266362697244 \times CD(-3) + 0.17493643062 \times ESA + 0.0718128227265 \times \\ & ESB - 1.27114065082 \times GDP - 0.0974951871191 \times PS + 1.86958014538 \times \\ & TE - 1.66295717852 \times TG - 1.19044274748 \times TP\end{aligned}$$

从上式可知：对CD具有正向作用的影响因素有ESA、ESB和TE，其作用程度分别为0.17493643062、0.0718128227265、1.86958014538；对CD具有反向作用的影响因素有GDP、PS、TG、TP，其作用程度分别为1.27114065082、0.0974951871191、1.66295717852、1.19044274748。

从上述计算结果可知：煤炭、天然气占比提升对碳排放增速影响较大；技术进步对碳排放增速影响巨大，但技术进步到一定的水平时，碳排放增速会降低；第二产业占比增加对碳排放减速有一定程度的影响，总人口数增加对碳排放减速有较轻程度的影响。第二产业占比越高，天然气消费量越低，表明企业用煤量较重；提升企业技术进步水平，可大幅降低天然气消费水平。

4.2.4 基于低碳经济的西安市能源结构影响因素的路径分析

根据4.2.3节对各影响因素内在关系的分析，在Amos Graphics中建立路径图[33~37]。图中带箭头的直线“→”连接的是具有因果关系的两个变量，箭头的方向与因果的方向相同；变量产业结构和变量总人口之间只有相关关系而无因果关系，因此用弧线双向箭头表示。图中“能耗量约束”“碳排放约束”“技术进步”为外生变量，不受模型中其他变量的影响；“总人口”“产业结构”“GDP”既为因又为果，最终结果变量“能源结构”等为内生变量，被模型中的其他某些变量决定；“e4”“e5”“e6”“e7”等为残差变量，表示模型之外的影响因变量的变量。

外生变量：总人口（TP）、总能耗（TE）、技术进步（利用单位GDP能耗来表示，TG）、GDP，产业结构（PS）、碳排放强度量（CD）。

内生变量：能源消费结构A（煤炭占总能耗的比例，ESA）、能源消费结构B（天然气占总能耗的比例，ESB）、能源消费结构C（石油天然气占总能耗的比例，ESC）。

表4-10列出了西安市能源结构影响因素的路径分析（原始数据），基于表4-10，采用SPSS软件可揭示出如表4-11所示的西安市能源消费结构各影响因素之间的相关性。

表 4-10 西安市能源结构影响因素的路径分析（原始数据）

年度	GDP /亿元	总能耗 /万吨标准煤	产业结构 /%	技术进步 /万元·吨标准煤	能源消费结构 A /%	能源消费结构 B /%	能源消费结构 C /%	碳排放强度 /吨碳·万元$^{-1}$	总人口数 /万人
2005	1313.93	1196.99	41.1361	1.097694841	69.86	6.90	23.24	0.6182	806.81
2006	1538.94	1343.495	41.9542	1.145475372	58.01	14.71	27.28	0.5739	822.52
2007	1856.63	1528.006	42.1161	1.215066829	84.33	7.02	8.66	0.5676	830.54
2008	2318.14	1780.332	42.3434	1.302083333	76.33	11.73	11.95	0.5157	837.52
2009	2724.08	1977.682	42.0234	1.377410468	75.82	7.11	17.07	0.492	843.46
2010	3241.69	2304.842	43.3946	1.406469761	74.16	6.22	19.62	0.4809	847.41
2011	3862.58	2143.732	43.3469	1.801801802	79.69	7.67	12.63	0.3775	851.34
2012	4366.1	2335.864	43.0991	1.869158879	78.75	8.26	12.99	0.3627	855.29
2013	4924.97	2541.285	40.5854	1.937984496	74.84	8.22	16.94	0.3465	858.81
2014	5492.64	2669.423	39.9586	2.057613169	73.73	9.67	16.61	0.3242	862.75
2015	5801.2	2726.564	36.6526	2.127659574	73.21	9.94	16.85	0.3128	870.56

表 4-11 西安市能源消费结构各影响因素之间的相关性

因素		GDP	TE	PS	TG	ESA	ESB	ESC	TP	CD
GDP	Pearson 相关性	1	0.967**	-0.529	0.987**	0.233	-0.081	-0.253	0.950**	-0.982**
	显著性(双侧)		0.000	0.094	0.000	0.491	0.812	0.452	0.000	0.000
TE	Pearson 相关性	0.967**	1	-0.403	0.927**	0.292	-0.163	-0.289	0.976**	-0.950**
	显著性(双侧)	0.000		0.219	0.000	0.383	0.632	0.388	0.000	0.000
PS	Pearson 相关性	-0.529	-0.403	1	-0.500	0.196	-0.210	-0.146	-0.391	0.409
	显著性(双侧)	0.094	0.219		0.117	0.564	0.536	0.669	0.234	0.211
TG	Pearson 相关性	0.987**	0.927**	-0.500	1	0.254	-0.061	-0.290	0.925**	-0.990**
	显著性(双侧)	0.000	0.000	0.117		0.451	0.858	0.388	0.000	0.000
ESA	Pearson 相关性	0.233	0.292	0.196	0.254	1	-0.670*	-0.936**	0.338	-0.273
	显著性(双侧)	0.491	0.383	0.564	0.451		0.024	0.000	0.309	0.417
ESB	Pearson 相关性	-0.081	-0.163	-0.210	-0.061	-0.670*	1	0.365	-0.075	0.060
	显著性(双侧)	0.812	0.632	0.536	0.858	0.024		0.269	0.826	0.861
ESC	Pearson 相关性	-0.253	-0.289	-0.146	-0.290	-0.936**	0.365	1	-0.389	0.314
	显著性(双侧)	0.452	0.388	0.669	0.388	0.000	0.269		0.237	0.347
TP	Pearson 相关性	0.950**	0.976**	-0.391	0.925**	0.338	-0.075	-0.389	1	-0.955**
	显著性(双侧)	0.000	0.000	0.234	0.000	0.309	0.826	0.237		0.000
CD	Pearson 相关性	-0.982**	-0.950**	0.409	-0.990**	-0.273	0.060	0.314	-0.955**	1
	显著性(双侧)	0.000	0.000	0.211	0.000	0.417	0.861	0.347	0.000	

** 在 0.01 水平（双侧）上显著相关；

* 在 0.05 水平（双侧）上显著相关。

依据表 4-11，可以绘制出各因素影响对能源结构的路径模型图，如图 4-3 所示。决定系数 $R^2=0.8909$，对 ESA 估计值精度较好。路径分析把握了煤炭型能源结构的主要影响因素。

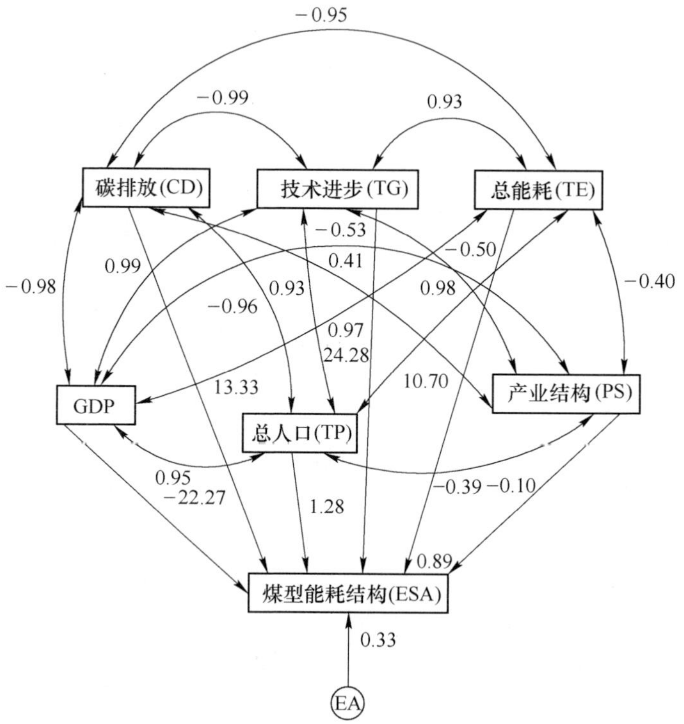

图 4-3　各因素影响对 A 型能源消费结构的路径模型图

基于 2000～2015 年统计数据，表 4-11 可得到各自变量的直接通径系数如表 4-12 所示。表 4-13 列出了各关键影响因素对 A 型能源消费结构（ESA）的效应。

表 4-12　各关键影响因素的直接通径系数

路径	估计值(Estimate)	标准误(S. E.)	临界比(C. R.)	p 值(P.)	显著水平($\alpha=0.05$)
ESA←EA	0. 020954	0. 004685	4. 472136	***	拒绝
ESA←CD	8. 00321	1. 171581	6. 831122	***	拒绝
ESA←GDP	-0. 00093	0. 000174	-5. 33623	***	拒绝
ESA←TG	4. 182274	0. 581047	7. 19782	***	拒绝
ESA←PS	-0. 00342	0. 011512	-0. 29672	0. 766681	接受
ESA←TE	0. 001342	0. 000273	4. 91679	***	拒绝
ESA←TP	0. 004521	0. 002659	1. 70045	0. 089046	接受

根据表4-13可明显地看出，煤炭型能源消费结构主要受技术进步（TG）和碳排放强度（CD）的直接影响。其中，碳排放强度（CD）、技术进步（TG）、总人口（TP）、总能耗（TE）对煤炭型能源结构起推动作用，且碳排放（CD）和技术进步（TG）推动作用强烈；而产业结构（PS）、国内总产值（GDP）对煤炭型能源结构起轻度制约作用。

表4-13 各关键影响因素对A型能源消费结构（ESA）的效应

ESA	TP	PS	GDP	TE	CD	TG
直接效应	0.004521	-0.00342	-0.00093	0.001342	8.00321	4.182274
间接效应	0.0	0.0	0.0	0.0	0.0	0.0
总效应	0.004521	-0.00342	-0.00093	0.001342	8.00321	4.182274

依据表4-11，可以绘制出各因素影响对天然气型能源结构的路径模型图，如图4-4所示。决定系数ESA为$R^2=0.8909$、ESB为$R^2=0.9486$，对ESA和ESB估计值精度较好。路径分析把握了天然气型能源结构的主要影响因素。

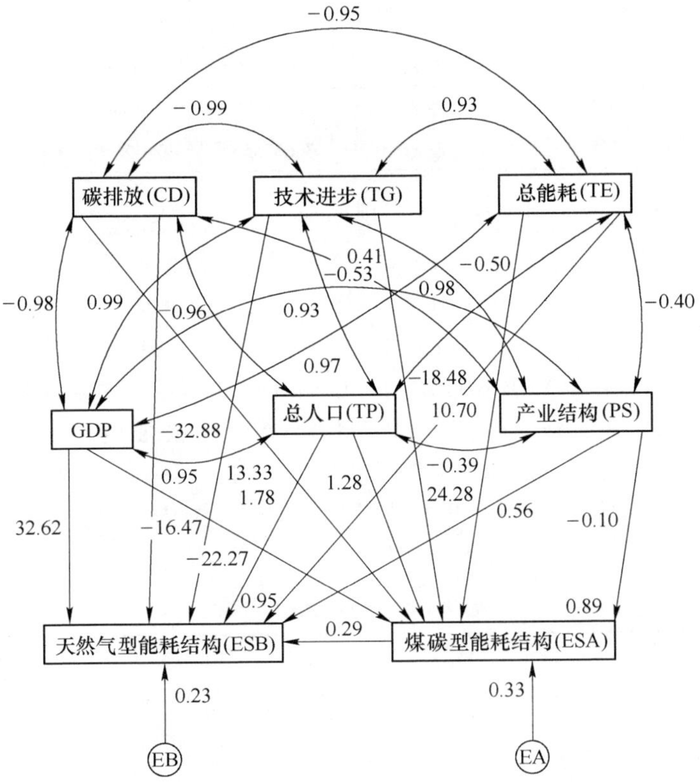

图4-4 各因素影响对B型能源消费结构（ESB）的路径模型图（标准化后）

基于 2000 ~ 2015 年统计数据，可得到各自变量的直接通径系数如表 4-14 所示。

表 4-14　B 型能源消费结构（ESB）各关键影响因素的直接通径系数

路径	估计值(Estimate)	标准误(S. E.)	临界比(C. R.)	p 值(P.)	显著水平(α = 0.05)
ESA←PS	-0.00342	0.011512	-0.29672	0.766681	接受
ESA←EA	0.020954	0.004685	4.472136	***	
ESA←TG	4.182274	0.581047	7.19782	***	
ESA←CD	8.00321	1.171581	6.831122	***	
ESA←GDP	-0.00093	0.000174	-5.33623	***	
ESA←TE	0.001342	0.000273	4.91679	***	
ESA←TP	0.004521	0.002659	1.70045	0.089046	接受
ESB←EB	0.005455	0.00122	4.472136	***	
ESB←ESA	0.109639	0.082319	1.331886	0.182898	接受
ESB←TG	-2.14909	0.376041	-5.71503	***	
ESB←TE	-0.00088	0.000131	-6.6957	***	
ESB←PS	0.007227	0.00301	2.401119	0.016345	拒绝
ESB←CD	-3.75454	0.725982	-5.17167	***	
ESB←GDP	0.000516	0.000089	5.80782	***	
ESB←TP	0.002387	0.000786	3.037554	0.002385	拒绝

表 4-15 列出了路径系数的分解。根据表 4-15 可明显地看出：

（1）B 型能源消费结构（ESB）主要受碳排放强度（CD）、技术进步（TG）、总能耗（TE）的抑制作用，其中碳排放强度（CD）、技术进步（TG）抑制作用强烈；而 A 型能源消费结构（ESA）、产业结构（PS）、国内总产值（GDP）、总人口（TP）对 B 型能源消费结构（ESB）起轻度推动作用。

（2）A 型能源消费结构（ESA）主要受碳排放强度（CD）、技术进步（TG）、总能耗（TE）、总人口（TP）的推动作用，其中碳排放强度（CD）、技术进步（TG）推动作用强烈；而产业结构（PS）、国内总产值（GDP）对 A 型能源消费结构（ESA）起轻度抑制作用。

表 4-15　路径系数的分解

原因变量	结果变量	总影响	直接影响	间接影响
PS	ESA	-0.00342	-0.00342	0
	ESB	0.006853	0.007227	-0.00038
TP	ESA	0.004521	0.004521	0
	ESB	0.002883	0.002387	0.000496

续表 4-15

原因变量	结果变量	总影响	直接影响	间接影响
GDP	ESA	-0.00093	-0.00093	0
	ESB	0.000414	0.000516	-0.0001
TE	ESA	0.001342	0.001342	0
	ESB	-0.00073	-0.00088	0.000147
CD	ESA	8.00321	8.00321	0
	ESB	-2.87708	-3.75454	0.877467
TG	ESA	4.182274	4.182274	0
	ESB	-1.69055	-2.14909	0.458542
ESA	ESA	0	0	0
	ESB	0.109639	0.109639	0

依据表 4-11，可以绘制出各因素影响对石油型能源结构（ESC）的路径模型图，如图 4-5 所示。决定系数 ESA 为 $R^2=0.8909$、ESB 为 $R^2=0.9884$，对 ESA 和 ESC 估计值精度较好。路径分析把握了石油型能源结构的主要影响因素。

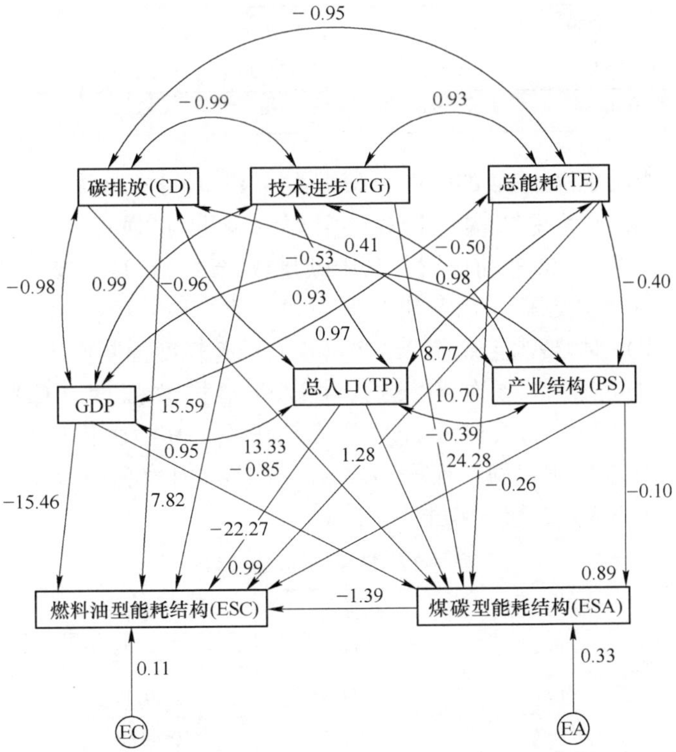

图 4-5　各因素影响对 C 型能源消费结构（ESC）的路径模型图

基于 2000 ~ 2015 年统计数据，可得到各自变量的直接通径系数如表 4-16 所示。

表 4-16　C 型能源消费结构（ESC）各关键影响因素的直接通径系数

路径	估计值(Estimate)	标准误(S. E.)	临界比(C. R.)	p 值(P.)	显著水平(α = 0.05)
ESA←PS	−0.00342	0.011512	−0.29672	0.766681	接受
ESA←CD	8.00321	1.171581	6.831122	***	
ESA←GDP	−0.00093	0.000174	−5.33623	***	
ESA←TP	0.004521	0.002659	1.70045	0.089046	接受
ESA←EA	0.020954	0.004685	4.472136	***	
ESA←TG	4.182274	0.581047	7.19782	***	
ESA←TE	0.001342	0.000273	4.91679	***	接受
ESC←ESA	−1.10763	0.082294	−13.4594	***	
ESC←TE	0.000876	0.000131	6.671135	***	接受
ESC←PS	−0.00719	0.003009	−2.38818	0.016932	拒绝
ESC←CD	3.740857	0.725767	5.154351	***	
ESC←GDP	−0.00051	0.000089	−5.78248	***	
ESC←TP	−0.00239	0.000786	−3.03673	0.002392	拒绝
ESC←EC	0.005453	0.001219	4.472136	***	
ESC←TG	2.139764	0.37593	5.691929	***	

表 4-17 列出了路径系数的分解。根据表 4-17 可明显地看出：

（1）C 型能源消费结构（ESC）主要受碳排放强度（CD）、技术进步（TG）、总能耗（TE）的推动作用，其中碳排放强度（CD）、技术进步（TG）推动作用强烈；而 A 型能源消费结构（ESA）、产业结构（PS）、总人口（TP）、国内总产值（GDP）对 C 型能源消费结构（ESC）起轻度抑制作用。

（2）A 型能源消费结构（ESA）主要受碳排放强度（CD）、技术进步（TG）、总能耗（TE）、总人口（TP）的推动作用，其中碳排放强度（CD）、技术进步（TG）推动作用强烈；而产业结构（PS）、国内总产值（GDP）对 A 型能源消费结构（ESA）起轻度抑制作用。

表 4-17　路径系数的分解

原因变量	结果变量	总影响	直接影响	间接影响
PS	ESA	−0.00342	−0.00342	0
	ESC	−0.0034	−0.00719	0.003783
TP	ESA	0.004521	0.004521	0
	ESC	−0.00739	−0.00239	−0.00501

续表 4-17

原因变量	结果变量	总影响	直接影响	间接影响
GDP	ESA	-0.00093	-0.00093	0
	ESC	0.000515	-0.00051	0.001028
TE	ESA	0.001342	0.001342	0
	ESC	-0.00061	0.000876	-0.00149
CD	ESA	8.00321	8.00321	0
	ESC	-5.12375	3.740857	-8.86461
TG	ESA	4.182274	4.182274	0
	ESC	-2.49266	2.139764	-4.63242
ESA	ESA	0	0	0
	ESC	-1.10763	-1.10763	0

由于西安市经济发展的阶段性特征对能源消费，尤其是煤炭的依赖性较强，减少能源消费，必然会抑制 GDP 增长，因此在目前不合理的经济增长方式限制下，能耗量约束对能源结构优化起抑制作用；技术进步将促进能源结构优化；由于 GDP 增长离不开煤炭的支撑作用，降低煤炭消费，必然会影响 GDP 增长，因此粗放型经济增长阻碍了能源结构的优化。

4.3 西安市能源结构优化的基本原则

（1）能源结构优化应坚持以可持续发展理念为指导。随着西安市工业化程度的深入，能源、经济、环境之间将面临日趋紧迫的矛盾，因此基于低碳经济的能源结构优化要在满足经济发展需求的基础上，充分兼顾环境，构建充足、高效、清洁、可持续利用的现代能源产业体系，促进经济、能源与环境的协调发展，提高能源效率，减少温室气体的排放[24~26]。

（2）能源结构优化应坚持节约优先。西安市经济迅速发展，对能源供给和消费的压力越来越大，在充分考虑社会经济发展可承受能力的基础上，要将节能理念渗透到能源的生产、分配、交换、消费等所有环节，转变能源利用方式，利用技术、政策等手段减少能源使用，杜绝浪费，以较少的能源投入创造较高的经济效益，降低碳排放，促进能源的合理高效利用，提高能源利用率；同时，节约能源还是促进能源安全得以保障的有效手段[27~28]。

（3）能源结构优化应坚持多元发展。打破传统能源的单一发展，保持煤炭的基础地位和支撑作用，提高煤炭用于发电的比重，通过国内国外两个市场保障油气的供给，重视开发风能、太阳能、生物质能等低碳能源，促进西安市能源发展的多元化水平[29~30]。

（4）能源结构优化应立足国内，充分利用国外和省内资源。世界经济一体化程度的加深以及西安市资源禀赋、经济发展特点等使得西安市的能源结构优化必须根据比较成本，在保障能源安全的基础上充分利用国外资源合理配置能源的利用。

（5）能源结构优化应以市场调节为基础，加强政府政策调控。加强能源产业的市场开放程度，主要通过市场调节能源价格，引导供需形势，合理配置资源。政府应建立完善的配套政策，如市场准入与退出准则等，创建良好的市场环境，保障能源市场的稳定，还可利用财税、价格补贴等优惠政策促进新能源等重点支持能源的发展[30~32]。

4.4　西安市能源结构优化的思路

基于低碳经济的能源结构优化应遵循“高效、低碳、低耗”的总体思路，从“高碳”能源体系向“低碳”能源体系转变。保持煤炭的基础地位和支撑作用，提高煤炭用于发电的比重，保障油气的供给，重视开发低碳能源，能源结构趋向均衡化发展。

4.4.1　基础能源体系形成多元化、均衡化发展趋势

从世界主要发达国家能源结构的演化特征来看，随着工业化进程的深入，经济发展对煤炭的依赖程度会不断降低，但考虑到西安市资源禀赋特征，煤炭的廉价、可得性也决定了短期内其基础地位不可动摇。随着西安市社会经济结构的优化程度不断加深，产业结构优化升级进展理想，能源技术创新体系不断完善，可再生能源形成产业化发展，节能减排技术获得突破性发展，西安市的能源体系将打破“以煤为主”的结构特征，趋向于“煤油气并重”的较稳定的能源格局。

对于一次能源结构多元化状态，本书用 ESDI 来表示能源结构多元化指数，根据西安市资源禀赋状况以及能源消费结构现状，历年来煤炭所占比重最大，占主导地位，因此：

$$\mathrm{ESDI} = \alpha_1 \frac{C}{C} + \alpha_2 \frac{O}{C} + \alpha_3 \frac{G}{C} + \alpha_4 \frac{H}{C}$$

式中，C 为煤炭消费；O 为石油消费；G 为天然气消费；H 为太阳能发电及风电消费；α_1、α_2、α_3、α_4 为大于 0 的加权系数，一般取 $\alpha_1 = \alpha_2 = \alpha_3 = \alpha_4 = 1$。

一次能源消费主要包括煤炭、石油、天然气等常规能源以及风电、太阳能、生物质能源等新能源，根据专业机构 2003 年计算的碳排放系数，消费单位煤炭、石油、天然气导致的碳排放分别为 0.7476、0.5825、0.4435 吨碳，而太阳能、风电等可再生能源为零碳能源，不会产生碳污染；火电作为二次能源，参考厦门节能中心测算的结果，其碳排放系数为 0.68 吨碳/吨标准煤，略低于煤炭。因此，为实现减排目标，西安市的电力需求将继续保持旺盛，并进一步加强电源结

构优化，推动清洁煤发电，有序发展油气发电，促进风电、太阳能等新能源发电规模。根据国务院应对气候变化工作会议决定，大力发展低碳能源，2020 年争取使低碳能源消费占一次能源消费的比重达到 15% 左右。据了解，《新能源产业规划》要求“十三五”期间，可再生能源消费占能源消费总量的比重要达到 15% ~20%。虽然西安市新能源产业起步较晚，产业链还不完善，产业化程度较低，但随着西安市政策性引导和扶持，西安市新能源产业发展将迎来突破性进展。光伏行业和风电行业短期内出现了产业过剩导致的产业利润下降，但从长期看，光伏行业终端利润下跌将刺激光伏平价上网，实现长期利润最大化；而风电行业的行业整合力度加大，行业龙头优势凸显，政府对风电行业门槛的抬高也将有利于有序竞争；由于新能源汽车、储能等市场前景良好，加之政府创造的良好政策环境，西安市新能源电池将会得到强劲发展。

为了反映能源消费结构变化与碳排放之间的关联程度，本书用能源结构 - 碳排放量指数（ESCEQI）、能源结构 - 碳排放系数指数（ESCEI）、能源结构 - 碳排放强度指数（ESCEI）加以表示，其计算公式为：

$$ESCEQI = COEQ/ESDI$$

$$ESCECI = COEC/ESDI$$

$$ESCEDI = COED/ESDI$$

式中，COEQ 为碳排放量，万吨碳；COEC 为碳排放系数，万吨碳/吨标准煤；COED 为碳排放强度，吨碳/万元。

表 4-18 给出了西安市能源结构低碳多元化发展情况。根据公式可计算出 2000 ~2015 年西安市一次能源结构的变化状态，如图 4-6 所示。其中，2000 ~2003 年西安市能源结构多元化发展呈下降趋势，这是由于前一时期国家对煤炭行业的放任，出现了产业集中度不高，无序竞争的混乱局面，国家开始着手整顿煤炭业，加强对其的管理，抬高准入门槛，淘汰不合格的中小煤矿，逐步形成行

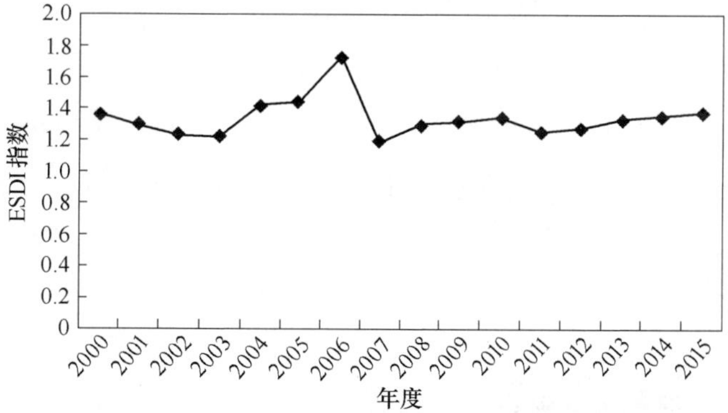

图 4-6 西安市能源结构低碳多元化发展情况

业巨头；2003～2006 年，西安市能源结构多元化发展呈上升趋势，这是由于经济经过了东南亚金融危机的打击后，开始处于复苏阶段，西安市能源结构多元化有所发展；2007 年以来，西安市一次能源结构变化状态起伏不大，基本稳定在 1.3 水平，表明西安市能源结构多元化进展缓慢。

表 4-18　西安市能源结构低碳多元化发展情况

年度	ESDI	ESCECI	ESCEDI	ESCEQI
2000	1.360277069	0.497640858	0.57378	370.7365
2001	1.298870382	0.524918208	0.573736	421.6154
2002	1.241202581	0.55307599	0.579071	478.7061
2003	1.214870784	0.565244651	0.563549	533.4892
2004	1.422181919	0.478513041	0.455544	502.1874
2005	1.43144743	0.474067681	0.431876	567.4543
2006	1.723772059	0.381357722	0.332925	512.3522
2007	1.185873721	0.58156334	0.478626	888.6326
2008	1.310182557	0.512515817	0.393612	912.4484
2009	1.318945117	0.513858534	0.373061	1016.249
2010	1.348454632	0.501617509	0.35665	1156.149
2011	1.25482486	0.542040625	0.300833	1161.99
2012	1.269785425	0.533862978	0.285617	1247.031
2013	1.336137769	0.502592774	0.259338	1277.231
2014	1.356347687	0.491822018	0.239025	1312.881
2015	1.365902192	0.487281059	0.229022	1328.603
平均值	1.339942262	0.5088733	0.401642	855.4848

4.4.2　能源结构趋向低碳多元发展

根据公式可得到 ESCEQI、ESCECI、ESCEDI 的变化情况，如图 4-7～图 4-9 所示，其变化趋势受能源结构多元化发展状况的影响：ESCEQI、ESCECI、ESCEDI 和 ESDI 曲线大致对称，虽然自 1978 年以来 ESDI 一直呈上升趋势，但值得一提的是 2007 年以来，上升趋势明显减缓。

4.4.3　能源的供给形成区域多元化战略

为降低一次能源长距离运输带来的交通压力，西安市采取了多种方式并举的

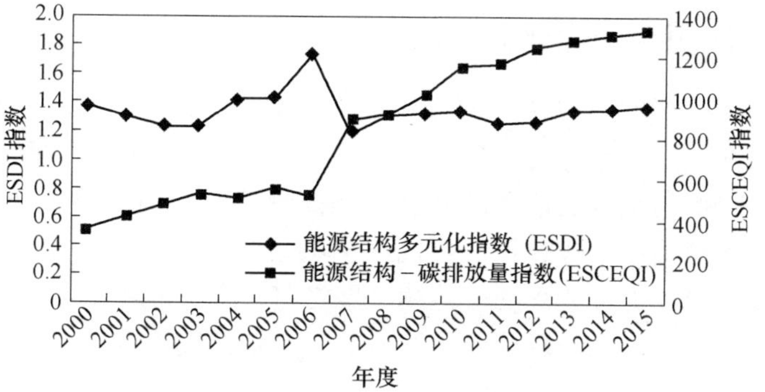

图 4-7 西安市能源结构低碳多元化与 ESCEQI 的关系（ESCEQI）

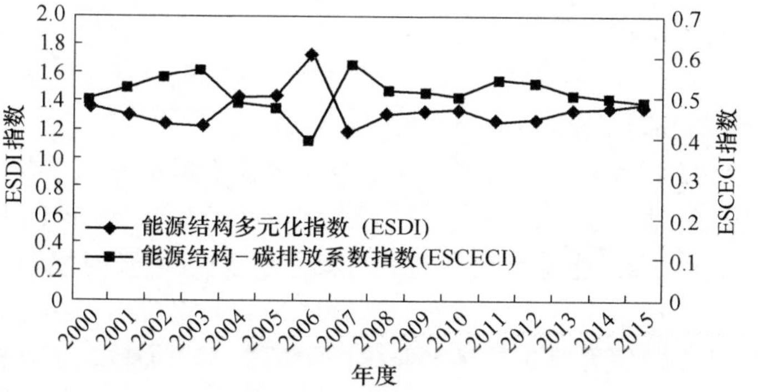

图 4-8 西安市能源结构低碳多元化与 ESCECI 的关系

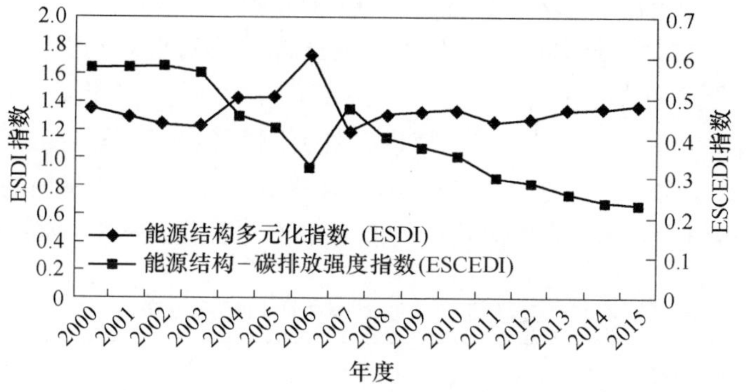

图 4-9 西安市能源结构低碳多元化与 ESCEDI 的关系

思路，除了加强一次能源就地或者近距离加工转换能力，建设油气输送管道，完善储备基础设施建设，强化天然气、煤炭等的储备调峰能力，还强化了能源开发的多元化布局。

4.5　西安市能源结构优化的目标

在低碳经济发展的背景下，西安市能源结构优化应以可持续发展理念为根本，坚持节约优先、立足省内、多元发展、保护环境总的指导思想，在节能和碳排放约束下，降低高碳排放能源的利用，提高低碳能源对高碳能源的替代比例。保持煤炭的基础地位和支撑作用，提高煤炭用于发电的比重，保障油气的供给，重视开发低碳能源，促进能源的可持续发展之路，在保障经济增长、能源发展的基础上，促进经济、能源与环境的协调发展，实现西安市的碳减排任务。

4.5.1　经济增长目标

西安市是西北地区的重要城市，经济发展是一切工作的重中之重。低碳经济是一种可持续发展模式，其核心内容是实现经济的可持续增长，提高经济增长质量；而在低碳经济背景下的能源结构优化，也必须以满足经济发展目标为重要前提，促进经济、能源与环境的协调发展。

西安市经济发展目前处于城市化与工业化进程不断加速的重要阶段，经济增长速度快和能源消费增长迅速是这一阶段的典型特征，如图 1-13 所示，随着西安市 GDP 的不断上升，能源消费量也持续增长，经济增长对能源需求的弹性明显上升，可以估计在未来十年内，能源消费增长曲线很难出现拐点。

经济增长的飞速发展，尤其是工业化进程的进一步加快，工业化程度不断深入，产业结构的优化升级并不完善，对能源需求急增。历年来煤炭消费占能源消费总量的比重一直稳定在 75% 左右；煤炭的廉价、可得性适应了西安市经济发展的现实。工业是拉动西安市经济增长的主要部门，对 GDP 的贡献率维持在 42% 左右。但同时，工业部门尤其是重工业的高耗能行业，也是导致能源消费不断增长的重要原因，如图 4-10 所示。工业部门能源消费占能源消费总量的比重一直稳定在 67.30% 左右，工业部门对煤炭的依赖度也一直稳定在 65.85% 左右，如表 4-19 所示。而且，工业部门能源消费几乎完全取决于对煤炭的依赖。因此，能源结构优化必须考虑能源结构变化的能源成本对经济增长造成的影响。

表 4-19　工业部门能源消费占比和煤炭消费占比

年度	工业煤炭消费量 /万吨标准煤	工业能源消费量 /万吨标准煤	总能耗 /万吨标准煤	工业能源 消费占比/%	工业煤炭 消费占比/%
2000	455.4068	459.1921	744.988	61.64	61.13
2001	536.1318	540.2964	803.202	67.27	66.75
2002	627.2489	631.6713	865.534	72.98	72.47
2003	717.9849	722.6752	943.82	76.57	76.07

续表 4-19

年度	工业煤炭消费量/万吨标准煤	工业能源消费量/万吨标准煤	总能耗/万吨标准煤	工业能源消费占比/%	工业煤炭消费占比/%
2004	605. 3011	610. 9877	1049. 475	58. 22	57. 68
2005	688. 0501	695. 3473	1196. 99	58. 09	57. 48
2006	583. 29378	686. 897	1343. 495	51. 13	43. 42
2007	1218. 5246	1227. 793	1528. 006	80. 35	79. 75
2008	1228. 8403	1324. 549	1780. 332	74. 40	69. 02
2009	1319. 0828	1333. 094	1977. 682	67. 41	66. 70
2010	1467. 0553	1478. 478	2304. 842	64. 15	63. 65
2011	1563. 844	1583. 608	2143. 732	73. 87	72. 95
2012	1677. 3241	1698. 767	2335. 864	72. 73	71. 81
2013	1671. 0809	1694. 203	2541. 285	66. 67	65. 76
2014	1729. 7924	1761. 471	2669. 423	65. 99	64. 80
2015	1748. 9542	1780. 383	2726. 564	65. 30	64. 14
平均值	1102. 1805	1119. 788	1735. 776	63. 47	62. 64

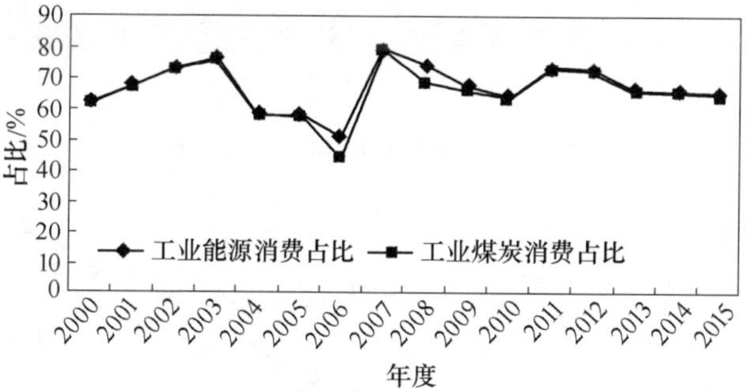

图 4-10　工业部门能源消费占比和煤炭消费占比

4.5.2　能源节约目标

为实现减排承诺，国家发改委公布了《2009 年中国可持续发展战略报告》，其中明确了在 2005 年基础上，2020 年能耗强度降低 40% ~60%。随着西安市工业化进程的深入，经济发展开始由粗放型增长方式向集约型增长方式转变，追求低能耗、低污染、低排放的可持续发展模式，产业结构优化面临着重大挑战，对优质、高效、洁净能源的需求越来越大，以煤为主的能源结构技术效率低下，造成了能源利用率低、环境污染大、经济效益差的困境。煤炭的利用效率仅为 27%，远低于石油（50%）、天然气（57%）的利用效率，但石油、天然气所占比例过低；近年来，西安市对石油、天然气的需求不断上涨，如图 4-11 所示，2015 年石油和天然气消费量分别达到 459. 4459 和 270. 9547 万吨标准煤，比 2014 年分别增长了约 3. 65% 和 5. 02%。石油和天然气的需求量呈不断上升趋势，其平均增长速度（15. 66% 和 24. 93%）远高于能源需求总量的平均增速(9. 20%)。此外，电力的需求量在不断攀升，2008 年以来的平均增速为 8. 53%，如图 4-12 所示，但电力消费量占能源消费总量的比例 2008 年以来一直稳定在 32. 88%。由于电力供给较为充足，没有出现电力短缺严重，且电力供求出现地区性、季节性等失衡问题，确保了经济的平稳、健康、快速发展；另一方面电源结构极其不合理，虽然在国内水电、核电、风电等占能源消费总量的比例急剧上升，但西安市可再生能源发电发展非常缓慢，也导致了火电在电源结构中的主导地位。因此，低碳经济背景下能源结构优化必须以提高能源效率、节约能源为重要目标。

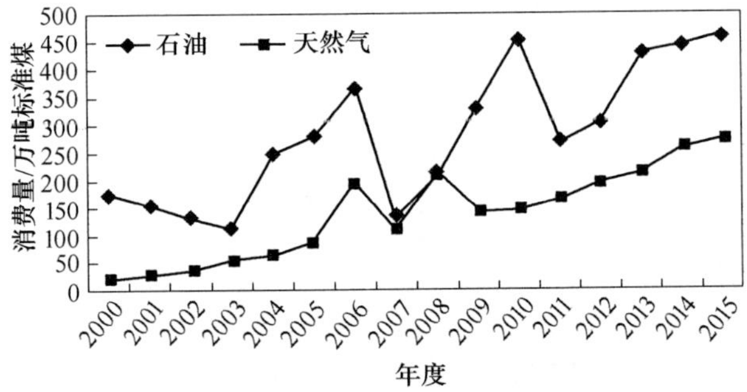

图 4-11　西安市石油和天然气消费量

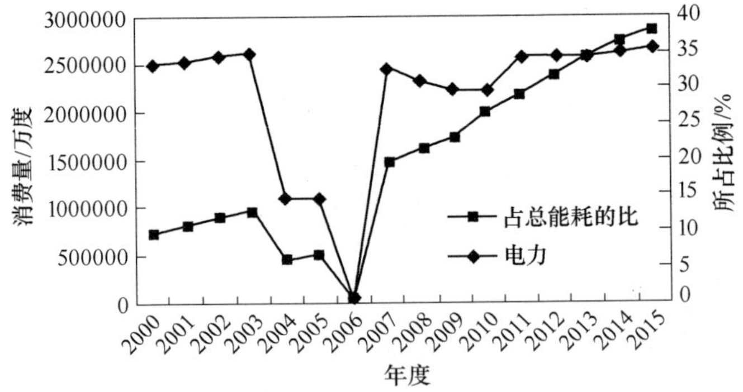

图 4-12　西安市电力消费所占比例

4. 5. 3　污染减排目标

低碳经济是在温室效应严重影响人类生存环境的背景下提出的，因此低碳经济以低温室气体排放为重要指标，而 CO_2 约占全球温室气体排放总量的77%，是最主要的温室气体，化石能源消费又是 CO_2 的主要排放源，约占二氧化碳排放量的75%。低碳经济背景下能源结构优化应以主要降低碳排放为重要指标。低碳经济的实现也是社会经济低碳化的过程，低碳化是相对于高碳而言的，能源结构的优化也应遵循高碳能源向低碳能源转变的方向，加强油气对煤炭的替代，以气代煤，以气代油，大力发展风电、太阳能、生物质能等可再生低碳新能源。

4.6 能源结构优化的重点和任务

（1）降低煤炭消费比重，大力发展清洁煤技术。以煤为主的能源结构利用效率低下，经济效益较差，不利于经济增长的转变，且在开采和利用过程中造成了极大的环境污染和生态破坏，因此应减少煤炭比重，加强油气对其的替代，提高可再生能源的消费比重，使其在2020年达到15%左右。西安市煤炭消费占能源消费总量的75%左右，因此，西安市低碳经济的发展对清洁煤技术有着强烈的需求，清洁煤技术在西安市的应用前景广阔，在发展清洁煤技术方面，应以推广为主，减少煤炭使用的损失率，降低煤炭消费造成的污染物排放与生态破坏。推广清洁煤技术应层次分明的分期进行，近期应加强应用型煤和水煤浆的推广，鼓励洗煤业的发展；中期应大力发展先进发电技术，降低线损率与厂用电率；远期应重点发展煤炭在地下直接向液化、汽化的转变。总之，应通过利用清洁煤技术，将煤炭高效地转换为电力及液化气、水煤浆等清洁终端能源，提高煤炭的转化效率和利用效率，降低污染物排放。

（2）积极发展油气，建立油气供应安全保障机制。能源结构优化是一件长期的复杂工程，应分阶段、分层次、有重点的平稳发展，目前应加强和完善油气的储备、应急调峰等基础设施建设，促进以煤为主的能源结构向以油气为主转变。

（3）加强对新能源及可再生能源的开发力度。为促进新能源及可再生能源的发展，一方面政府应设立专门机构根据新能源及可再生能源的发展潜力及趋势客观完整地制定新能源及可再生能源的短、中长期发展规划，明确新能源及可再生能源各个阶段的具体发展目标及具体实施者。发展规划应具有强制性，从而能够保证承担者完成任务；另外，政府要加强法律法规建设，规范行业条例，完善能源市场的准入及退出制度，创造公平公正的良好市场环境，逐步扩大市场规模；强化政策支持，通过财政、信贷、税收和价格等优惠手段扶持新能源及可再生能源的发展，鼓励和引导能源市场根据能源规划健康发展，建立以市场为基础的经济激励机制，逐步通过市场竞争机制优化配置资源；另一方面，要构建新能源及可再生能源发展的技术支撑，解决关键技术、提高技术性能、降低成本，使新能源及可再生能源的发展形成规模化，实现现代化、商业化运作，并通过鼓励民间成立专业机构，建立和完善相应的法律法规，以促进新能源及可再生能源的产业化发展；最后，要通过新闻媒体加强宣传，使消费者意识到使用新能源及可再生能源可以改善环境、提高生活质量，使投资者、决策者意识到新能源及可再生能源发展的可能性及市场潜力，取得全社会的支持，投资者积极开发，消费者积极利用，促进新能源及可再生能源的开发；加强对相关科研、生产、经销、服务等环节人员服务水平及创新能力的培训，可以提高新能源及可再生能源的利用率。

（4）加强能源技术创新。西安市的资源禀赋特征、经济发展所处阶段特征等决定了西安市能源结构的刚性，因此低碳能源技术创新是基于低碳经济的能源结构优化的重要突破口。西安市能源技术创新涵盖了可再生能源开发技术、节能技术、新能源开发技术、高碳能源的高效利用技术、碳减排技术等。而西安市以煤为主的资源禀赋以及所处的工业化阶段特征决定了西安市的能源技术创新的重点在于煤炭的清洁高效利用以及可再生能源开发技术。通过重大能源技术研发、装备研制、示范工程实施以及技术创新平台建设，形成完整的能源科技创新体系，突破能源发展的技术瓶颈，能源生产和利用效率得以大幅提高，在能源加工与转换、发电与输配电以及新能源领域所需要的关键技术与装备上实现自动化，并达到国际先进水平。建立可再生能源技术创新体系，形成较完善的可再生能源产业体系。在能源技术研发阶段，解决的关键问题就是降低技术成本和技术缺陷，有很多不确定的成果，阻碍了市场对能源技术的投入，因此政府必须加强对具有前瞻性、战略性的共性能源技术的研发投入，通过税收优惠、补贴等手段鼓励企业积极探索应用新能源和低碳能源，推动科研院所、高校以及企业之间进行能源技术创新的产学研结合。能源技术研发虽然证明了技术的理论可行性，但在面向市场的过程中不具备竞争优势，应需要通过示范活动一方面进一步检验技术的可行性，另一方面检验技术的市场可行性和商业模式适应度，在推广进程深化过程中，通过应用互动降低成本，提高竞争优势，政府也要就良好的市场应用前景加强新能源的推广宣传，鼓励私有产业的参与。政府应实施能源技术的“走出去”战略，加强技术外交，通过与发达国家合作建立能源技术转移平台，提供技术引进通道，降低技术转移的高昂费用，加快先进能源技术的引进、吸收和创新的进程。

4.7　本章小结

本章对西安市能源战略和政策进行了回顾，并对其进行了评估，包括取得的成就和存在的不足等。结合基于低碳经济的能源结构的影响因素及其影响路径，提出了基于低碳经济的西安市能源结构优化的原则，包括可持续发展、节约优先、多元发展、市场调节与宏观调控相结合等，进而提出了能源结构多元化、均衡化、低碳化发展思路，以及能源结构优化的目标：经济增长、能源节约和污染减排。最后，给出了基于低碳经济的能源结构优化的重点和任务。

参 考 文 献

[1] 冯本超，聂锐，杨维祥．中国东部能源结构的分析与调整 [J]. 中国矿业大学学报，2004，33 (3)：347～351.

[2] 林伯强．中国能源需求的经济计量模型 [J]. 统计研究，2001 (10)：34～39.

[3] 牛叔文，赵春升，张馨，等．兰州市家庭用能特点及结构转换的减排效应 [J]. 资源科学，2010，32 (7)：1245～1251.

[4] 张丽峰．西安市产业结构、能源结构和碳排放关系研究 [J]. 干旱区域资源与环境，2011，25 (5)：1～7.

[5] 中国工程院．2020 年前为我国能源结构优化期 [J]. 资源节约与环保，2017 (6)：12.

[6] 周伟，宋晓伟，谢胤喆．上海能源结构优化与大气污染治理研究 [J]. 上海电气技术，2017，10 (2)：58～63.

[7] 张伟，朱启贵，高辉．产业结构升级、能源结构优化与产业体系低碳化发展 [J]. 经济研究，2016，51 (12)：62～75.

[8] 李剑波，鲜学福．绿色低碳约束下重庆能源 DEA 效率实证分析 [J]. 重庆大学学报，2017，40 (2)：26～36.

[9] 邢国光．能源结构的发展现状及其改善调整的探究 [J]. 广东化工，2017，44 (1)：73.

[10] 王金秀，腾赋骋．着力运用政府绿色采购推进我国产业和能源结构优化 [J]. 中国政府采购，2017，(2)：12～17.

[11] 王俊，宾建成，陈柳钦．关于国际油价持续低迷对我国能源结构优化及能源安全的对策 [J]. 经济研究参考，2016，(57)：14～17.

[12] 张巍．基于 STIRPAT 模型的陕西省工业碳排放量预测和情景分析 [J]. 可再生能源，2017，35 (5)：771～777.

[13] 刘世永．从低碳经济角度能源结构优化途径探索 [J]. 中国经贸导刊，2016 (8)：11～12.

[14] 孙秀梅，张慧，王格．基于超效率 SBM 模型的区域碳排放效率研究——以山东省 17 个地级市为例 [J]. 生态经济，2016，32 (5)：68～73.

[15] 赵文会，毛璐，王辉，等．征收碳税对可再生能源在能源结构中占比的影响——基于 CGE 模型的分析 [J]. 可再生能源，2016，34 (7)：1086～1095.

[16] 解学梅，霍佳阁，祝效国．能源强度与经济增长的动态关系——基于能源结构、政府干预多维视角的计量经济模型 [J]. 系统管理学报，2016，25 (5)：777～786.

[17] 孙强，沈玉志．区域碳足迹耦合度及影响因素研究 [J]. 生态经济，2016，32 (11)：75～79.

[18] 王聪明．能源结构优化与低碳金融服务研究 [J]. 财经界（学术版），2014，(24)：10.

[19] 张宇超，刘正中，张成林，等．基于绿色低碳发展的区域发电能源结构优化［J］．中国科技信息，2015（2）：51～52.

[20] 梁琳琳，卢启程．基于碳夹点分析的中国能源结构优化研究［J］．资源科学，2015，37（2）：291～298.

[21] 徐军委．基于灰色－马尔科夫模型的我国能源消费结构优化调整［J］．工业安全与环保，2015，41（2）：62～65.

[22] 张建民，张强．我国“十三五”能源发展重大问题研究［J］．环境保护，2015，43（7）：46～50.

[23] 赵京，单嘉琦．科学发展观视域下的陕西省能源结构优化政策研究［J］．技术与创新管理，2015，36（3）：271～274.

[24] 何立华，杨盼，蒙雁琳，等．能源结构优化对低碳山东的贡献潜力［J］．中国人口·资源与环境，2015，25（6）：89～97.

[25] 方玉姣，关志强，田园．基于资源环境约束的乌鲁木齐市能源结构优化研究［J］．经济论坛，2015，(6)：37～42.

[26] 杨娜，王明友．新常态经济下能源结构优化研究［J］．经济研究导刊，2015，(18)：61～62.

[27] 徐枫，唐镭．节能减排背景下广东能源结构优化及对策研究［J］．科技管理研究，2015，35（15）：233～239.

[28] 曹孜，陈洪波．城市化和能源消费的门槛效应分析与预测［J］．中国人口·资源与环境，2015，25（11）：59～68.

[29] 龚利，田瑾，王裕明．我国能源补贴对能源结构的影响效应研究［J］．华东经济管理，2014，28（4）：50～53.

[30] 张洪潮，王素芳，张凌晓，等．中国能源结构生态化的演化轨迹研究——基于2002～2011年的面板数据［J］．工业技术经济，2014，33（5）：138～144.

[31] 向其凤，王文举．中国能源结构调整及其节能减排潜力评估［J］．经济与管理研究，2014（7）：13～22.

[32] 郭伟．低碳经济背景下的中国能源结构优化问题研究［J］．金融理论与教学，2014（5）：73～75.

[33] 谭黎阳，赵宗源，李景霞．经济新常态下的低碳城镇化建设路径分析——基于地理加权回归模型［J］．生产力研究，2016（2）：1～9.

[34] 王韶华．基于低碳经济的我国能源结构优化研究［D］．哈尔滨：哈尔滨工程大学，2013.

[35] 郭军洋，郑绸，曲建升．高碳排放强度地区的减排压力与减排路径分析——以甘肃省为例［J］．开发研究，2014（3）：101～104.

[36] 苑清敏，郑少宇．区域产业脱钩弹性与低碳经济路径分析［J］．环境科学与技术，2014，37（10）：177～181.

[37] 李治．西安市低碳发展评价及路径分析［J］．新西部（理论版），2014（18）：31～32.

5 能源消费结构优化模型及实证研究

5.1 西安市能源消费结构优化模型构建

5.1.1 基本假设

（1）模型以能源消费成本最小化为目标，通过能源消费结构的优化加以实现；

（2）受技术进步约束，假定各能源品种的来源方式不变，单位品种能源的碳排放系数固定不变；

（3）能源消费结构调整是在满足研究期内经济增长和能源消费需求的基础上，以降低碳强度为根本驱动力；

（4）经济增长取决于劳动、资本、能源、技术进步等，用滞后一期的经济总量反映当年经济系统中的劳动、资本、自主技术进步等解释变量；

（5）能源替代技术可行，各能源品种可以相互替代。

5.1.2 目标函数

经济发展所需要的能源主要是煤炭，其他能源相对较少，尤其是清洁能源，由此导致一系列气候环境问题和引申出的经济问题，在未来低碳经济、绿色发展的趋势下，需要将西安市消费结构向低碳多元化方向优化，降低煤炭消费比重，提高清洁能源天然气的消费比重，开发和利用水能、风能等可再生清洁能源，建立一个优质、清洁、高效、可持续的能源系统。然而如何在经济发展的同时兼顾环境保护，在两者目标协调的前提下优化西安市能源消费结构是当前社会关注的热点和焦点。

本书在前述章节研究的基础上，参考前人研究成果，将碳排放的总成本作为衡量对象，从经济方面和环境方面进行分解，即碳排放总成本 = 能源消费成本 + 外部环境成本，将碳排放总成本最小为目标，设定权数来划分节能情景和减排情景，在碳排放约束条件和能源消费总量约束条件、各能源占比约束条件的前提下，比照西安市观未来能源战略布局，来探讨能源消费结构的优化调整。

能源消费成本，即消费一单位能源的成本，公式如下：

$$F_1(x) = \sum_{i=1}^{4} a_i x_i$$

式中，x_1，x_2，x_3，x_4 分别为煤炭、石油、天然气及非化石能源的消费量；a_1、a_2、a_3、a_4 分别为煤炭、石油、天然气和非化石能源的单位消费成本系数，参考

《中国能源研究报告——区域篇》的预测结果[1]，煤炭、石油、天然气和电力的单位投资成本系数分别为 0. 1030、0. 7890、0. 7890、13600 元/万吨标准煤。

外部环境成本[2]为各能源碳排放量与其单位碳排放量的外部排放成本的乘积，即

$$F_2(x) = \sum_{i=1}^{4} b_i c_i x_i$$

式中，c_1、c_2、c_3、c_4 分别为煤炭、石油、天然气和电力的碳排放系数，即 0. 7476、0. 5825、0. 4435、0. 68；b_1、b_2、b_3、b_4 分别为煤炭、石油、天然气和电力的单位碳排放量的外部排放成本系数[3]，即 740. 46、661. 4325、498. 765 和 0。

碳排放总成本最小，就是分别设定权数 w_1 和 w_2，使得

$$\min F(x) = w_1 F_1(x) + w_2 F_2(x)$$

5. 1. 3　约束条件

约束条件包括：

(1) 碳排放约束。根据碳约束下经济发展情景假设和 2016 ~ 2020 年碳减排目标，得到碳排放下限（C_{low}），即

$$\sum_{i=1}^{4} c_i x_i \geqslant C_{\text{low}}$$

(2) 能源消费总量约束。根据陈俊武[4]的研究，2017 ~ 2020 年碳排放强度降低 40% ~ 50%，可以折算成能源强度降低 30% ~ 35%，根据碳约束下经济发展情景假设，算出 2017 ~ 2020 年能源消费总量下限（E_{low}），即

$$\sum_{i=1}^{4} x_i \geqslant E_{\text{low}}$$

(3) 煤炭消费占比约束。2010 年全国煤炭工业节能减排暨循环经济会议中[5]，王显政指出，据相关机构预测 2020 年煤炭在一次能源的比重将达到 54% 左右，结合中央十八大报告中能源总量控制战略规划，以及国家能源局正在积极启动控制 2020 年煤炭消费比重在 60% 以下的可能性研究，短时期中国煤炭消费能源主体地位坚挺，因此将 54% ~ 60% 设为 2020 年煤炭消费占比约束的下限 R_{coal}，使得

$$\frac{x_1}{\sum_{i=1}^{4} x_i} \geqslant R_{\text{coal}}$$

(4) 石油消费占比约束。1978 ~ 2014 年，中国石油消费占一次能源消费比例的范围为 16. 4% ~ 22. 7%，且中国当前工业化进程趋于平稳，基本态势不会发生突变，结合国际能源署预测：2020 年中国石油消费比重将达到 17. 9%[6]，本书将 16. 4% ~ 17. 9% 作为 2016 ~ 2020 年石油消费占比约束的下限 R_{oil}，使得

$$\frac{x_2}{\sum_{i=1}^{4} x_i} \geqslant R_{\text{oil}}$$

(5) 天然气消费占比约束。2015 年天然气消费占比为 8.8%,但作为绿色能源被寄予厚望,2014 年 11 月,按照国家发改委公布的《国家应对气候变化规划(2014 ~ 2020 年)》,到 2020 年,天然气消费量在一次能源消费中的比重将超过 10%[7]。因此,本书将 10% ~20% 作为 2017 ~2020 年石油消费占比约束的下限 R_{pet},使得

$$\frac{x_3}{\sum_{i=1}^{4} x_i} \geqslant R_{pet}$$

(6) 非化石能源消费占比约束。中国多次提出:"到 2020 年非化石能源占一次能源的比重将达到 15% 左右"[8]。因此,本书将 15% ~24% 作为 2016 ~2020 年非化石能源消费比重的变动下限 R_{ele},使得

$$\frac{x_4}{\sum_{i=1}^{4} x_i} \geqslant R_{ele}$$

(7) 非负性约束。模型中的决策变量是各种能源消费量,不可能为负值,即

$$x_1, x_2, x_3, x_4 \geqslant 0$$

根据以上对目标函数的界定,以及相应约束条件的设定,建立能源消费结构的优化模型如下:

$$\begin{cases} \min F = w_1 \sum_{i=1}^{4} a_i x_i + w_2 \sum_{i=1}^{4} b_i c_i x_i \\ \sum_{i=1}^{4} c_i x_i \geqslant C_{low} \\ \sum_{i=1}^{4} x_i \geqslant E_{low} \\ \frac{x_1}{\sum_{i=1}^{4} x_i} \geqslant R_{coal} \\ \frac{x_2}{\sum_{i=1}^{4} x_i} \geqslant R_{oil} \\ \frac{x_3}{\sum_{i=1}^{4} x_i} \geqslant R_{pet} \\ \frac{x_4}{\sum_{i=1}^{4} x_i} \geqslant R_{ele} \\ x_i \geqslant 0, i = 1,2,3,4 \end{cases} \tag{5-1}$$

由于采用优化模型式(5-1)中的参数很难准确确定,因此由于采用优化模

型式（5-1）只能获得近似最优解，需要采用下列模型进一步确定最优解：

$$\begin{cases}\min\left\{\dfrac{\sum\limits_{i=1}^{4} c_i x_i}{\sum\limits_{i=1}^{4} x_i}\right\} \\ \text{s. t.} \\ \mathrm{GDP}(x_1, x_2, x_3, x_4) = \mathrm{GDP}_t \\ (x_1^0, x_2^0, x_3^0, x_4^0) = (x_1^{\mathrm{LP}}, x_2^{\mathrm{LP}}, x_3^{\mathrm{LP}}, x_4^{\mathrm{LP}})\end{cases} \tag{5-2}$$

式中，GDP（x_1，x_2，x_3，x_4）为由（x_1，x_2，x_3，x_4）决定的 GDP 函数；（x_1^{LP}，x_2^{LP}，x_3^{LP}，x_4^{LP}）为优化模型式（5-1）的最优解；（x_1^0，x_2^0，x_3^0，x_4^0）为优化模型式（5-2）的初始值；GDP_t 为时期 t 的 GDP。

采用优化模型式（5-2），可以准确确定各能源品种消费量及其占比。

5.2　西安市能源消费结构优化实证分析

5.2.1　参数设计与数据处理

调用 MATLAB 优化工具箱中的 linprong 函数进行求解，模型运算中设立了三种不同的优化方案，分别通过赋值不同的权重，依次为（0，1）的节能优先方案，（1，0）的减排优先方案和（0.5，0.5）的节能减排双目标优化方案。

依据附录 C 的 GDP 数据采用时间序列预测法，可以得到 2016～2020 年的 GDP 值，预测方程见式（5-3），调整后的 $R^2=0.998454$ 接近于 1，预测方程的质量优良，表 5-1 给出了预测方程的质量。利用式（5-3），可得预测数据如表 5-2 所示。

$$\mathrm{GDP}(t) = 1.92548611521 \times \mathrm{GDP}(t-1) - 0.913449835711 \times \mathrm{GDP}(t-2) \tag{5-3}$$

表 5-1　预测方程的质量

变量 (Variable)	系数 (Coefficient)	标准误 (Std. Error)	t 统计值 (t-Statistic)	p 值 (Prob.)
GDP（-1）	1.925486	0.132685	14.51173	0(系数不为0)
GDP（-2）	-0.91345	0.149564	-6.107436	0(系数不为0)
预　测　质　量				
决定系数 R^2（R-squared）	0.998503	因变量均值（Mean dependent var）	1613.533	
调整的 R^2（Adjusted R-squared）	0.998454	因变量标准差（S. D. dependent var）	1916.429	
回归标准误（S. E. of regression）	75.36465	AIC 准则（Akaike info criterion）	11.54302	
残差平方和（Sum squared resid）	170394.9	SC 准则（Schwarz criterion）	11.63462	
对数似然估计（Log likelihood）	-182.6882	HQ 准则（Hannan-Quinn criter）	11.57338	
D. W. 值（Durbin-Watson stat）	2.236275			

表 5-2 2016～2025 年西安市 GDP 预测值

年度	GDP/亿元	年度	GDP/亿元
2016	6257.18	2021	9134.5721
2017	6749.0080	2022	9852.5977
2018	7279.5012	2023	10627.0666
2019	7851.6982	2024	11462.4155
2020	8468.8767	2025	12363.4297

本书利用超越对数生产函数反映经济增长对能源消费的要求。超越对数生产函数是一种变弹性生产函数模型，在结构上属于平方反应面模型，具有易估计、强包容性等特点，为有效分析当技术进步不同时，生产函数中各要素之间的互相作用大小提供了支撑点。美国学者 Ernst R. Berndt 和 David O. Wood[10]、James M. Griffin 和 Paul R. Gregory[11]、Robert S. Pindyck[12]、杨中东[13]、樊茂清等[14]等利用超越对数成本函数模型分析能源与非能源之间的关系，受时空因素的影响，各位学者在不同时期不同地区得出的结论不尽相同，但均证实了超越对数生产函数在研究能源替代方面的可行性。本书充分参考已有成果，为简化模型，有针对性的分析问题，以滞后一期的 GDP、煤炭、石油、天然气、电力为投入要素构建超越对数生产函数[15]：

$$\ln G_t = \alpha \ln G_{t-1} + \sum_i \alpha_i \ln x_t^i \tag{5-4}$$

根据构建的超越对数生产函数式（5-4），通过 2000～2015 年西安市 GDP 以及煤炭消费量（去除发电用煤）、石油消费量、天然气消费量、电力消费量等各变量数据，如附录 D 和附录 E 所示，可以得出超越对数生产函数式（5-5），该函数的拟合质量如表 5-3 所示。

$$\begin{aligned}\log(\mathrm{GDP}) = {} & 0.816847252849 \times \log(\mathrm{GDP}(-1)) + 0.148716835189 \times \\ & \log(\mathrm{COAL}) + 0.00220629730601 \times \log(\mathrm{OIL}) + \\ & 0.0771190317853 \times \log(\mathrm{PET}) + 0.0278174369528 \times \\ & \log(\mathrm{ELE})\end{aligned} \tag{5-5}$$

表 5-3 预测方程的质量（零假设：系数等于 0；备选假设：系数不等于 0）

变量（Variable）	系数（Coefficient）	标准误（Std. Error）	t 统计值（t-Statistic）	p 值（Prob.）
log(GDP(-1))	0.816847	0.038885	21.00648	0
log(GDP(-2))	0.148717	0.021324	6.97418	0
log(COAL)	0.002206	0.025446	0.086706	0.9326
log(OIL)	0.077119	0.022939	3.361983	0.0072

续表 5-3

变量 (Variable)	系数 (Coefficient)	标准误 (Std. Error)	t 统计值 (t-Statistic)	p 值 (Prob.)
log(PET)	0.027817	0.010553	2.635863	0.0249
log(ELE)	0.816847	0.038885	21.00648	0
预 测 质 量				
决定系数 R^2 (R-squared)	0.999367	因变量均值(Mean dependent var)		7.69223
调整的 R^2 (Adjusted R-squared)	0.999114	因变量标准差(S. D. dependent var)		0.716284
回归标准误(S. E. of regression)	0.021321	AIC 准则(Akaike info criterion)		-4.59708
残差平方和(Sum squared resid)	0.004546	SC 准则(Schwarz criterion)		-4.36106
对数似然估计(Log likelihood)	39.47808	HQ 准则(Hannan-Quinn criter)		-4.59959
D. W. 值(Durbin-Watson stat)	1.376584			

调整后的拟合优度达到了 0.999114，回归所得结果经残差 Q 检验、LM 检验、正态性检验、残差平方检验和异方差检验，均满足要求，方程的拟合效果较好。

基于表 5-4 给出的能耗结构优化参数，即可对模型式（5-1）和式（5-2）进行求解，求解算法如图 5-1 所示。

表 5-4 能耗结构优化参数

R_{coal}	R_{oil}	R_{pet}	R_{ele}	C_{low}
0.3774	0.1685	0.0994	0.3547	1820

5.2.2 优化计算结果

表 5-5 ~ 表 5-14 给出了 2016 ~ 2025 年西安市能源消费最优消费结构。$a = [0.1030\ \ 0.7890\ \ 0.7890\ \ 13600]$；$b = [740.46\ \ 661.4325\ \ 498.765\ \ 0]$；$c = [0.7476\ 0.5825\ 0.4435\ 0.68]$

表 5-5 西安市能源消费最优消费结构（$t = 2016$）

项 目	能源消费量	各能源品种占比
煤炭(x_1)/万吨标准煤	983.6355	36.77%
石油(x_2)/万吨标准煤	477.0681	17.83%
天然气(x_3)/万吨标准煤	278.2149	10.40%
电力(x_4)/万吨标准煤	936.2586	35.00%
能耗总量/万吨标准煤	2675.1770	
碳排放量/万吨碳	1773.3022	
GDP/亿元	6257.18	
能耗强度/吨标准煤 · 万元$^{-1}$	0.4275	
碳排放强度/吨碳 · 万元$^{-1}$	0.2834	

```
clear
clc
n = 1;m = n + 2;Roil = 0.1685;Rpet = 0.0994;Rele = 0.3547;Rcoal = 1 - Roil - Rpet - Rele;
x = [ ];w = [0.5 0.5];a = [0.7890 0.7890 0.7890 0.7890];b = [740.46 661.4325 498.765 0];
c = [0.7476 0.5825 0.4435 0.68];
GDPSet = [5492.64 5801.2 6257.18 6749.008 7279.5012 7851.6982 8468.8767 9134.5721
9852.5977 10627.0666 11462.4155 12363.4297];
I = [1 1 1 1];
S1 = [Rcoal-1 Rcoal Rcoal Rcoal];
S2 = [Roil Roil-1 Roil Roil];
S3 = [Rpet Rpet Rpet-1 Rpet];
S4 = [Rele Rele Rele Rele-1];
lu = [0 0 0 0];Cmax = 20000;Clow = 1820;
for i = 1:4
    f(i) = w(1) * a(i) + w(2) * b(i) * c(i);
end
A = [-c;-I;S1;S2;S3;S4];
for Elow = 2000:10:5000
    B = [-Clow;-Elow;0;0;0;0];
    [x,fval,exitflag,output,lambda] = linprog(f,A,B,[ ],[ ],lu,[ ]);
    y = x;
    options = optimset('Display','off','TolFun',1e-8,'GradObj','on');
    [x,fval,exitflags,output] = fminsearch(@optfunA,x,options);
    CD = x(1) * c(1) + x(2) * c(2) + x(3) * c(3) + x(4) * c(4);
    GDP = exp(0.816847252849 * log(GDPSet(m-1)) + 0.148716835189 * log(x(1)) +
0.00220629730601 * log(x(2)) + 0.0771190317853 * log(x(3)) + 0.0278174369528 * log(x(4)));
    ccc = CD/GDP;
    if ccc < Cmax
        Cmax = ccc;Ebest = Elow;EE = sum(x);
        CC1 = x(1)/EE;CC2 = x(2)/EE;CC3 = x(3)/EE;CC4 = x(4)/EE;
        eee = EE/GDP;xx = x;GDP0 = GDP;CD0 = CD;
    end
end
x = xx
function [f] = optfunA(x)
    n = 1; m = n + 2; c = [0.7476 0.5825 0.4435 0.68];
    GDPSet = [5492.64 5801.2 6257.18 6749.008 7279.5012 7851.6982 8468.8767 9134.5721
9852.5977 10627.0666 11462.4155 12363.4297];
    GDPX = GDPSet(m);
    gdp = exp(0.816847252849 * log(GDPSet(m-1)) + 0.148716835189 * log(x(1)) +
0.00220629730601 * log(x(2)) + 0.0771190317853 * log(x(3)) + 0.0278174369528 * log(x(4)));
    CD = x(1) * c(1) + x(2) * c(2) + x(3) * c(3) + x(4) * c(4);
    f = (CD/gdp) + 1000 * (gdp-GDPX)^2;
end
```

图 5-1 能耗结构优化系统

表 5-6　西安市能源消费最优消费结构（$t=2017$）

项　目	能源消费量	各能源品种占比
煤炭（x_1）/万吨标准煤	1064.1236	38.92%
石油（x_2）/万吨标准煤	416.8013	15.24%
天然气（x_3）/万吨标准煤	283.5970	10.37%
电力（x_4）/万吨标准煤	969.9313	35.47%
能耗总量/万吨标准煤	2734.4531	
碳排放量/万吨碳	1823.6540	
GDP/亿元	6749.008	
能耗强度/吨标煤/万元	0.4052	
碳排放强度/吨碳/万元	0.2702	

表 5-7　西安市能源消费最优消费结构（$t=2018$）

项　目	能源消费量	各能源品种占比
煤炭（x_1）/万吨标准煤	1138.6582	41.00%
石油（x_2）/万吨标准煤	424.5694	15.29%
天然气（x_3）/万吨标准煤	304.7050	10.97%
电力（x_4）/万吨标准煤	909.6206	32.75%
能耗总量/万吨标准煤	2777.5534	
碳排放量/万吨碳	1852.251	
GDP/亿元	7279.5013	
能耗强度/吨标准煤·万元$^{-1}$	0.3816	
碳排放强度/吨碳·万元$^{-1}$	0.2545	

表 5-8　西安市能源消费最优消费结构（$t=2019$）

项　目	能源消费量	各能源品种占比
煤炭（x_1）/万吨标准煤	1238.1970	43.98%
石油（x_2）/万吨标准煤	339.9501	12.08%
天然气（x_3）/万吨标准煤	310.1454	11.02%
电力（x_4）/万吨标准煤	926.8372	32.92%
能耗总量/万吨标准煤	2815.1297	
碳排放量/万吨碳	1891.4958	
GDP/亿元	7851.6981	
能耗强度/吨标准煤·万元$^{-1}$	0.3585	
碳排放强度/吨碳·万元$^{-1}$	0.2409	

表 5-9 西安市能源消费最优消费结构（$t=2020$）

项　目	能源消费量	各能源品种占比
煤炭（x_1）/万吨标准煤	1321.06555	45.64%
石油（x_2）/万吨标准煤	348.1264	12.03%
天然气（x_3）/万吨标准煤	331.6984	11.46%
电力（x_4）/万吨标准煤	893.8333	30.88%
能耗总量/万吨标准煤	2894.7234	
碳排放量/万吨碳	1945.3271	
GDP/亿元	8468.8767	
能耗强度/吨标准煤 · 万元$^{-1}$	0.3418	
碳排放强度/吨碳 · 万元$^{-1}$	0.2297	

表 5-10 西安市能源消费最优消费结构（$t=2021$）

项　目	能源消费量	各能源品种占比
煤炭（x_1）/万吨标准煤	1387.6508	47.89%
石油（x_2）/万吨标准煤	283.3778	9.78%
天然气（x_3）/万吨标准煤	368.6332	12.72%
电力（x_4）/万吨标准煤	857.8933	29.61%
能耗总量/万吨标准煤	2897.5551	
碳排放量/万吨碳	1949.3316	
GDP/亿元	9134.5721	
能耗强度/吨标准煤 · 万元$^{-1}$	0.3172	
碳排放强度/吨碳 · 万元$^{-1}$	0.2134	

表 5-11 西安市能源消费最优消费结构（$t=2022$）

项　目	能源消费量	各能源品种占比
煤炭（x_1）/万吨标准煤	1491.7233	50.30%
石油（x_2）/万吨标准煤	248.1323	8.37%
天然气（x_3）/万吨标准煤	388.7355	13.11%
电力（x_4）/万吨标准煤	836.6430	28.22%
能耗总量/万吨标准煤	2965.2341	
碳排放量/万吨碳	2001.0708	
GDP/亿元	9852.5977	
能耗强度/吨标准煤 · 万元$^{-1}$	0.3010	
碳排放强度/吨碳 · 万元$^{-1}$	0.2031	

表 5-12　西安市能源消费最优消费结构（$t=2023$）

项　　目	能源消费量	各能源品种占比
煤炭（x_1）/万吨标准煤	1593.9631	52.35%
石油（x_2）/万吨标准煤	186.3984	6.12%
天然气（x_3）/万吨标准煤	409.6109	13.45%
电力（x_4）/万吨标准煤	854.8153	28.07%
能耗总量/万吨标准煤	3044.7878	
碳排放量/万吨碳	2063.1608	
GDP/亿元	10627.0666	
能耗强度/吨标准煤·万元$^{-1}$	0.2865	
碳排放强度/吨碳·万元$^{-1}$	0.1941	

表 5-13　西安市能源消费最优消费结构（$t=2024$）

项　　目	能源消费量	各能源品种占比
煤炭（x_1）/万吨标准煤	1708.0931	55.24%
石油（x_2）/万吨标准煤	92.4362	2.99%
天然气（x_3）/万吨标准煤	437.8961	14.16%
电力（x_4）/万吨标准煤	853.9772	27.62%
能耗总量/万吨标准煤	3092.4025	
碳排放量/万吨碳	2105.7259	
GDP/亿元	11462.4157	
能耗强度/吨标准煤·万元$^{-1}$	0.2698	
碳排放强度/吨碳·万元$^{-1}$	0.1837	

表 5-14　西安市能源消费最优消费结构（$t=2025$）

项　　目	能源消费量	各能源品种占比
煤炭（x_1）/万吨标准煤	1914.8558	60.37%
石油（x_2）/万吨标准煤	12.9941	4.10%
天然气（x_3）/万吨标准煤	458.2389	14.45%
电力（x_4）/万吨标准煤	786.0116	24.78%
能耗总量/万吨标准煤	3172.1004	
碳排放量/万吨碳	2176.8321	
GDP/亿元	12363.4297	
能耗强度/吨标准煤·万元$^{-1}$	0.2566	
碳排放强度/吨碳·万元$^{-1}$	0.1761	

5.2.3 优化结果分析与讨论

依据表5-5～表5-14，汇总结果如表5-15和表5-16所示。图5-2描述了2000～2025年各品种能源最优消费量，图5-3描述了2000～2025年最优能源结构下的各品种能源消费量占比，图5-4描述了2000～2025年最优能源结构下的能耗强度和碳排放强度。

表5-15 优化结果汇总

年度	GDP /亿元	煤炭 /万吨标准煤	石油 /万吨标准煤	天然气 /万吨标准煤	电力 /万吨标准煤
2000	646.13	298.66694	174.0101	23.30419	249.0068
2001	734.86	348.21323	155.5132	29.30377	270.1718
2002	826.68	398.39605	132.7741	35.42489	298.9389
2003	946.66	447.55434	111.851	55.0798	329.3349
2004	1102.39	586.7319	248.745	62.79697	151.2011
2005	1313.93	665.4894	278.1674	82.61304	170.7201
2006	1538.94	770.3087	366.4691	197.6334	9.08378
2007	1856.63	784.32191	132.2522	107.2473	504.1846
2008	2318.14	813.1124	212.6902	208.7991	545.7303
2009	2724.08	913.2595	337.5535	140.6863	586.1828
2010	3241.69	1031.3716	452.2273	143.3677	677.8753
2011	3862.58	971.4574	270.8166	164.524	736.934
2012	4366.1	1039.6997	303.3351	192.9551	799.8741
2013	4924.97	1033.3724	430.4102	208.9115	868.5909
2014	5492.64	1032.004	443.2789	258.0477	936.0924
2015	5801.2	1028.9193	459.4459	270.9547	967.2442
2016	6257.18	983.6355	477.0681	278.2149	936.2586
2017	6749.008	1064.1236	416.8013	283.597	969.9313
2018	7279.5012	1138.6582	424.5694	304.705	909.6206
2019	7851.6982	1238.197	339.9501	310.1454	926.8372
2020	8468.8767	1321.06555	348.1264	331.6984	893.8333
2021	9134.5721	1387.6508	283.3778	368.6332	857.8933
2022	9852.5977	1491.7233	248.1323	388.7355	836.643
2023	10627.0666	1593.9631	186.3984	409.6109	854.8153
2024	11462.4155	1708.0931	92.4362	437.8961	853.9772
2025	12363.4297	1914.8558	12.9941	458.2389	786.0116

表 5-16　优化结果汇总

年度	总能耗/万吨标准煤	煤炭占比/%	石油占比/%	天然气占比/%	电力占比/%	碳排放量/万吨碳	能耗强度/吨标准煤·万元$^{-1}$	碳排放强度/吨碳·万元$^{-1}$
2000	744.9880	40.09	23.36	3.13	33.42	504.3043	1.1530	0.7805
2001	803.2020	43.35	19.36	3.65	33.64	547.6237	1.0930	0.7452
2002	865.5339	46.03	15.34	4.09	34.54	594.1712	1.0470	0.7187
2003	943.8200	47.42	11.85	5.84	34.89	648.1205	0.9970	0.6846
2004	1049.4750	55.91	23.70	5.98	14.41	714.2019	0.9520	0.6479
2005	1196.9899	55.60	23.24	6.90	14.26	812.2809	0.9110	0.6182
2006	1343.4950	57.34	27.28	14.71	0.68	883.1784	0.8730	0.5739
2007	1528.0060	51.33	8.66	7.02	33.00	1053.8057	0.8230	0.5676
2008	1780.3320	45.67	11.95	11.73	30.65	1195.4739	0.7680	0.5157
2009	1977.6821	46.18	17.07	7.11	29.64	1340.3764	0.7260	0.4920
2010	2304.8419	44.75	19.62	6.22	29.41	1559.0146	0.7110	0.4809
2011	2143.7320	45.32	12.63	7.67	34.38	1458.0937	0.5550	0.3775
2012	2335.8640	44.51	12.99	8.26	34.24	1583.4622	0.5350	0.3627
2013	2541.2850	40.66	16.94	8.22	34.18	1706.5572	0.5160	0.3465
2014	2669.4230	38.66	16.61	9.67	35.07	1780.7231	0.4860	0.3242
2015	2726.5641	37.74	16.85	9.94	35.47	1814.7418	0.4700	0.3128
2016	2675.1771	36.77	17.83	10.40	35.00	1773.3022	0.4275	0.2834
2017	2734.4532	38.92	15.24	10.37	35.47	1823.6541	0.4052	0.2702
2018	2777.5532	41.00	15.29	10.97	32.75	1852.2512	0.3816	0.2544
2019	2815.1297	43.98	12.08	11.02	32.92	1891.4958	0.3585	0.2409
2020	2894.7237	45.64	12.03	11.46	30.88	1945.3271	0.3418	0.2297
2021	2897.5551	47.89	9.78	12.72	29.61	1949.3316	0.3172	0.2134
2022	2965.2341	50.31	8.37	13.11	28.22	2001.0708	0.3010	0.2031
2023	3044.7877	52.35	6.12	13.45	28.07	2063.1607	0.2865	0.1941
2024	3092.4026	55.24	2.99	14.16	27.62	2105.7259	0.2698	0.1837
2025	3172.1004	60.37	0.41	14.45	24.78	2176.8321	0.2566	0.1761

当西安市 GDP 的增长与能源投入之间的关系保持不变的条件下，根据本书构建的能源消费结构优化模型式（5-2），可得到 2016 ~ 2020 年西安市能源消费结构优化结果如表 5-5 ~ 表 5-14 所示。

（1）从图 5-2 可知，在碳约束下，随着 GDP 的逐年上升，煤炭消费量在 2016 年出现拐点，2017 年以后随 GDP 同步逐年上升；石油消费量也在 2016

年出现拐点，2017 年以后随 GDP 上升而下降；天然气消费量一直随 GDP 同步逐年上升；电力消费量也在 2016 年出现拐点，2017 年以后随 GDP 上升而缓慢下降。

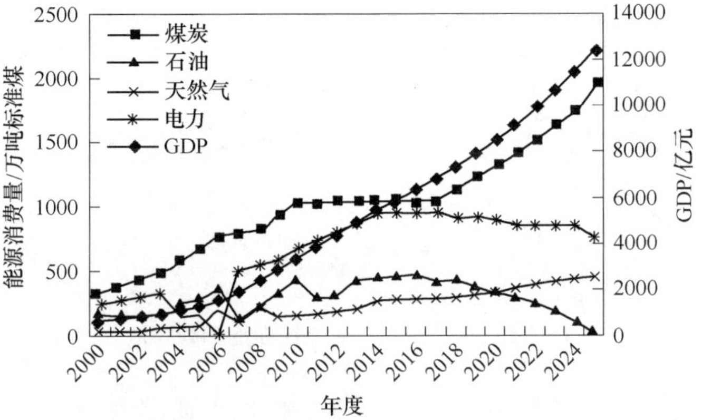

图 5-2　各品种能源最优消费量

（2）从图 5-3 可知，在碳约束下，随着 GDP 的逐年上升，煤炭消费占比在 2016 年出现拐点，2017 年以后随 GDP 同步逐年上升；石油消费占比也在 2016 年出现拐点，2017 年以后随 GDP 上升而下降；天然气消费占比一直随 GDP 同步逐年上升；电力消费占比也在 2016 年出现拐点，2017 年以后随 GDP 上升而缓慢下降。

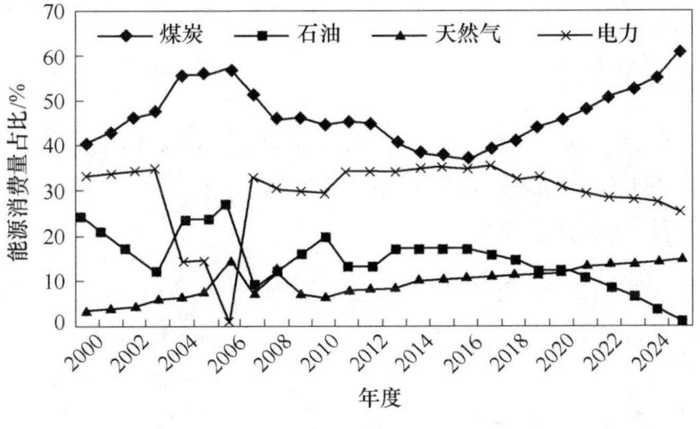

图 5-3　各品种能源消费量占比（最优能源结构）

（3）从图 5-4 可知，在碳约束下，随着 GDP 的逐年上升，能耗强度和碳排放强度随 GDP 同步逐年下降，2016 年以后的平均下降速度分别为 5.865% 和 5.573%。

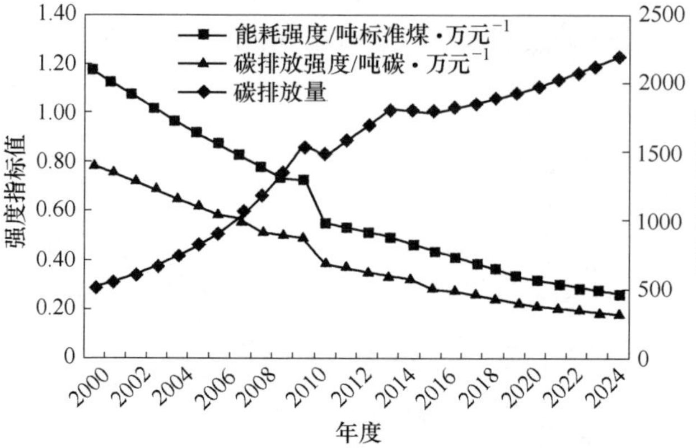

图 5-4　最优能源结构下的能耗强度和碳排放强度

（4）从优化结果来看，石油和电力消费比例有所降低，煤炭和天然气消费比例有所上升。这是由于西安市经济进入重化工业阶段，城市化进程加快、城市大规模建设以及内需结构的升级等因素，带动了建材、化工、装备制造业等产业的快速发展，从而直接拉动了煤炭消费比例的持续增加。

（5）能耗结构优化对节能减排作用明显。经优化后能耗强度和碳排放强度逐年下降，自 2016 年以后的平均下降速度分别为 5. 865% 和 5. 573% 。2020 年的能耗强度和碳排放强度比 2015 年降低了 27. 23% 和 26. 51% ，比 2005 年降低了 62. 48% 和 62. 84% ，可超额完成国家计划的减排任务（50% ）。2025 年的能耗强度和碳排放强度比 2020 年降低了 24. 94% 和 23. 35% ，可超额完成减排任务。

5. 3　能源替代弹性分析

利用超越对数生产函数还可计算各能源品种的投入产出弹性，进而计算能源品种之间的替代弹性。以滞后一期的 GDP、煤炭、石油、天然气、电力为投入要素构建超越对数生产函数：

$$\ln G_t = \alpha \ln G_{t-1} + \sum_i \alpha_i \ln x_t^i + \sum_{ij} \alpha_{ij} \ln x_t^i \ln x_t^j \qquad i、j = 1 \sim 4, i \leqslant j \qquad (5\text{-}6)$$

将式（5-6）两端对 t 求和，得：

$$\ln G_t = \alpha \ln G_0 + \sum_{k=1}^{t} \left(\sum_i \alpha_i \ln x_k^i \right) + \sum_{k=1}^{t} \left(\sum_{ij} \alpha_{ij} \ln x_k^i \ln x_k^j \right) \qquad i、j = 1 \sim 4, i \leqslant j$$

由于 x_k^i，$k = 1、2、\cdots、t$，数据序列间不相关，则煤炭投入产出弹性为：

$$\eta_1 = \frac{\mathrm{d}G_t / G_t}{\mathrm{d}x_1 / x_1} = \frac{\mathrm{d}(\ln G_t)}{\mathrm{d}(\ln x_t^1)} = \alpha_1 + \alpha_{12} \ln x_t^2 + \alpha_{13} \ln x_t^3 + \alpha_{14} \ln x_t^4 + 2\alpha_{11} \ln x_t^1$$

石油投入的产出弹性为：

$$\eta_2 = \frac{\mathrm{d}G_t/G_t}{\mathrm{d}x_2/x_2} = \frac{\mathrm{d}(\ln G_t)}{\mathrm{d}(\ln x_t^2)} = \alpha_2 + \alpha_{12}\ln x_t^1 + \alpha_{23}\ln x_t^3 + \alpha_{24}\ln x_t^4 + 2\alpha_{22}\ln x_t^2$$

天然气投入的产出弹性为：

$$\eta_3 = \frac{\mathrm{d}G_t/G_t}{\mathrm{d}x_3/x_3} = \frac{\mathrm{d}(\ln G_t)}{\mathrm{d}(\ln x_t^3)} = \alpha_3 + \alpha_{13}\ln x_t^1 + \alpha_{23}\ln x_t^2 + \alpha_{34}\ln x_t^4 + 2\alpha_{33}\ln x_t^3$$

电力投入的产出弹性为：

$$\eta_4 = \frac{\mathrm{d}G_t/G_t}{\mathrm{d}x_4/x_4} = \frac{\mathrm{d}(\ln G_t)}{\mathrm{d}(\ln x_t^4)} = \alpha_4 + \alpha_{14}\ln x_t^1 + \alpha_{24}\ln x_t^2 + \alpha_{34}\ln x_t^3 + 2\alpha_{44}\ln x_t^4$$

第 i 种能源对第 j 种能源的 Allen 替代弹性为：

$$\sigma_{ij} = \left[1 + \frac{-\alpha_{ij} + \dfrac{\eta_i}{\eta_j}\alpha_{jj}}{-\eta_i + \eta_j}\right]^{-1}$$

为了求出式（5-6）中的 14 个系数，而数据只有 16 组，需要采用岭回归分析法。岭回归（Ridge Regression）是在平方误差的基础上增加正则项：

$$\min W = \sum_{i=1}^{n}\left(y_i - \sum_{j=0}^{p}\beta_j x_{ij}\right)^2 + \lambda\sum_{j=0}^{p}\beta_j^2 \quad \lambda > 0$$

式中，$\boldsymbol{\beta} = (w_0, w_1, \cdots, w_p)^{\mathrm{T}}$；$\boldsymbol{Y} = (y_1, y_2, \cdots, y_n)^{\mathrm{T}}$；$\boldsymbol{X} = [x_{ij}]_{n\times(1+p)}$。

通过 λ 确定的值可以使得在方差和偏差之间达到平衡：随着 λ 的增大，模型方差减小而偏差增大。对 W 求导，结果为：

$$2\boldsymbol{X}^{\mathrm{T}}(\boldsymbol{Y} - \boldsymbol{X}\boldsymbol{\beta}) - 2\lambda\boldsymbol{\beta} = 0$$

可求得 W 的值：

$$\hat{W} = (\boldsymbol{X}^{\mathrm{T}}\boldsymbol{X} + \lambda\boldsymbol{I})^{-1}\boldsymbol{X}^{\mathrm{T}}\boldsymbol{Y}$$

当岭参数 λ 在（0，∞）内变化时，$\hat{\beta}_j(\lambda)$ 是 λ 的函数，在平面坐标系上把函数 $\hat{\beta}_j(\lambda)$ 描画出来，画出的曲线称为岭迹。在实际应用中，可以根据岭迹曲线的变化形状来确定适当的 λ 值和进行自变量的选择。

（1）岭迹法。在岭回归中，岭迹分析可用来了解各自变量的作用及自变量间的相互关系。岭迹法选择 λ 值的一般原则是：1）各回归系数的岭估计基本稳定；2）用最小二乘估计时符号不合理的回归系数，其岭估计的符号变得合理；3）回归系数没有不合乎经济意义的绝对值；4）残差平方和增大不太多。

（2）方差扩大因子法。方差扩大因子 c_{jj} 度量了多重共线性的严重程度，计算岭估计 $\hat{\boldsymbol{\beta}}(\lambda)$ 的协方差阵，得：

$$\begin{aligned} D[\hat{\boldsymbol{\beta}}(\lambda)] &= \mathrm{cov}[\hat{\boldsymbol{\beta}}(\lambda), \hat{\boldsymbol{\beta}}(\lambda)] = \mathrm{cov}[(\boldsymbol{X}'\boldsymbol{X} + \lambda\boldsymbol{I})^{-1}\boldsymbol{X}'\boldsymbol{Y}, (\boldsymbol{X}'\boldsymbol{X} + \lambda\boldsymbol{I})^{-1}\boldsymbol{X}'\boldsymbol{Y}] \\ &= (\boldsymbol{X}'\boldsymbol{X} + \lambda\boldsymbol{I})^{-1}\boldsymbol{X}'\mathrm{cov}(\boldsymbol{Y}, \boldsymbol{Y})\boldsymbol{X}(\boldsymbol{X}'\boldsymbol{X} + \lambda\boldsymbol{I})^{-1} \\ &= \sigma^2(\boldsymbol{X}'\boldsymbol{X} + \lambda\boldsymbol{I})^{-1}\boldsymbol{X}'\boldsymbol{X}(\boldsymbol{X}'\boldsymbol{X} + \lambda\boldsymbol{I})^{-1} = \sigma^2[c_{ij}(\lambda)] \end{aligned}$$

式中，矩阵 $[c_{ij}(\lambda)]$ 的对角元 $c_{jj}(\lambda)$ 就是岭估计的方差扩大因子。

不难看出，$c_{jj}(\lambda)$ 随着 λ 的增大而减少。选择 k 使所有方差扩大因子 $c_{jj}(\lambda)\leqslant10$。

（3）由残差平方和来确定 λ 值。岭估计在减小均方误差的同时增大了残差平方和，我们希望岭回归的残差平方和 $SSE(\lambda)$ 的增加幅度控制在一定的限度以内，可以给定一个大于 1 的 c 值，要求：

$$SSE(\lambda) < cSSE \tag{5-7}$$

寻找使式（5-7）成立的最大的 λ 值。

基于表 5-17 给出了式（5-6）各变量的对数取值，以便应用式（5-7）。

表 5-17　超越对数生产函数的岭回归基础数据

年　度	2000	2001	2002	2003	2004	2005	2006
log(GDP)	2.8103	2.8662	2.9173	2.9762	3.0423	3.1186	3.1872
log(GDP(-1))	2.7614	2.8103	2.8662	2.9173	2.9762	3.0423	3.1186
log(COAL)	2.4752	2.5418	2.6003	2.6508	2.7684	2.8231	2.8867
log(OIL)	2.2406	2.1918	2.1231	2.0486	2.3958	2.4443	2.5640
log(PET)	1.3674	1.4669	1.5493	1.7410	1.7979	1.9170	2.2959
log(ELE)	2.3962	2.4316	2.4756	2.5176	2.1796	2.2323	0.9583
log(COAL) × log(COAL)	6.1266	6.4610	6.7616	7.0270	7.6643	7.9701	8.3328
log(COAL) × log(OIL)	5.5458	5.5711	5.5208	5.4306	6.6325	6.9006	7.4015
log(COAL) × log(PET)	3.3847	3.7287	4.0287	4.6151	4.9775	5.4121	6.6274
log(COAL) × log(ELE)	5.9311	6.1809	6.4373	6.6739	6.0340	6.3021	2.7662
log(OIL) × log(OIL)	5.0202	4.8038	4.5076	4.1969	5.7396	5.9746	6.5743
log(OIL) × log(PET)	3.0638	3.2152	3.2894	3.5667	4.3074	4.6859	5.8867
log(OIL) × log(ELE)	5.3689	5.3296	5.2559	5.1577	5.2217	5.4564	2.4570
log(PET) × log(PET)	1.8699	2.1519	2.4004	3.0311	3.2326	3.6751	5.2710
log(PET) × log(ELE)	3.2767	3.5670	3.8354	4.3832	3.9187	4.2794	2.2000
log(ELE) × log(ELE)	5.7418	5.9129	6.1285	6.3385	4.7505	4.9831	0.9183

年　度	2007	2008	2009	2010	2011	2012	2013
log(GDP)	3.2687	3.3651	3.4352	3.5108	3.5869	3.6401	3.6924
log(GDP(-1))	3.1872	3.2687	3.3651	3.4352	3.5108	3.5869	3.6401
log(COAL)	2.8945	2.9102	2.9606	3.0134	2.9874	3.0169	3.0143
log(OIL)	2.1214	2.3277	2.5283	2.6554	2.4327	2.4819	2.6339
log(PET)	2.0304	2.3197	2.1483	2.1565	2.2162	2.2855	2.3200
log(ELE)	2.7026	2.7370	2.7680	2.8311	2.8674	2.9030	2.9388
log(COAL) × log(COAL)	8.3781	8.4690	8.7651	9.0807	8.9247	9.1017	9.0857

续表 5-17

年 度	2007	2008	2009	2010	2011	2012	2013
log(COAL)×log(OIL)	6.1404	6.7741	7.4854	8.0017	7.2674	7.4877	7.9392
log(COAL)×log(PET)	5.8769	6.7508	6.3601	6.4983	6.6208	6.8950	6.9930
log(COAL)×log(ELE)	7.8226	7.9650	8.1950	8.5314	8.5662	8.7581	8.8583
log(OIL)×log(OIL)	4.5004	5.4184	6.3925	7.0509	5.9179	6.1599	6.9373
log(OIL)×log(PET)	4.3073	5.3997	5.4315	5.7261	5.3914	5.6723	6.1105
log(OIL)×log(ELE)	5.7333	6.3710	6.9985	7.5177	6.9755	7.2051	7.7405
log(PET)×log(PET)	4.1225	5.3811	4.6150	4.6503	4.9117	5.2233	5.3822
log(PET)×log(ELE)	5.4873	6.3490	5.9464	6.1052	6.3549	6.6347	6.8179
log(ELE)×log(ELE)	7.3040	7.4910	7.6620	8.0154	8.2221	8.4275	8.6366

年 度	2014	2015	2016	2017	2018	2019	2020
log(GDP)	3.7398	3.7635	3.7964	3.8292	3.8621	3.8950	3.9278
log(GDP(−1))	3.6924	3.7398	3.7635	3.7964	3.8292	3.8621	3.8950
log(COAL)	3.0137	3.0124	2.9928	3.0270	3.0564	3.0928	3.1209
log(OIL)	2.6467	2.6622	2.6786	2.6199	2.6279	2.5314	2.5417
log(PET)	2.4117	2.4329	2.4444	2.4527	2.4839	2.4916	2.5207
log(ELE)	2.9713	2.9855	2.9714	2.9867	2.9589	2.9670	2.9513
log(COAL)×log(COAL)	9.0823	9.0744	8.9571	9.1627	9.3415	9.5653	9.7402
log(COAL)×log(OIL)	7.9762	8.0197	8.0165	7.9305	8.0320	7.8291	7.9326
log(COAL)×log(PET)	7.2681	7.3288	7.3156	7.4243	7.5917	7.7059	7.8670
log(COAL)×log(ELE)	8.9546	8.9936	8.8929	9.0408	9.0434	9.1763	9.2106
log(OIL)×log(OIL)	7.0049	7.0875	7.1748	6.8640	6.9061	6.4081	6.4604
log(OIL)×log(PET)	6.3830	6.4769	6.5475	6.4259	6.5275	6.3072	6.4071
log(OIL)×log(ELE)	7.8641	7.9482	7.9591	7.8250	7.7757	7.5107	7.5013
log(PET)×log(PET)	5.8163	5.9190	5.9750	6.0157	6.1697	6.2079	6.3541
log(PET)×log(ELE)	7.1659	7.2635	7.2632	7.3256	7.3495	7.3925	7.4394
log(ELE)×log(ELE)	8.8287	8.9134	8.8292	8.9206	8.7549	8.8031	8.7099

年 度	2021	2022	2023	2024	2025
log(GDP)	3.9607	3.9936	4.0264	4.0593	4.0921
log(GDP(−1))	3.9278	3.9607	3.9936	4.0264	4.0593
log(COAL)	3.1423	3.1737	3.2025	3.2325	3.2821
log(OIL)	2.4524	2.3947	2.2704	1.9658	1.1137

续表 5-17

年　度	2021	2022	2023	2024	2025
log(PET)	2.5666	2.5897	2.6124	2.6414	2.6611
log(ELE)	2.9334	2.9225	2.9319	2.9314	2.8954
log(COAL) × log(COAL)	9.8739	10.0723	10.2559	10.4491	10.7724
log(COAL) × log(OIL)	7.7060	7.6000	7.2710	6.3546	3.6555
log(COAL) × log(PET)	8.0650	8.2188	8.3661	8.5383	8.7341
log(COAL) × log(ELE)	9.2177	9.2752	9.3893	9.4759	9.5032
log(OIL) × log(OIL)	6.0141	5.7345	5.1549	3.8645	1.2404
log(OIL) × log(PET)	6.2942	6.2014	5.9312	5.1925	2.9638
log(OIL) × log(ELE)	7.1939	6.9986	6.6566	5.7628	3.2248
log(PET) × log(PET)	6.5874	6.7063	6.8245	6.9768	7.0814
log(PET) × log(ELE)	7.5289	7.5684	7.6591	7.7430	7.7050
log(ELE) × log(ELE)	8.6050	8.5412	8.5959	8.5934	8.3835

依据表 5-17 的数据，采用 SPSS 18.0 的岭回归功能（回归/最佳尺度/规则化/岭回归），即可获得式（5-6）中的系数，如表 5-18 所示。图 5-5 给出了岭轨迹，图 5-6 给出了 λ 与 $\hat{\beta}_j(\lambda)$ 的关系。从图 5-6 可知，当 $\lambda=0.12$ 时，权系数曲线变化稳定。此时，权系数如表 5-19 所示。

表 5-18　岭回归计算结果

λ	R^2	系数标准差和	GDP(−1)	X_1	X_2	X_3	X_4	X_{11}
0	0.9981	1	0.7678	−1.4571	−0.9864	1.3966	0.9558	−0.5317
0.02	0.9903	0.1792	−0.23	0.3348	−0.2479	−0.5062	−0.0805	−0.0134
0.04	0.9733	0.4483	−0.3631	−0.4577	−0.6263	0.5964	0.1453	−0.6026
0.06	0.997	0.0454	0.3379	0.2877	−0.0761	−0.2254	−0.0085	0.3535
0.08	0.9962	0.043	0.3577	0.2675	−0.0706	−0.1924	−0.0083	0.3504
0.1	0.9952	0.0431	0.3603	0.2666	−0.0688	−0.1857	−0.0101	0.3568
0.12	0.9977	0.0157	0.2835	−0.0714	−0.0184	0.1703	0.2514	0.023
0.14	0.9948	0.027	0.4004	0.1041	−0.0387	−0.0138	0.1127	0.2276
0.16	0.9931	0.0068	0.1196	0.0636	−0.0424	0.0289	0.1157	0.0487
0.18	0.9969	0.0151	0.2715	−0.035	−0.0057	0.1631	0.2451	0.0486
0.2	0.992	0.0064	0.1122	0.0758	−0.0344	0.0326	0.1063	0.055
⋮	⋮	⋮	⋮	⋮	⋮	⋮	⋮	⋮
1	0.9808	0.0046	0.1041	0.0691	−0.0169	0.0699	0.1026	0.0715

续表 5-18

λ	X_{12}	X_{13}	X_{14}	X_{22}	X_{23}	X_{24}	X_{33}	X_{34}	X_{44}
0	0. 5773	0. 9338	-0. 2486	-0. 3638	0. 6683	-0. 2641	-2. 1178	1. 8137	-1. 1317
0. 02	0. 4717	0. 1309	1. 0317	-0. 4085	0. 526	-0. 0317	-0. 5061	0. 6637	-0. 5053
0. 04	0. 1743	1. 0055	0. 7694	-0. 2119	0. 6193	-0. 2277	-1. 4014	1. 4393	-0. 5985
0. 06	0. 0278	-0. 3384	0. 0858	-0. 1323	0. 1375	0. 2375	0. 3801	-0. 2228	0. 1443
0. 08	0. 0253	-0. 318	0. 0622	-0. 1192	0. 1031	0. 2155	0. 3845	-0. 2214	0. 1673
0. 1	0. 0176	-0. 3113	0. 058	-0. 1204	0. 0849	0. 2083	0. 3915	-0. 227	0. 1713
0. 12	0. 0092	0. 0498	0. 0153	0. 0103	-0. 0678	0. 0505	0. 1172	-0. 0204	0. 2778
0. 14	-0. 1071	-0. 1543	0. 0077	0. 0274	0. 0008	0. 1	0. 3064	-0. 1847	0. 2616
0. 16	0. 0297	0. 058	0. 1939	0. 0412	0. 0669	0. 0579	0. 0584	0. 1377	0. 1002
0. 18	-0. 0432	0. 0597	-0. 0451	0. 0104	-0. 0555	0. 0593	0. 125	-0. 0052	0. 2749
0. 2	-0. 0185	0. 0589	0. 1819	0. 0456	0. 0781	0. 0702	0. 0621	0. 13	0. 0942
⋮	⋮	⋮	⋮	⋮	⋮	⋮	⋮	⋮	⋮
1	-0. 0097	0. 0686	0. 0987	0. 0357	0. 0496	0. 0552	0. 0766	0. 0895	0. 1028

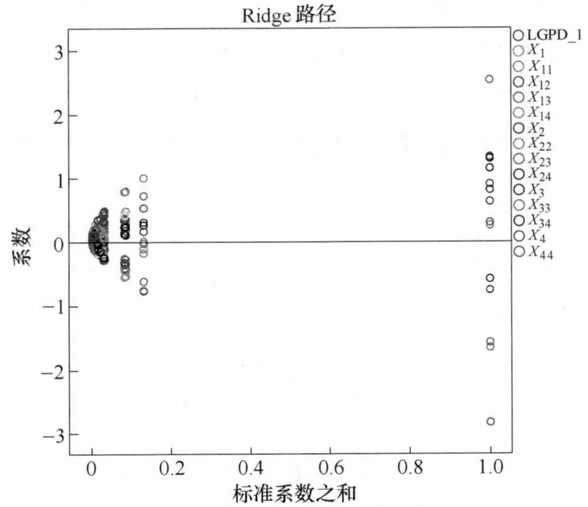

图 5-5 岭轨迹

表 5-19　超越对数生产函数的系数

变 量 名	系数代号	取 值
log(GDP(-1))	α	0. 2835
log(COAL)	α_1	-0. 0714
log(OIL)	α_2	-0. 0184
log(PET)	α_3	0. 1703
log(ELE)	α_4	0. 2514
log(COAL) ×log(COAL)	α_{11}	0. 023
log(COAL) ×log(OIL)	α_{12}	0. 0092
log(COAL) ×log(PET)	α_{13}	0. 0498
log(COAL) ×log(ELE)	α_{14}	0. 0153
log(OIL) ×log(OIL)	α_{22}	0. 0103
log(OIL) ×log(PET)	α_{23}	-0. 0678
log(OIL) ×log(ELE)	α_{24}	0. 0505
log(PET) ×log(PET)	α_{33}	0. 1172
log(PET) ×log(ELE)	α_{34}	-0. 0204
log(ELE) ×log(ELE)	α_{44}	0. 2778

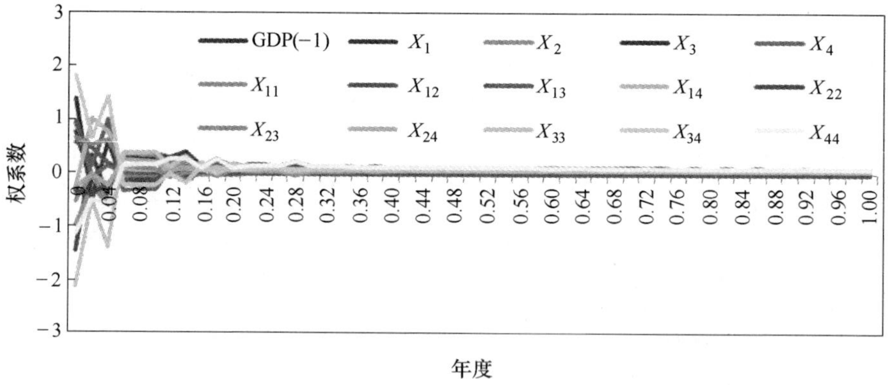

图 5-6　λ 与 $\hat{\beta}_j$（λ）的关系

依据图 5-7 给出的能源投入产出弹性计算程序，可以计算出西安市各品种能源投入产出弹性，如表 5-20 所示。表 5-21 给出了 2000 ~2025 年间西安市各能源品种相互替代弹性变化情况。

```
clear
clc
X = load('X1234.txt');% 读入投入产出数据
B = load('acof.txt');% 读入 α 系数
a(1,1) = B(5);a(1,2) = B(6);a(1,3) = B(7);a(1,4) = B(8);a(2,2) = B(9);a(2,3) = B
(10);a(2,4) = B(11);a(3,3) = B(12);
a(3,4) = B(13);a(4,4) = B(14);a(2,1) = a(1,2);a(3,1) = a(1,3);a(3,2) = a(2,3);a(4,
1) = a(1,4);a(4,2) = a(2,4);a(4,3) = a(3,4);
for t = 1:26
    A(t,1) = B(1) +2 * a(1,1) * X(t,1) + a(1,2) * X(t,2) + a(1,3) * X(t,3) + a(1,4) * X(t,4);
    A(t,2) = B(2) + a(2,1) * X(t,1) +2 * a(2,2) * X(t,2) + a(2,3) * X(t,3) + a(2,4) * X(t,4);
    A(t,3) = B(3) + a(3,1) * X(t,1) + a(3,2) * X(t,2) +2 * a(3,3) * X(t,3) + a(3,4) * X(t,4);
    A(t,4) = B(4) + a(4,1) * X(t,1) + a(4,2) * X(t,2) + a(4,3) * X(t,3) +2 * a(4,4) * X(t,4);
end
for t = 1:26
    for i = 1:4
        for j = i:4
            if i ~ = j
                c(i,j,t) = 1/(1 + ( - a(i,j) + A(t,i) * a(j,j)/A(t,j))/( - A(t,i) + A(t,j)));
            else
                c(i,j,t) = 0;
            end
            c(j,i,t) = c(i,j,t);
        end
    end
end
for t = 1:26
    XX1(1,t) = c(1,2,t);
    XX1(2,t) = c(1,3,t);
    XX1(3,t) = c(1,4,t);
    XX1(4,t) = c(2,3,t);
    XX1(5,t) = c(2,4,t);
    XX1(6,t) = c(3,4,t);
end
YY = XX1';
save('ElasticAResult.txt','A','-ascii','-double','-tabs')
save('ElasticRResult.txt','YY','-ascii','-double','-tabs')
```

图 5-7 能源投入产出弹性计算程序

表 5-20 2000 ~ 2025 年间西安市各品种能源投入产出弹性

年度	煤炭（η_1）	石油（η_2）	天然气（η_3）	电力（η_4）
2000	1.7115	-0.0943	0.4464	0.2042
2001	1.7465	-0.0956	0.4607	0.2210

续表 5-20

年度	煤炭（η_1）	石油（η_2）	天然气（η_3）	电力（η_4）
2002	1. 7773	-0. 0985	0. 4740	0. 2364
2003	1. 8049	-0. 1005	0. 4980	0. 2647
2004	1. 8557	-0. 0637	0. 4688	0. 2675
2005	1. 8880	-0. 0633	0. 4880	0. 2788
2006	1. 8627	0. 0321	0. 3788	0. 3702
2007	1. 9409	-0. 1022	0. 5519	0. 2983
2008	1. 9579	-0. 0949	0. 5874	0. 3176
2009	1. 9879	-0. 0915	0. 5763	0. 2852
2010	2. 0205	-0. 0906	0. 5863	0. 2776
2011	2. 0047	-0. 0998	0. 5940	0. 2969
2012	2. 0231	-0. 0993	0. 6060	0. 3017
2013	2. 0273	-0. 0968	0. 6152	0. 2938
2014	2. 0298	-0. 0977	0. 6284	0. 3024
2015	2. 0304	-0. 0980	0. 6324	0. 3031
2016	2. 0204	-0. 0969	0. 6319	0. 3030
2017	2. 0370	-0. 0988	0. 6342	0. 3090
2018	2. 0509	-0. 0957	0. 6344	0. 3147
2019	2. 0675	-0. 0983	0. 6355	0. 3236
2020	2. 0813	-0. 0960	0. 6370	0. 3284
2021	2. 0895	-0. 0965	0. 6388	0. 3416
2022	2. 1037	-0. 0966	0. 6395	0. 3503
2023	2. 1160	-0. 1001	0. 6419	0. 3624
2024	2. 1243	-0. 1084	0. 6419	0. 3880
2025	2. 1280	-0. 1307	0. 6314	0. 4520

表 5-21　2000～2025 年间西安市各能源品种相互替代弹性变化情况

年度	煤炭-石油	煤炭-天然气	煤炭-电力	石油-天然气	石油-电力	天然气-电力
2000	0. 8572	1. 1707	0. 8722	1. 0403	0. 7944	0. 5995
2001	0. 8590	1. 1651	0. 8785	1. 0388	0. 8051	0. 6001
2002	0. 8625	1. 1604	0. 8835	1. 0377	0. 8145	0. 6004
2003	0. 8648	1. 1534	0. 8908	1. 0355	0. 8286	0. 5999
2004	0. 8037	1. 1594	0. 8925	1. 0333	0. 8201	0. 5682
2005	0. 8027	1. 1534	0. 8954	1. 0315	0. 8252	0. 5778

续表 5-21

年度	煤炭 - 石油	煤炭 - 天然气	煤炭 - 电力	石油 - 天然气	石油 - 电力	天然气 - 电力
2006	1. 8939	1. 1921	0. 9073	1. 0177	0. 8366	0. 0584
2007	0. 8670	1. 1380	0. 9000	1. 0310	0. 8427	0. 6207
2008	0. 8584	1. 1314	0. 9033	1. 0278	0. 8481	0. 6352
2009	0. 8540	1. 1324	0. 8987	1. 0282	0. 8352	0. 6476
2010	0. 8528	1. 1299	0. 8978	1. 0275	0. 8318	0. 6582
2011	0. 8644	1. 1290	0. 9010	1. 0278	0. 8416	0. 6528
2012	0. 8638	1. 1267	0. 9022	1. 0271	0. 8433	0. 6580
2013	0. 8609	1. 1253	0. 9010	1. 0263	0. 8398	0. 6677
2014	0. 8619	1. 1234	0. 9024	1. 0256	0. 8432	0. 6714
2015	0. 8623	1. 1228	0. 9026	1. 0255	0. 8436	0. 6733
2016	0. 8609	1. 1232	0. 9024	1. 0254	0. 8433	0. 6731
2017	0. 8633	1. 1224	0. 9036	1. 0254	0. 8459	0. 6715
2018	0. 8595	1. 1220	0. 9048	1. 0252	0. 8472	0. 6688
2019	0. 8627	1. 1215	0. 9064	1. 0253	0. 8508	0. 6648
2020	0. 8599	1. 1209	0. 9073	1. 0250	0. 8519	0. 6631
2021	0. 8606	1. 1205	0. 9092	1. 0250	0. 8562	0. 6567
2022	0. 8607	1. 1200	0. 9105	1. 0250	0. 8589	0. 6519
2023	0. 8649	1. 1194	0. 9121	1. 0251	0. 8630	0. 6458
2024	0. 8737	1. 1192	0. 9149	1. 0257	0. 8710	0. 6272
2025	0. 8925	1. 1205	0. 9199	1. 0280	0. 8877	0. 5518
平均值	0. 8980	1. 1355	0. 9008	1. 0283	0. 8411	0. 6140

（1）从图 5-8 可以得出，2000 年以来西安市煤炭、石油、天然气、电力的投入产出弹性是逐年递增的，表明单位煤炭、石油、天然气和电力的消费所带来的 GDP 的增长是逐年递增的。从图 5-8 知，投入产出弹性排序中，煤炭 > 天然气 > 电力 > 石油。

（2）2000 年以来，石油、天然气、电力替代煤炭的弹性系数基本保持稳定，如图 5-9 所示；石油、天然气、电力代替煤炭的平均弹性系数分别为 0. 8980、1. 1355、0. 9008。其中，天然气替代煤炭的效果最好，其次是电力，最差是石油。天然气替代石油的弹性为 1. 0283；电力替代石油的弹性为 0. 8411，电力替代天然气的弹性为 0. 6140。

（3）随着西安市工业化进程的不断加快和深化，对能源消费的依赖性不断

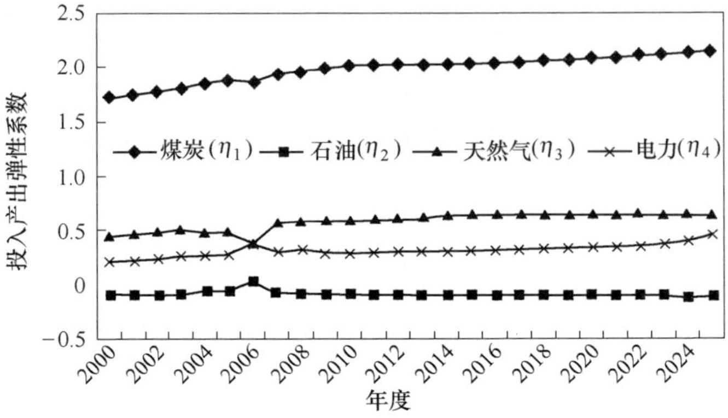

图 5-8　2000 ~ 2025 年间西安市各能源品种间投入产出弹性变化情况

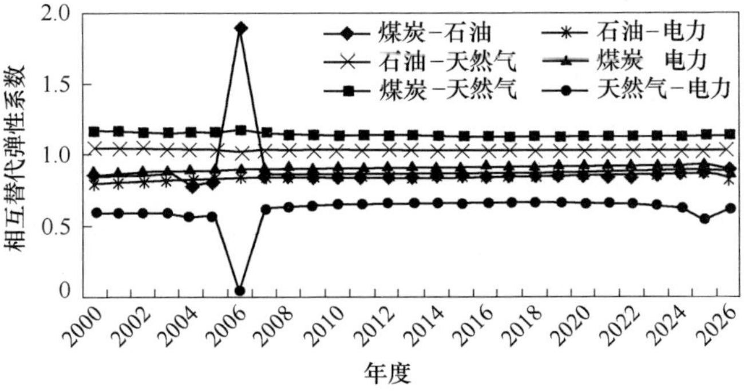

图 5-9　2000 ~ 2025 年间西安市各能源品种间相互替代弹性变化情况

增加，煤炭资源的廉价、可得性决定了短期内无法大幅度降低煤炭的消费比例，根据优化结果，2016 ~ 2025 年煤炭消费量持续增长，由 2016 年的 983. 6355 万吨标准煤增至 2020 年的 1321. 06555 万吨标准煤和 2025 年的 1914. 8558 万吨标准煤，分别增长了约 34. 30% 和 94. 67%。煤炭产出弹性不断提高，2015 年为 2. 0304，2020 年为 2. 0813，2025 年为 2. 1280，使得降低煤炭消费比例需要增加的其他能源的比例增加，能源综合碳排放系数的降低率呈缓慢下降趋势。如表 5-21 所示，煤炭对石油的替代弹性由 2015 年的 0. 8623 微降至 2020 年的 0. 8599；煤炭对天然气的替代弹性由 2015 年的 1. 1228 微降至 2020 年 1. 1209；煤炭对电力的替代弹性由 2015 年的 0. 9026 上升至 2020 年 0. 9073。

（4）根据图 5-2，分品种单位煤炭的碳排放量最大，其比例的变动对能源综合碳排放系数的影响也较大，每降低 1 个百分点的煤炭消费比例，能源综合碳排放系数可以降低 0. 7476 个百分点，但同时也增加了其他能源的比例。

5.4 本章小结

以降低碳强度为目标，在满足经济增长、节能减排等目标的基础上，利用数学规划方法构建了能耗结构优化模型，对西安市 2016～2025 年的能源消费结构优化进行实证研究。结果表明：（1）在“十三五”能耗强度目标水平下，优化能耗结构能实现碳强度目标；（2）优化能耗结构对降低能源综合碳排放系数的作用降低，对西安市低碳化发展的贡献潜力趋于变小，应加强节能减排促进低碳化发展；（3）西安市能源消费结构的优化前期主要表现为煤炭消费比例的降低和电力消费比例的大幅提高，后期表现为天然气消费比例的大幅上升。

当西安市 GDP 的增长与能源投入之间的关系保持不变的条件下，根据本书构建的能源消费结构优化模型，可得到 2016～2025 年西安市能源消费结构优化结果如表 5-22 所示。

表 5-22 2016～2025 年西安市能源消费结构优化结果汇总

年度	总能耗/万吨标准煤	煤炭占比/%	石油占比/%	天然气占比/%	电力占比/%	碳排放量/万吨碳	能耗强度/吨标准煤·万元$^{-1}$	碳排放强度/吨碳·万元$^{-1}$
2016	2675.1771	36.77	17.83	10.40	35.00	1773.3022	0.4275	0.2834
2017	2734.4532	38.92	15.24	10.37	35.47	1823.6541	0.4052	0.2702
2018	2777.5532	41.00	15.29	10.97	32.75	1852.2512	0.3816	0.2544
2019	2815.1297	43.98	12.08	11.02	32.92	1891.4958	0.3585	0.2409
2020	2894.7237	45.64	12.03	11.46	30.88	1945.3271	0.3418	0.2297
2021	2897.5551	47.89	9.78	12.72	29.61	1949.3316	0.3172	0.2134
2022	2965.2341	50.31	8.37	13.11	28.22	2001.0708	0.3010	0.2031
2023	3044.7877	52.35	6.12	13.45	28.07	2063.1607	0.2865	0.1941
2024	3092.4026	55.24	2.99	14.16	27.62	2105.7259	0.2698	0.1837
2025	3172.1004	60.37	0.41	14.45	24.78	2176.8321	0.2566	0.1761

（1）在碳约束下，随着 GDP 的逐年上升，煤炭消费量在 2016 年出现拐点，2017 年以后随 GDP 同步逐年上升；石油消费量也在 2016 年出现拐点，2017 年以后随 GDP 上升而下降；天然气消费量一直随 GDP 同步逐年上升；电力消费量也在 2016 年出现拐点，2017 年以后随 GDP 上升而缓慢下降。煤炭消费占比在 2016 年出现拐点，2017 年以后随 GDP 同步逐年上升；石油消费占比也在 2016 年出现拐点，2017 年以后随 GDP 上升而下降；天然气消费占比一直随 GDP 同步逐年上升；电力消费占比也在 2016 年出现拐点，2017 年以后随 GDP 上升而缓慢下降。能耗强度和碳排放强度随 GDP 同步逐年下降，2016 年以后的平均下降速度分别为 5.865% 和 5.573%。

（2）从优化结果来看，石油和电力消费比例有所降低，煤炭和天然气消费比例有所上升。这是由于西安市经济进入重化工业阶段，城市化进程加快、城市大规模建设以及内需结构的升级等因素，带动了建材、化工、装备制造业等产业的快速发展，从而直接拉动了煤炭消费比例的持续增加。

（3）能耗结构优化对节能减排作用明显。经优化后能耗强度和碳排放强度逐年下降，自2016年以后的平均下降速度分别为5.865%和5.573%。2020年的能耗强度和碳排放强度比2015年降低了27.23%和26.51%，比2005年降低了62.48%和62.84%，可超额完成国家计划的减排任务（50%）。2025年的能耗强度和碳排放强度比2020年降低了24.94%和23.35%，可超额完成减排任务。

（4）2000年以来，西安市煤炭、石油、天然气、电力的投入产出弹性是逐年递增的，表明单位煤炭、石油、天然气和电力的消费所带来的GDP的增长是逐年递增的。投入产出弹性排序中，煤炭>天然气>电力>石油。

（5）2000年以来，石油、天然气、电力替代煤炭的弹性系数基本保持稳定；石油、天然气、电力代替煤炭的平均弹性系数分别为0.8980、1.1355、0.9008。其中，天然气替代煤炭的效果最好，其次是电力，最差是石油。天然气替代石油的弹性为1.0283，电力替代石油的弹性为0.8411，电力替代天然气的弹性为0.6140。

（6）随着西安市工业化进程的不断加快和深化，对能源消费的依赖性不断增加，煤炭资源的廉价、可得性决定了短期内无法大幅度降低煤炭的消费比例，根据优化结果，2016～2025年煤炭消费量持续增长，由2016年的983.6355万吨标准煤增至2020年的1321.06555万吨标准煤和2025年的1914.8558万吨标准煤，分别增长了约34.30%和94.67%。煤炭产出弹性不断提高，2015年为2.0304，2020年为2.0813，2025年为2.1280，使得降低煤炭消费比例需要增加的其他能源的比例增加，能源综合碳排放系数的降低率呈缓慢下降趋势。煤炭对石油的替代弹性由2015年的0.8623微降至2020年0.8599，煤炭对天然气的替代弹性由2015年的1.1228微降至2020年1.1209，煤炭对电力的替代弹性由2015年的0.9026上升至2020年的0.9073。

（7）分品种单位煤炭的碳排放量最大，其比例的变动对能源综合碳排放系数的影响也较大，每降低1个百分点的煤炭消费比例，能源综合碳排放系数可以降低0.7476个百分点，但同时也增加了其他能源的比例。

必须指出，上述结果是在西安市GDP的增长与能源投入之间的关系保持不变的条件得出的，尽管经优化后能耗强度和碳排放强度逐年下降，但煤炭消费量则逐年上升。为了扭转这一不好的趋势，必须在2020年左右改变西安市GDP的增长与能源投入之间的关系，也就是说，西安市GDP的增长不能再沿用以往的旧模式。

参 考 文 献

[1] 牛叔文，赵春升，张馨，等．兰州市家庭用能特点及结构转换的减排效应［J］．资源科学，2010，32（7）：1245～1251.

[2] 吴明隆．结构方程模型—AMOS 的操作与应用［M］．重庆：重庆大学出版社，2010.

[3] 何晓群．多元统计分析［M］．2 版．北京：中国人民大学出版社，2008.

[4] 国家计委长期规划和产业政策司．保持国民经济持续快速健康发展［J］．经济研究参考，1996（Z5）：33～59.

[5] 罗佐县，汪如朗．优化西安市能源结构的思考［J］．天然气技术，2009，3（2）：6～8.

[6] 高文永，单葆国．中国能源供需特点与能源结构调整［J］．华北电力大学学报（社会科学版），2010（5）：1～6.

[7] RAO P K. Sustainable development：economics and policy［M］. NJ：Blackwell Published，2000：97～100.

[8] Graedel T E，Allenby B R. Industrial ecology［M］. 2nd edition. New Jersey：Prentice Hall，2002：5～7.

[9] 张斌．2010～2020 年西安市能源和电力发展前景分析［J］．中国能源，2010，32（5）：16～19.

[10] Berndt E R，Wood D O. Technology，prices，and the derived demand for energy［J］. The Review of Economics and Statistics，1975，57（3）：259～268.

[11] Griffin J M，Gregory P R. An intercountry translog model of energy substitution responses［J］. The American Economics Review，1976，66（5）：845～857.

[12] Pindyck R S. Interfuel substitution and the industrial demand for energy：an international comparison［J］. The Review of Economics and Statistics，1979，61（2）：169～179.

[13] 杨中东．对西安市制造业的能源替代关系研究［J］．当代经济科学，2007，29（3）：1～6.

[14] 樊茂清，任若恩，陈高才．技术变化、要素替代和贸易对能源强度影响的实证研究［J］．经济学（季刊），2009，9（1）：237～258.

[15] 史红亮，陈凯，闫波．中国钢铁行业能源内部的替代弹性分析——基于超越对数生产函数［J］．技术经济，2010，29（9）：56～59.

6 能源最优消费结构情景下最优调整策略

6.1 产出指标值预测

依据表5-5～表5-14和附录F、附录G，可以汇总得到表6-1所示的基础数据。利用表6-1所示的数据，可以得到工业废气排放总量、工业烟尘排放总量、二氧化硫排放量和氮氧化物排放量预测方程，如表6-2所示。利用这些预测方程，可以确定在能源最优消费结构下上述指标的运行状况。

表6-1 2016～2025年能源最优消费结构情景下能源投入数据

年度	煤炭/万吨标准煤	石油/万吨标准煤	天然气/万吨标准煤	电力/万吨标准煤
2016	1039.6997	303.3351	192.9551	799.8741
2017	1033.3724	430.4102	208.9115	868.5909
2018	1032.004	443.2789	258.0477	936.0924
2019	1028.9193	459.4459	270.9547	967.2442
2020	983.6355	477.0681	278.2149	936.2586
2021	1064.1236	416.8013	283.597	969.9313
2022	1138.6582	424.5694	304.705	909.6206
2023	1238.197	339.9501	310.1454	926.8372
2024	1321.06555	348.1264	331.6984	893.8333
2025	1387.6508	283.3778	368.6332	857.8933

表6-2 2016～2025年大气污染物排放量预测方程

项目	预 测 方 程	调整 R^2	D. W. 值	LM	Q	残差平方	正态性	异方差性
第一产业GDP	$GDP_1 = 20.3066568949 + 1.30807392538 \times GDP_1(-1) - 0.377762240188 \times GDP_1(-2) + [AR(1) = -0.108384943858]$	0.9468；AR可逆，稳定	2.194	通过	通过	通过	通过	通过

续表 6-2

项目	预 测 方 程	调整 R^2	D. W. 值	LM	Q	残差平方	正态性	异方差性
第二产业 GDP	GDP_2 = 614.918970767 + 0.723323817413 × GDP_2(−1) + [AR(1) = 0.723308447253]	0.9717;AR 可逆,稳定	2.02	通过	通过	通过	通过	通过
第三产业 GDP(不用)	GDP_3 = 129.124703557 + 0.896055798619 × GDP_3(−1) + 0.226856772752 × GDP_3(−2) + [AR(1) = −0.20591084451]	0.9958;AR 可逆,稳定	2.185	通过	通过	通过	通过	通过
人均 GDP	GDP_P = 0.141179330734 + 1.0834370639 × GDP_P(−1)	0.9932	0.7712	通过	通过	通过	通过	通过
工业废气排放总量	log(GAS) = −0.210589199947 × log(GDP) + 2.13633702081 × log(COAL) − 1.95922739145 × log(OIL) + 0.640065515729 × log(PET) + 0.0845473751465 × log(ELE) + [MA(2) = −0.999910260006, BACKCAST = 2004, ESTSMPL = "20042015"]	0.7752;MA 可逆,稳定	2.517	通过	通过	通过	通过	通过
工业烟尘排放量	log(DUST) = −1.6005561534 × log(GDP) + 5.20030297227 × log(COAL) − 4.62329005008 × log(OIL) + 2.05049659683 × log(PET) + 0.0356299080564 × log(ELE) + [MA(2) = −0.950945531575, BACKCAST = 2004, ESTSMPL = "2004 2015"]	0.9523;MA 可逆,稳定	2.198	通过	通过	通过	通过	通过
二氧化硫排放量	log(SO_2) = 0.517871546922 × log(SO_2(−1)) + 0.286954006665 × log(GDP) + 1.09311414402 × log(COAL) − 1.45509582791 × log(OIL) − 2.04113002476 × log(PET) + 2.01158906571 × log(ELE) + [MA(1) = −1.82816814955, MA(2) = 0.995486863534, BACKCAST = 2005, ESTSMPL = "2005 2015"]	0.95;MA 可逆,稳定	3.354	通过	通过	通过	通过	通过
氮氧化物排放量	log(NOX) = 1.20185117428 × log(GDP) + 3.92831529063 × log(COAL) − 3.76303920754 × log(OIL) − 1.50147724317 × log(PET) + 0.0457158361529 × log(ELE) + [MA(1) = −0.157280520207, MA(2) = −0.842667881548, BACKCAST = 2004, ESTSMPL = "2004 2015"]	0.7375;MA 可逆,稳定	2.0969	通过	通过	通过	通过	通过

依据表 6-2 所示的预测方程，可以计算出 2016 ~ 2025 年能源最优消费结构下的工业废气排放总量、工业烟尘排放总量、二氧化硫排放量和氮氧化物排放量的预测值，如表 6-3 所示。

表 6-3　2016 ~ 2025 各产出指标的预测值

年度	第一产业 GDP /亿元	第二产业 GDP /亿元	第三产业 GDP /亿元	工业废气排放量 /亿立方米	工业烟尘排放量 /亿立方米	二氧化硫排放量 /亿立方米	氮氧化物排放量 /亿立方米
2016	232. 01	2197. 81	3827. 36	1071. 7888	12593. 5229	35609. 5917	22747. 2146
2017	235. 0972	2084. 8101	4437. 0557	1062. 2402	13526. 9634	35330. 7814	23167. 2343
2018	241. 7678	2116. 6913	4998. 2885	1049. 2265	13123. 0011	34303. 8512	23021. 4901
2019	247. 7453	2141. 4729	5614. 3463	1060. 7068	13487. 0190	34349. 4910	23359. 4230
2020	253. 0451	2160. 6430	6293. 8084	1081. 9562	13186. 3415	35814. 6132	23728. 7287
2021	257. 7196	2175. 4096	7042. 3765	1064. 6309	13530. 5920	37260. 4843	25034. 2000
2022	261. 8320	2186. 7419	7867. 2809	1026. 3425	13097. 7771	39554. 1361	26253. 9190
2023	265. 4456	2195. 4100	8776. 2580	1047. 9240	13598. 5295	11664. 0278	27386. 5848
2024	268. 6188	2202. 0205	9777. 8876	1065. 7750	13516. 7674	13591. 5116	28436. 4399
2025	271. 4046	2207. 0486	10881. 6111	1046. 9702	13675. 3874	15347. 9141	29408. 9751

下面采用 DEA 模型对 2016 ~ 2020 年的各能源品种的投入、产出状况进行分析。由于表 6-3 中的产出指标是越小越好型，需要对其进行转化，转化时应避免数据中出现 0 元素，转化方法如表 6-4 所示，产出指标转化后的结果如表 6-5 所示。

表 6-4　转化方法

名　　称	转　化　方　法
工业废气排放量	1090 – 工业废气排放量
工业烟尘排放量	13700 – 工业烟尘排放量
二氧化硫排放量	39600 – 二氧化硫排放量
氮氧化物排放量	29500 – 氮氧化物排放量

表 6-5　2016 ~ 2025 年各产出指标转化后的预测值

年度	工业废气排放量 /亿立方米	工业烟尘排放量 /亿立方米	二氧化硫排放量 /亿立方米	氮氧化物排放量 /亿立方米	碳排放量 /万吨
2016	18. 2112	1106. 477	3990. 408	6752. 785	18. 2112
2017	27. 7598	173. 0366	4269. 219	6332. 766	27. 7598
2018	40. 7735	576. 9989	5296. 149	6478. 51	40. 7735

续表 6-5

年度	工业废气排放量/亿立方米	工业烟尘排放量/亿立方米	二氧化硫排放量/亿立方米	氮氧化物排放量/亿立方米	碳排放量/万吨
2019	29. 2932	212. 981	5250. 509	6140. 577	29. 2932
2020	8. 0438	513. 6585	3785. 387	5771. 271	8. 0438
2021	25. 3691	169. 408	2339. 516	4465. 8	25. 3691
2022	63. 6575	602. 2229	45. 8639	3246. 081	63. 6575
2023	42. 076	101. 4705	27935. 97	2113. 415	42. 076
2024	24. 225	183. 2326	26008. 49	1063. 56	24. 225
2025	43. 0298	24. 6126	24252. 09	91. 0249	43. 0298

6.2 投入导向型调整策略

下面采用超效率 Supper-CCR-I 模型来解析能源最优消费结构情景下西安市能耗结构投入导向型最佳调整策略[1~7]。

从表 6-6 可知，2018 年和 2019 年效率值小于 1，而 2016、2017、2020～2025 年间每年的效率值均大于 1，故 2018 和 2019 年的规模效率和技术效率均为 DEA 弱效；而 2016、2017、2020～2025 年的规模效率和技术效率均为 DEA 有效，不同年间的效率排名如表 6-6 所示。2016～2025 年间西安市规模收益不变条件下投入产出最大调整空间如表 6-7 所示。

表 6-6　2016～2025 年间西安市规模收益不变条件下投入产出最大调整参考标杆

年度	效率	排名	参 考 标 杆
2016	1. 3750408	1	2017(0. 344570613);2021(0. 604492086);2025(5. 94E-02)
2017	1. 0613843	5	2016(0. 875111681);2020(0. 190062149)
2018	0. 9730893	10	2016(0. 197725521);2017(0. 225763881);2020(0. 574764462)
2019	0. 992667	9	2017(0. 432785853);2020(0. 489332779);2021(0. 087226891)
2020	1. 0798534	4	2019(0. 615640194);2021(0. 402902508)
2021	1. 0430711	6	2016(0. 150009014);2020(0. 428395738); 2022(0. 396328127);2025(5. 86E-02)
2022	1. 1566548	3	2021(1. 04135634);2025(4. 90E-02)
2023	1. 0189989	8	2016(0. 140971938);2021(0. 225231356); 20024(0. 395490794);2025(0. 25439368)
2024	1. 0227444	7	2016(7. 36E-03);2023(0. 589123997);2025(. 420766719)
2025	1. 3711181	2	2022(7. 76E-03);2024(1. 106632482)

表 6-7　2016～2025 年间西安市规模收益不变条件下投入产出最大调整空间

投入产出指标	调整前指标值	调整目标值	调整幅度	调整百分比/%
2016	1.3750408			
煤炭	1039.6997	1081.7784	42.078726	4.05
石油	303.3351	417.09814	113.76304	37.50
天然气	192.9551	265.32113	72.366033	37.50
电量	799.8741	936.58281	136.70871	17.09
第一产业 GDP	227.841	252.92394	25.082937	11.01
第二产业 GDP	2044.0238	2164.5253	120.50146	5.90
第三产业 GDP	3935.6511	6432.5264	2496.8753	63.44
工业烟尘排放量	12593.523	13652.723	1059.2	8.41
氮氧化物排放量	22747.215	24863.209	2115.994	9.30
2017	1.0613843			
煤炭	1033.3724	1096.8052	63.432829	6.14
石油	430.4102	356.12468	-74.285522	-17.26
天然气	208.9115	221.73538	12.823884	6.14
电量	868.5909	877.92649	9.3355899	1.07
第一产业 GDP	235.0972	247.48062	12.383416	5.27
第二产业 GDP	2084.8101	2199.4056	114.59546	5.50
第三产业 GDP	4437.0557	4640.349	203.2933	4.58
工业废气排放量	1062.2402	1143.5738	81.333619	7.66
工业烟尘排放量	13526.963	13526.963	0	0.00
二氧化硫排放量	35330.781	37969.372	2638.5906	7.47
氮氧化物排放量	23167.234	24416.286	1249.0521	5.39
2018	0.9730893			
煤炭	1032.004	1004.2321	-27.771943	-2.69
石油	443.2789	431.34996	-11.928943	-2.69
天然气	258.0477	245.22486	-12.822844	-4.97
电量	936.0924	892.38015	-43.712254	-4.67
第一产业 GDP	241.7678	243.56777	1.7999673	0.74
第三产业 GDP	4998.2885	5397.363	399.07447	7.98
工业废气排放量	1049.2265	1073.6054	24.378941	2.32
二氧化硫排放量	34303.851	35602.306	1298.4551	3.79
氮氧化物排放量	23021.49	23366.46	344.96945	1.50

续表 6-7

投入产出指标	调整前指标值	调整目标值	调整幅度	调整百分比/%
2019	0.992667			
煤炭	1028.9193	1021.3742	−7.5450583	−0.73
石油	459.4459	456.07679	−3.3691137	−0.73
天然气	270.9547	251.2909	−19.663803	−7.26
电量	967.2442	918.65997	−48.584232	−5.02
第一产业 GDP	247.7453	248.05008	0.3047837	0.12
第二产业 GDP	2141.4729	2149.304	7.8310775	0.37
工业废气排放量	1060.7068	1082.0236	21.316809	2.01
二氧化硫排放量	34349.491	36066.043	1716.5518	5.00
氮氧化物排放量	23359.423	23821.351	461.92845	1.98
2020	1.0798534			
煤炭	983.6355	1062.1821	78.546645	7.99
石油	477.0681	450.78365	−26.284448	−5.51
天然气	278.2149	281.07255	2.8576467	1.03
电量	936.2586	986.26216	50.00356	5.34
第一产业 GDP	253.0451	256.35784	3.3127378	1.31
第二产业 GDP	2160.643	2194.8548	34.211776	1.58
工业烟尘排放量	13186.342	13754.66	568.31895	4.31
二氧化硫排放量	35814.613	36159.27	344.65668	0.96
氮氧化物排放量	23728.729	24467.342	738.61298	3.11
2021	1.0430711			
煤炭	1064.1236	1109.9566	45.832951	4.31
石油	416.8013	434.75338	17.952081	4.31
天然气	283.597	290.49837	6.9013698	2.43
电量	969.9313	931.86346	−38.067837	−3.92
第一产业 GDP	257.7196	262.25898	4.5393768	1.76
第二产业 GDP	2175.4096	2228.2459	52.836312	2.43
工业废气排放量	1064.6309	1092.4106	27.779667	2.61
氮氧化物排放量	25034.2	25706.283	672.08312	2.68
2022	1.1566548			
煤炭	1138.6582	1176.1852	37.527021	3.30
石油	424.5694	447.93613	23.36673	5.50

续表 6-7

投入产出指标	调整前指标值	调整目标值	调整幅度	调整百分比/%
天然气	304. 705	313. 40409	8. 6990946	2. 85
电量	909. 6206	1052. 117	142. 49643	15. 67
第一产业 GDP	261. 832	281. 6882	19. 856202	7. 58
第二产业 GDP	2186. 7419	2373. 615	186. 87306	8. 55
工业废气排放量	1026. 3425	1160. 0058	133. 6633	13. 02
工业烟尘排放量	13097. 777	14760. 838	1663. 0609	12. 70
氮氧化物排放量	26253. 919	27511. 802	1257. 8829	4. 79
2023	1. 0189989			
煤炭	1238. 197	1261. 7213	23. 524341	1. 90
石油	339. 9501	346. 40877	6. 458667	1. 90
天然气	310. 1454	316. 03781	5. 8924114	1. 90
电量	926. 8372	902. 96422	−23. 87298	−2. 58
第二产业 GDP	2195. 41	2210. 4585	15. 048504	0. 69
工业废气排放量	1047. 924	1078. 7272	30. 80321	2. 94
工业烟尘排放量	13598. 53	13647. 536	49. 006623	0. 36
二氧化硫排放量	11664. 028	22691. 913	11027. 885	94. 55
氮氧化物排放量	27386. 585	27573. 013	186. 42856	0. 68
2024	1. 0227444			
石油	348. 1264	321. 74104	−26. 385359	−7. 58
天然气	331. 6984	339. 24269	7. 5442929	2. 27
电量	893. 8333	912. 88149	19. 048193	2. 13
第一产业 GDP	268. 6188	272. 25514	3. 6363447	1. 35
第二产业 GDP	2202. 0205	2237. 0639	35. 043384	1. 59
工业烟尘排放量	13516. 767	13858. 047	341. 27997	2. 52
氮氧化物排放量	28436. 44	28675. 816	239. 37579	0. 84
2025	1. 3711181			
煤炭	1387. 6508	1470. 7748	83. 124009	5. 99
石油	283. 3778	388. 54442	105. 16662	37. 11
天然气	368. 6332	369. 43401	0. 8008117	0. 22
电量	857. 8933	996. 20743	138. 31413	16. 12
第一产业 GDP	271. 4046	299. 2952	27. 890603	10. 28

续表 6-7

投入产出指标	调整前指标值	调整目标值	调整幅度	调整百分比/%
第二产业 GDP	2207.0486	2453.8057	246.75709	11.18
工业废气排放量	1046.9702	1187.39	140.41975	13.41
工业烟尘排放量	13675.387	15059.788	1384.4001	10.12
氮氧化物排放量	29408.975	31672.529	2263.5534	7.70

下面采用超效率 Supper-BCC-I 模型来解析能源最优消费结构情景下西安市能耗结构投入导向型最佳调整策略[8~12]。

从表 6-8 可知，2018 年效率值小于 1，而 2016、2017、2019~2025 年间每年的效率值均大于或等于 1，故 2018 年的技术效率均为 DEA 弱效；而 2016、2017、2019~2025 年的技术效率均为 DEA 有效，不同年间的效率排名如表 6-8 所示。2016~2025 年间西安市规模收益可变条件下投入产出最大调整空间如表 6-9 所示。

表 6-8 2016~2025 年间西安市规模收益可变条件下投入产出最大调整参考标杆

年度	效率	排名	参考标杆
2016	1.4498858	1	2017(4.73E-02);2020(0.41700746);2021(0.495257631);2024(4.04E-02)
2017	1.3524588	2	2019(8.33E-02);2021(0.916723656)
2018	0.9735445	10	2016(0.212483554);2017(0.184238496);2020(0.603267949)
2019	1.0140092	4	2017(0.354558534);2020(0.122836275);2021(0.522605191)
2020	1	5	—
2021	1	5	—
2022	1	5	—
2023	1.0745838	3	2021(0.340206152);2024(0.173985716);2025(0.485808132)
2024	1	5	—
2025	1	5	—

表 6-9 2016~2025 年间西安市规模收益可变条件下投入产出最大调整空间

投入产出指标	调整前指标值	调整目标值	调整幅度	调整百分比/%
2016	1.4498858			
石油	303.3351	439.80126	136.46616	44.99
天然气	192.9551	279.76286	86.807763	44.99
电量	799.8741	948.01868	148.14458	18.52
第一产业 GDP	227.841	255.14039	27.29939	11.98

续表 6-9

投入产出指标	调整前指标值	调整目标值	调整幅度	调整百分比/%
第二产业 GDP	2044. 0238	2166. 0405	122. 01665	5. 97
第三产业 GDP	3935. 6511	6717. 5046	2781. 8535	70. 68
工业烟尘排放量	12593. 523	13386. 307	792. 78362	6. 30
氮氧化物排放量	22747. 215	24538. 98	1791. 7652	7. 88
2017	1. 3524588			
煤炭	1033. 3724	1061. 1919	27. 819515	2. 69
石油	430. 4102	420. 35259	-10. 057614	-2. 34
天然气	208. 9115	282. 5442	73. 632695	35. 25
电量	868. 5909	969. 70753	101. 11663	11. 64
第一产业 GDP	235. 0972	256. 88898	21. 791777	9. 27
第二产业 GDP	2084. 8101	2172. 5835	87. 773376	4. 21
第三产业 GDP	4437. 0557	6923. 4554	2486. 3997	56. 04
工业废气排放量	1062. 2402	1064. 3041	2. 0639153	0. 19
二氧化硫排放量	35330. 781	37018. 067	1687. 286	4. 78
氮氧化物排放量	23167. 234	24894. 731	1727. 4964	7. 46
2018	0. 9735445			
煤炭	1032. 004	1004. 7018	-27. 302164	-2. 65
石油	443. 2789	431. 55174	-11. 727157	-2. 65
天然气	258. 0477	247. 32746	-10. 720242	-4. 15
电量	936. 0924	894. 80278	-41. 289621	-4. 41
第一产业 GDP	241. 7678	244. 38042	2. 6126187	1. 08
第二产业 GDP	2116. 6913	2121. 8704	5. 179092	0. 24
第三产业 GDP	4998. 2885	5450. 5905	452. 30199	9. 05
工业废气排放量	1049. 2265	1076. 1525	26. 926029	2. 57
二氧化硫排放量	34303. 851	35681. 551	1377. 6997	4. 02
氮氧化物排放量	23021. 49	23416. 487	394. 99682	1. 72
2019	1. 0140092			
煤炭	1028. 9193	1043. 3336	14. 414341	1. 40
石油	459. 4459	429. 0294	-30. 416499	-6. 62
天然气	270. 9547	256. 4555	-14. 499198	-5. 35
电量	967. 2442	929. 86397	-37. 380233	-3. 86
第一产业 GDP	247. 7453	249. 12444	1. 3791369	0. 56

续表 6-9

投入产出指标	调整前指标值	调整目标值	调整幅度	调整百分比/%
第三产业 GDP	5614.3463	6026.6865	412.34016	7.34
工业废气排放量	1060.7068	1065.9114	5.2046322	0.49
二氧化硫排放量	34349.491	36398.686	2049.1952	5.97
氮氧化物排放量	23359.423	24211.892	852.46915	3.65
2023	1.0745838			
煤炭	1238.197	1266	27.802974	2.25
天然气	310.1454	333.27723	23.131834	7.46
电量	926.8372	902.26236	-24.574836	-2.65
第一产业 GDP	265.4456	266.26419	0.8185894	0.31
第三产业 GDP	8776.258	9383.4477	607.18975	6.92
工业废气排放量	1047.924	1056.2502	8.3262454	0.79
二氧化硫排放量	11664.028	22497.116	10833.089	92.88
氮氧化物排放量	27386.585	27751.442	364.85766	1.33

6.3 产出导向型调整策略

下面采用超效率 Supper-CCR-O 模型来解析能源最优消费结构情景下西安市能耗结构产出导向型最佳调整策略[13~18]。

从表 6-10 可知，2018 年和 2019 年效率值小于 1，而 2016、2017、2020 ~ 2025 年间每年的效率值均大于 1，故 2018 年和 2019 年的规模效率和技术效率均为 DEA 弱效；而 2016、2017、2020 ~ 2025 年的规模效率和技术效率均为 DEA 有效，不同年间的效率排名如表 6-10 所示。表 6-11 给出了 2016 ~ 2025 年间西安市规模收益不变条件下投入产出最大调整空间。

表 6-10 2016 ~ 2025 年间西安市规模收益不变条件下投入最大可能调整参考标杆

年度	效率	排名	参 考 标 杆
2016	1.3750408	1	2017(0.250589375);2021(0.439617567);2025(4.32E-02)
2017	1.0613843	5	2016(0.824500316);2020(0.179070061)
2018	0.9730893	10	2016(0.203193602);2017(0.23200736);2020(0.590659519)
2019	0.992667	9	2017(0.435982912);2020(0.49294756);2021(8.79E-02)
2020	1.0798534	4	2019(0.570114602);2021(0.373108522)
2021	1.0430711	6	2016(0.143814757);2020(0.41070618); 2022(0.379962723);2025(0.056186031)

续表 6-10

年度	效率	排名	参　考　标　杆
2022	1. 1566548	3	2021(0. 900317314);2025(4. 24E-02)
2023	1. 0189989	8	2016(0. 138343567);2021(0. 221031999); 2024(0. 38811701);2025(0. 249650601)
2024	1. 0227444	7	2016(7. 20E-03);2023(0. 576022686);2025(0. 411409443)
2025	1. 3711181	2	2022(5. 66E-03);2024(0. 807102256)

表 6-11　2016～2025 年间西安市规模收益不变条件下投入产出最大调整空间

投入产出指标	调整前指标值	调整目标值	调整幅度	调整百分比/%
2016	1. 3750408			
煤炭	1039. 6997	786. 72461	－252. 97509	－24. 33
电量	799. 8741	681. 13093	－118. 74317	－14. 85
第一产业 GDP	227. 841	183. 93923	－43. 901775	－19. 27
第二产业 GDP	2044. 0238	1574. 1535	－469. 87031	－22. 99
第三产业 GDP	3935. 6511	4678. 0623	742. 41118	18. 86
工业废气排放量	1071. 7888	779. 45964	－292. 32916	－27. 27
工业烟尘排放量	12593. 523	9928. 9585	－2664. 5644	－21. 16
二氧化硫排放量	35609. 592	25897. 117	－9712. 4751	－27. 27
氮氧化物排放量	22747. 215	18081. 797	－4665. 4175	－20. 51
2017	1. 0613843			
石油	430. 4102	335. 5285	－94. 8817	－22. 04
电量	868. 5909	827. 15233	－41. 438567	－4. 77
第一产业 GDP	235. 0972	233. 16778	－1. 9294221	－0. 82
第二产业 GDP	2084. 8101	2072. 2047	－12. 605358	－0. 60
第三产业 GDP	4437. 0557	4371. 9782	－65. 077471	－1. 47
工业废气排放量	1062. 2402	1077. 4362	15. 195967	1. 43
工业烟尘排放量	13526. 963	12744. 643	－782. 32081	－5. 78
二氧化硫排放量	35330. 781	35773. 445	442. 66317	1. 25
氮氧化物排放量	23167. 234	23004. 191	－163. 04378	－0. 70
2018	0. 9730893			
天然气	258. 0477	252. 00653	－6. 0411738	－2. 34
电量	936. 0924	917. 05883	－19. 033565	－2. 03
第一产业 GDP	241. 7678	250. 30361	8. 5358111	3. 53
第二产业 GDP	2116. 6913	2175. 2282	58. 536899	2. 77

续表 6-11

投入产出指标	调整前指标值	调整目标值	调整幅度	调整百分比/%
第三产业 GDP	4998.2885	5546.6265	548.33804	10.97
工业废气排放量	1049.2265	1103.2959	54.069399	5.15
工业烟尘排放量	13123.001	13485.916	362.91537	2.77
二氧化硫排放量	34303.851	36586.885	2283.0335	6.66
氮氧化物排放量	23021.49	24012.657	991.1667	4.31
2019	0.992667			
天然气	270.9547	253.14722	-17.807477	-6.57
电量	967.2442	925.44626	-41.797941	-4.32
第一产业 GDP	247.7453	249.88247	2.1371702	0.86
第二产业 GDP	2141.4729	2165.1812	23.708337	1.11
第三产业 GDP	5614.3463	5655.8204	41.474093	0.74
工业废气排放量	1060.7068	1090.0167	29.309894	2.76
工业烟尘排放量	13487.019	13586.65	99.630811	0.74
二氧化硫排放量	34349.491	36332.469	1982.9775	5.77
氮氧化物排放量	23359.423	23997.324	637.90067	2.73
2020	1.0798534			
石油	477.0681	417.44893	-59.619167	-12.50
天然气	278.2149	260.28769	-17.927212	-6.44
电量	936.2586	913.32968	-22.928925	-2.45
第一产业 GDP	253.0451	237.40059	-15.644508	-6.18
第二产业 GDP	2160.643	2032.5488	-128.09417	-5.93
第三产业 GDP	6293.8084	5828.3915	-465.41691	-7.39
工业废气排放量	1081.9562	1001.9473	-80.008904	-7.39
工业烟尘排放量	13186.342	12737.526	-448.81586	-3.40
二氧化硫排放量	35814.613	33485.351	-2329.2626	-6.50
氮氧化物排放量	23728.729	22658.021	-1070.7072	-4.51
2021	1.0430711			
天然气	283.597	278.50295	-5.0940524	-1.80
电量	969.9313	893.38443	-76.546868	-7.89
第一产业 GDP	257.7196	251.42963	-6.2899685	-2.44
第二产业 GDP	2175.4096	2136.2359	-39.173672	-1.80
第三产业 GDP	7042.3765	6751.5787	-290.79777	-4.13

续表 6-11

投入产出指标	调整前指标值	调整目标值	调整幅度	调整百分比/%
工业废气排放量	1064. 6309	1047. 3021	-17. 328765	-1. 63
工业烟尘排放量	13530. 592	12971. 879	-558. 71282	-4. 13
二氧化硫排放量	37260. 484	35721. 903	-1538. 5809	-4. 13
氮氧化物排放量	25034. 2	24644. 805	-389. 39519	-1. 56
2022	1. 1566548			
煤炭	1138. 6582	1016. 8853	-121. 77293	-10. 69
石油	424. 5694	387. 26864	-37. 300761	-8. 79
天然气	304. 705	270. 95733	-33. 747671	-11. 08
第一产业 GDP	261. 832	243. 53697	-18. 295033	-6. 99
第二产业 GDP	2186. 7419	2052. 1377	-134. 60416	-6. 16
第三产业 GDP	7867. 2809	6801. 7536	-1065. 5273	-13. 54
工业废气排放量	1026. 3425	1002. 8971	-23. 445354	-2. 28
工业烟尘排放量	13097. 777	12761. 662	-336. 11473	-2. 57
二氧化硫排放量	39554. 136	34197. 01	-5357. 1257	-13. 54
氮氧化物排放量	26253. 919	23785. 664	-2468. 2554	-9. 40
2023	1. 0189989			
电量	926. 8372	886. 12878	-40. 708423	-4. 39
第一产业 GDP	265. 4456	260. 49646	-4. 9491378	-1. 86
第二产业 GDP	2195. 41	2169. 2453	-26. 164701	-1. 19
第三产业 GDP	8776. 258	8612. 6278	-163. 63018	-1. 86
工业废气排放量	1047. 924	1058. 6147	10. 690728	1. 02
工业烟尘排放量	13598. 53	13393. 083	-205. 44678	-1. 51
二氧化硫排放量	11664. 028	22268. 83	10604. 802	90. 92
氮氧化物排放量	27386. 585	27058. 924	-327. 66037	-1. 20
2024	1. 0227444			
煤炭	1321. 0656	1291. 6035	-29. 462048	-2. 23
石油	348. 1264	314. 58596	-33. 540439	-9. 63
电量	893. 8333	892. 58026	-1. 253041	-0. 14
第一产业 GDP	268. 6188	266. 20056	-2. 4182369	-0. 90
第二产业 GDP	2202. 0205	2187. 3146	-14. 705854	-0. 67
第三产业 GDP	9777. 8876	9560. 4408	-217. 44683	-2. 22

续表 6-11

投入产出指标	调整前指标值	调整目标值	调整幅度	调整百分比/%
工业废气排放量	1065.775	1042.0736	-23.701377	-2.22
工业烟尘排放量	13516.767	13549.863	33.095977	0.24
二氧化硫排放量	13591.512	13289.255	-302.25661	-2.22
氮氧化物排放量	28436.44	28038.105	-398.33508	-1.40
2025	1.3711181			
煤炭	1387.6508	1072.6828	-314.96797	-22.70
石油	283.3778	283.3778	0	0.00
天然气	368.6332	269.43997	-99.193229	-26.91
电量	857.8933	726.56576	-131.32754	-15.31
第一产业 GDP	271.4046	218.28551	-53.119092	-19.57
第二产业 GDP	2207.0486	1789.6385	-417.41008	-18.91
第三产业 GDP	10881.611	7936.305	-2945.3061	-27.07
工业废气排放量	1046.9702	866.00125	-180.96895	-17.29
工业烟尘排放量	13675.387	10983.582	-2691.8055	-19.68
二氧化硫排放量	15347.914	11193.722	-4154.1923	-27.07
氮氧化物排放量	29408.975	23099.782	-6309.193	-21.45

下面采用超效率 Supper-BCC-O 模型来解析能源最优消费结构情景下西安市能耗结构产出导向型最佳调整策略。

从表 6-12 可知，2018 年效率值小于 1，而 2016、2017、2019～2025 年间每年的效率值均大于 1，故 2018 年的技术效率均为 DEA 弱效；而 2016、2017、2019～2025 年的技术效率均为 DEA 有效，不同年间的效率排名如表 6-12 所示。表 6-13 给出了 2016～2025 年间西安市规模收益可变条件下投入产出最大调整空间。

表 6-12 2016～2025 年间西安市规模收益可变条件下投入最大可能调整参考标杆

年度	效率	排名	参考标杆
2016	1	7	—
2017	1.0617232	3	2016(0.804094307);2019(0.102818137);2020(0.093087556)
2018	0.9881186	10	2017(0.322205275);2020(0.275958821);2021(0.401835905)
2019	1.003943	6	2017(0.422429197);2020(0.275992293);2021(0.30157851)
2020	1	7	—

续表 6-12

年度	效率	排名	参考标杆
2021	1.0646848	2	2016(0.183165492);2020(0.495328257);2022(0.2396075);2025(8.19E-02)
2022	1.1680579	1	2016(0.265645016);2021(0.599335853);2025(0.135009132)
2023	1.0223991	5	2016(0.146960967);2021(0.231543162);2024(0.351341814);2025(0.270144057)
2024	1.0255472	4	2016(0.86E-02);2023(0.545495098);2025(0.42588402)
2025	1	7	—

表 6-13　2016～2025 年间西安市规模收益可变条件下投入产出最大调整空间

投入产出指标	调整前指标值	调整目标值	调整幅度	调整百分比/%
2017	1.0617232			
石油	430.4102	335.5585	-94.851698	-22.04
电量	868.5909	829.77848	-38.812418	-4.47
第一产业 GDP	235.0972	232.23371	-2.8634889	-1.22
第二产业 GDP	2084.8101	2064.8991	-19.910969	-0.96
第三产业 GDP	4437.0557	4327.7665	-109.28919	-2.46
工业废气排放量	1062.2402	1071.5958	9.35562783	0.88
工业烟尘排放量	13526.963	12740.575	-786.38886	-5.81
二氧化硫排放量	35330.781	35499.115	168.334044	0.48
氮氧化物排放量	23167.234	22901.527	-265.70682	-1.15
2018	0.9881186			
石油	443.2789	437.81731	-5.4615856	-1.23
电量	936.0924	927.98661	-8.10579	-0.87
第一产业 GDP	241.7678	249.14057	7.37277389	3.05
第二产业 GDP	2116.6913	2142.143	25.4516897	1.20
第三产业 GDP	4998.2885	5996.3544	998.065926	19.97
工业废气排放量	1049.2265	1068.6417	19.4151732	1.85
工业烟尘排放量	13123.001	13434.424	311.422784	2.37
二氧化硫排放量	34303.851	36239.723	1935.87176	5.64
氮氧化物排放量	23021.49	24072.397	1050.90738	4.56
2019	1.003943			
石油	459.4459	439.18327	-20.262631	-4.41
天然气	270.9547	250.56225	-20.392454	-7.53

续表 6-13

投入产出指标	调整前指标值	调整目标值	调整幅度	调整百分比/%
电量	967.2442	917.82875	-49.415449	-5.11
第一产业 GDP	247.7453	246.87311	-0.8721882	-0.35
第二产业 GDP	2141.4729	2133.0623	-8.4106418	-0.39
第三产业 GDP	5614.3463	5735.2139	120.867599	2.15
工业废气排放量	1060.7068	1068.4026	7.6958478	0.73
工业烟尘排放量	13487.019	13434.049	-52.970311	-0.39
二氧化硫排放量	34349.491	36046.272	1696.78117	4.94
氮氧化物排放量	23359.423	23885.239	525.816161	2.25
2021	1.0646848			
天然气	283.597	276.34693	-7.2500672	-2.56
电量	969.9313	898.4684	-71.462898	-7.37
第一产业 GDP	257.7196	252.03489	-5.6847082	-2.21
第二产业 GDP	2175.4096	2149.3144	-26.095231	-1.20
第三产业 GDP	7042.3765	6614.5177	-427.85884	-6.08
工业废气排放量	1064.6309	1063.8926	-0.7382558	-0.07
工业烟尘排放量	13530.592	13096.452	-434.13961	-3.21
二氧化硫排放量	37260.484	34996.728	-2263.7568	-6.08
氮氧化物排放量	25034.2	24618.915	-415.28529	-1.66
2022	1.1680579			
煤炭	1138.6582	1101.304	-37.354202	-3.28
石油	424.5694	368.64201	-55.927389	-13.17
天然气	304.705	270.99626	-33.708741	-11.06
第一产业 GDP	261.832	251.62752	-10.204478	-3.90
第二产业 GDP	2186.7419	2144.7574	-41.984483	-1.92
第三产业 GDP	7867.2809	6735.3517	-1131.9292	-14.39
工业废气排放量	1026.3425	1064.1374	37.7948584	3.68
工业烟尘排放量	13097.777	13301.078	203.300559	1.55
二氧化硫排放量	39554.136	33863.163	-5690.9729	-14.39
氮氧化物排放量	26253.919	25017.058	-1236.861	-4.71
2023	1.0223991			
电量	926.8372	887.92702	-38.910179	-4.20
第一产业 GDP	265.4456	260.8523	-4.593299	-1.73

续表 6-13

投入产出指标	调整前指标值	调整目标值	调整幅度	调整百分比/%
第二产业 GDP	2195. 41	2173. 9759	-21. 434129	-0. 98
第三产业 GDP	8776. 258	8583. 9846	-192. 27345	-2. 19
工业废气排放量	1047. 924	1061. 3032	13. 3792226	1. 28
工业烟尘排放量	13598. 53	13427. 003	-171. 52693	-1. 26
二氧化硫排放量	11664. 028	22782. 045	11118. 0167	95. 32
氮氧化物排放量	27386. 585	27075. 021	-311. 56409	-1. 14
2024	1. 0255472			
煤炭	1321. 0656	1296. 1554	-24. 91013	-1. 89
石油	348. 1264	314. 80587	-33. 320526	-9. 57
第一产业 GDP	268. 6188	266. 90489	-1. 7139124	-0. 64
第二产业 GDP	2202. 0205	2196. 0134	-6. 0070531	-0. 27
第三产业 GDP	9777. 8876	9534. 3124	-243. 57516	-2. 49
工业废气排放量	1065. 775	1048. 1901	-17. 584894	-1. 65
工业烟尘排放量	13516. 767	13602. 372	85. 6045402	0. 63
二氧化硫排放量	13591. 512	13917. 923	326. 411584	2. 40
氮氧化物排放量	28436. 44	28114. 878	-321. 56173	-1. 13

6.4　规模收益不变 SBM 调整策略

下面采用超效率 Supper-SBM-C 模型来解析能源最优消费结构情景下西安市能耗结构产出导向型最佳调整策略。

从表 6-14 可知，2018 年和 2019 年效率值小于 1，而 2016、2017、2020 ~ 2025 年间每年的效率值均大于 1，故 2018 年和 2019 年的规模效率和技术效率均为 DEA 弱效；而 2016、2017、2020 ~ 2025 年的规模效率和技术效率均为 DEA 有效，不同年间的效率排名如表 6-14 所示。表 6-15 给出了 2016 ~ 2025 年间西安市规模收益不变条件下投入产出最大调整空间。

表 6-14　2016 ~ 2025 年间西安市规模收益不变条件下投入最大可能调整参考标杆

年度	效率	排名	参　考　标　杆
2016	1. 132762	1	2017(0. 930994084)
2017	1. 0117968	6	2016(0. 853744835);2020(3. 25E-02);2021(0. 123856728)
2018	0. 9130407	10	2016(0. 502756957);2017(0. 109919197);2020(0. 402283446)

续表 6-14

年度	效率	排名	参考标杆
2019	0.9448684	9	2016(0.171879981);2017(0.230912296);2020(0.621772334)
2020	1.0223095	4	2016(0.246393365);2019(3.04E-02);2021(0.731763227)
2021	1.0147807	5	2016(0.182370101);2020(0.242207588);2022(0.543269641);2023(3.32E-02);2025(1.41E-02)
2022	1.0370921	3	2021(0.815374064);2025(0.195293668)
2023	1.0082594	7	2016(0.19053769);2021(0.28469633);2024(0.165375896);2025(0.373775981)
2024	1.005345	8	2016(0.090948133);2023(0.405759851);2025(0.518727585)
2025	1.0972162	2	2016(6.96E-02);2024(0.946895734)

表 6-15 2016～2025 年间西安市规模收益不变条件下投入产出最大调整空间

投入产出指标	调整前指标值	调整目标值	调整幅度	调整百分比/%
2016	1.132762			
石油	303.3351	400.70935	97.37425	32.10
天然气	192.9551	194.49537	1.5402706	0.80
电量	799.8741	808.65299	8.7788893	1.10
第一产业 GDP	227.841	218.8741	-8.9668976	-3.94
第二产业 GDP	2044.0238	1940.9459	-103.07793	-5.04
工业废气排放量	1071.7888	988.93934	-82.849458	-7.73
二氧化硫排放量	35609.592	32892.748	-2716.8432	-7.63
氮氧化物排放量	22747.215	21568.558	-1178.6565	-5.18
2017	1.0117968			
煤炭	1033.3724	1051.4396	18.067162	1.75
第一产业 GDP	235.0972	234.67117	-0.4260291	-0.18
工业烟尘排放量	13526.963	12856.526	-670.43761	-4.96
2018	0.9130407			
石油	443.2789	391.73077	-51.548126	-11.63
天然气	258.0477	231.89415	-26.153548	-10.14
电量	936.0924	874.25842	-61.833982	-6.61
第一产业 GDP	241.7678	242.1862	0.418398	0.17
第二产业 GDP	2116.6913	2125.9987	9.3074487	0.44
工业废气排放量	1049.2265	1090.8629	41.636434	3.97
二氧化硫排放量	34303.851	36194.127	1890.2759	5.51

续表 6-15

投入产出指标	调整前指标值	调整目标值	调整幅度	调整百分比/%
氮氧化物排放量	23021.49	23528.519	507.02883	2.20
2019	0.9448684			
石油	459.4459	448.15199	−11.293915	−2.46
天然气	270.9547	254.39168	−16.563019	−6.11
电量	967.2442	920.19036	−47.05384	−4.86
第一产业 GDP	247.7453	250.78458	3.0392837	1.23
第二产业 GDP	2141.4729	2176.1631	34.690202	1.62
工业废气排放量	1060.7068	1102.2338	41.526995	3.92
二氧化硫排放量	34349.491	36547.423	2197.9325	6.40
氮氧化物排放量	23359.423	24013.257	653.83413	2.80
2020	1.0223095			
煤炭	983.6355	1066.1521	82.5166	8.39
第一产业 GDP	253.0451	252.26242	−0.7826789	−0.31
工业废气排放量	1081.9562	1075.3966	−6.5596454	−0.61
2021	1.0147807			
煤炭	1064.1236	1107.0922	42.968637	4.04
第三产业 GDP	7042.3765	6960.7209	−81.655593	−1.16
工业烟尘排放量	13530.592	13250.125	−280.46694	−2.07
2022	1.0370921			
电量	909.6206	958.39796	48.777356	5.36
二氧化硫排放量	39554.136	33378.583	−6175.5531	−15.61
氮氧化物排放量	26253.919	26155.624	−98.294965	−0.37
2023	1.0082594			
第一产业 GDP	265.4456	262.65172	−2.7938827	−1.05
第三产业 GDP	8776.258	8439.1404	−337.11761	−3.84
氮氧化物排放量	27386.585	27156.417	−230.16798	−0.84
2024	1.005345			
天然气	331.6984	334.61367	2.915267	0.88
第三产业 GDP	9777.8876	9563.5851	−214.3025	−2.19
2025	1.0972162			
石油	283.3778	350.74933	67.37153	23.77
电量	857.8933	902.03238	44.139085	5.15

续表 6-15

投入产出指标	调整前指标值	调整目标值	调整幅度	调整百分比/%
第一产业 GDP	271.4046	270.21008	-1.1945203	-0.44
第三产业 GDP	10881.611	9532.5329	-1349.0782	-12.40
氮氧化物排放量	29408.975	28509.385	-899.59003	-3.06

6.5 规模收益可变 SBM 调整策略

下面采用超效率 Supper-SBM-V 模型来解析能源最优消费结构情景下西安市能耗结构产出导向型最佳调整策略。

从表 6-16 可知，2018 年年效率值小于 1，而 2016、2017、2019～2025 年间每年的效率值均大于 1，故 2018 年和 2019 年的技术效率均为 DEA 弱效；而 2016、2017、2020～2025 年的技术效率均为 DEA 有效，不同年间的效率排名如表 6-16 所示。表 6-17 给出了 2016～2025 年间西安市规模收益可变条件下投入产出最大调整空间。

表 6-16 2016～2025 年间西安市规模收益可变条件下投入最大可能调整参考标杆

年度	效率	排名	参考标杆
2016	1.149626	1	2017(1)
2017	1.0128328	6	2016(0.819173196);2020(8.07E-02);2021(0.100173319)
2018	0.9183132	10	2016(0.341657617);2017(0.111437771); 2020(0.252809339);2021(0.294095274)
2019	1.0006957	9	2017(0.323431306);2020(0.313815324);2021(0.362753369)
2020	1.0227895	4	2016(0.196479333);2019(9.67E-02);2021(0.706771477)
2021	1.0174678	5	2016(0.14344606);2020(0.265111241);2022(0.56101941); 2025(3.04E-02)
2022	1.038782	3	2021(0.785138319);2025(0.214861681)
2023	1.0105318	7	2016(0.146991237);2021(0.231580085);2024(0.351212634); 2025(0.270216045)
2024	1.0080153	8	2022(5.93E-03);2023(0.515754017);2025(0.478314589)
2025	1.0999696	2	2016(7.98E-02);2024(0.92022908)

表 6-17 2016～2025 年间西安市规模收益可变条件下投入产出最大调整空间

投入产出指标	调整前指标值	调整目标值	调整幅度	调整百分比/%
2016	1.149626			
石油	303.3351	430.4059	127.0708	41.89
天然气	192.9551	208.90941	15.954311	8.27
电量	799.8741	868.58221	68.708114	8.59
工业废气排放量	1071.7888	1062.2296	-9.5592224	-0.89
二氧化硫排放量	35609.592	35330.428	-279.16361	-0.78
2017	1.0128328			
煤炭	1033.3724	1037.6245	4.25215	0.41
第一产业 GDP	235.0972	232.86684	-2.230363	-0.95
第二产业 GDP	2084.8101	2066.5909	-18.219203	-0.87
工业烟尘排放量	13526.963	12735.205	-791.75829	-5.85
氮氧化物排放量	23167.234	23055.472	-111.76225	-0.48
2018	0.9183132			
石油	443.2789	394.78726	-48.491636	-10.94
天然气	258.0477	242.94507	-15.102626	-5.85
电量	936.0924	892.02404	-44.068359	-4.71
第一产业 GDP	241.7678	243.8086	2.0408017	0.84
第三产业 GDP	4998.2885	5501.364	503.07546	10.06
工业废气排放量	1049.2265	1071.19	21.963534	2.09
二氧化硫排放量	34303.851	36115.873	1812.0216	5.28
氮氧化物排放量	23021.49	23714.748	693.25809	3.01
2019	1.0006957			
工业烟尘排放量	13487.019	13421.387	-65.631685	-0.49
2020	1.0227895			
煤炭	983.6355	1055.9188	72.283321	7.35
第一产业 GDP	253.0451	250.88407	-2.1610328	-0.85
第二产业 GDP	2160.643	2146.3117	-14.331343	-0.66
工业废气排放量	1081.9562	1065.6576	-16.298574	-1.51
2021	1.0174678			
煤炭	1064.1236	1090.9399	26.816307	2.52
第一产业 GDP	257.7196	254.91785	-2.801751	-1.09
第二产业 GDP	2175.4096	2159.9682	-15.441364	-0.71
第三产业 GDP	7042.3765	6977.8647	-64.511811	-0.92

续表 6-17

投入产出指标	调整前指标值	调整目标值	调整幅度	调整百分比/%
工业废气排放量	1064.6309	1048.233	-16.397928	-1.54
工业烟尘排放量	13530.592	13066.496	-464.09595	-3.43
2022	1.038782			
电量	909.6206	945.85863	36.238027	3.98
第一产业 GDP	261.832	260.65998	-1.1720179	-0.45
第二产业 GDP	2186.7419	2182.2076	-4.5342913	-0.21
二氧化硫排放量	39554.136	32552.313	-7001.8235	-17.70
氮氧化物排放量	26253.919	25974.172	-279.74747	-1.07
2023	1.0105318			
第一产业 GDP	265.4456	260.85355	-4.5920491	-1.73
第二产业 GDP	2195.41	2173.9925	-21.417512	-0.98
第三产业 GDP	8776.258	8583.8839	-192.37406	-2.19
工业烟尘排放量	13598.53	13427.122	-171.40778	-1.26
氮氧化物排放量	27386.585	27075.077	-311.50755	-1.14
2024	1.0080153			
天然气	331.6984	338.0887	6.3902988	1.93
电量	893.8333	893.8333	0	0.00
第一产业 GDP	268.6188	268.27444	-0.3443571	-0.13
第二产业 GDP	2202.0205	2200.9255	-1.0950018	-0.05
工业废气排放量	1065.775	1047.3398	-18.435225	-1.73
氮氧化物排放量	28436.44	28347.205	-89.234604	-0.31
2025	1.0999696			
石油	283.3778	344.55336	61.175557	21.59
电量	857.8933	886.33809	28.444788	3.32
第一产业 GDP	271.4046	265.36592	-6.0386826	-2.22
第二产业 GDP	2207.0486	2189.417	-17.631642	-0.80
第三产业 GDP	10881.611	9311.847	-1569.7641	-14.43
工业烟尘排放量	13675.387	13443.119	-232.26806	-1.70
氮氧化物排放量	29408.975	27982.605	-1426.3699	-4.85

6.6　本章小结

（1）从规模收益不变角度看，2018 年和 2019 年效率值小于 1，而 2016、2017、2020～2025 年间每年的效率值均大于 1，故 2018 年和 2019 年的规模效率和技术效率均为 DEA 弱效；而 2016、2017、2020～2025 年的规模效率和技术效率均为 DEA 有效。

（2）从规模收益可变角度看，2018 年效率值小于 1，而 2016、2017、2019～2025 年间每年的效率值均大于或等于 1，故 2018 年的技术效率均为 DEA 弱效；而 2016、2017、2019～2025 年的规模效率和技术效率均为 DEA 有效。

（3）当某年度的效率值越大时，该年度的调整空间也越大。

参 考 文 献

［1］谭黎阳，赵宗源，李景霞．经济新常态下的低碳城镇化建设路径分析——基于地理加权回归模型［J］．生产力研究，2016（2）：1～9.

［2］李平，陈星星．我国八大经济区域能源消耗产出效率差异研究［J］．东南学术，2016（5）：91～105.

［3］陈钢，祁神军，张云波，等．三阶段 DEA 的区域建筑业碳排放效率评价［J］．华侨大学学报（自然科学版），2016，37（5）：564～569.

［4］胡健，孙金花．能源消耗弹性控制下的区域能源安全动态评价［J］．安全与环境学报，2016，16（5）：25～30.

［5］史亚东．碳减排约束下的能源利用效率研究［J］．生态经济，2015，31（3）：44～48.

［6］刘刚．我国低碳物流发展制约因素与实现路径分析［J］．经济研究导刊，2015（8）：45～46.

［7］李承财．基于环境 DEA 的山东省能源利用效率研究［J］．四川水泥，2015（5）：274.

［8］汪诚，赵孙龙，陈雨佳，等．我国区域能源总量控制及优化配置研究［J］．牡丹江师范学院学报（自然科学版），2015（2）：2～5.

［9］王丽琼．基于超效率 DEA～ESDA 的中国生态效率时空格局分析［J］．重庆师范大学学报（自然科学版），2015，32（5）：152～157.

［10］李若飞，荣莉莉，刘泉．我国城市能源效率的区域差异和计量分析［J］．科技与管理，2015，17（5）：37～42.

［11］郭军洋，郑绸，曲建升．高碳排放强度地区的减排压力与减排路径分析——以甘肃省为例［J］．开发研究，2014（3）：101～104.

［12］苑清敏，郑少宇．区域产业脱钩弹性与低碳经济路径分析［J］．环境科学与技术，2014，37（10）：177～181.

［13］李治．西安市低碳发展评价及路径分析［J］．新西部（理论版），2014（18）31～32.

［14］潘通．亚洲新兴市场化国家（地区）能源效率的测算分析［J］．经贸实践，2017

(3)：41.
[15] 陈澄，付伟．基于 DEA 的江苏省低碳经济发展效率评价 [J]．山西农经，2017 (1)：95 ~ 96.
[16] 徐洪波．我国区域低碳经济发展效率测度及评价 [J]．技术经济与管理研究，2017 (6)：116 ~ 119.
[17] 瞿艳平，戴育琴，李莉．中国出口农产品碳排放绩效变化、地区差异及影响因素 [J]．财经论丛，2017 (7)：20 ~ 28.
[18] 刘畅，李承财．基于 LMDI-ANN-DEA 集成方法的我国能源消费评价与优化研究 [J]．江淮论坛，2017 (4)：77 ~ 82.

7 不同情境下的能源消费结构最优调整策略

7.1 情景设置

以 2005 年为基准年，依据西安市发展规划对未来不同时期内人口、人均 GDP、产业结构、能源消费结构等内容的规划，并参考国内外相关研究对其的分析预测，设定了 3 种情景模式，分别为“基准情景”“政策情景”和“强化低碳情景”[1~5]。

基准情景是指不采取任何有针对性的措施来降低碳排放。西安市正处于经济、社会快速发展阶段，一切以经济发展为要务，技术进步对产业结构、能源消费强度、能源消费结构等的促进作用不明显，它们以经济增长为驱动力。西安市处于重工业化转型期，对消费能源的依赖性较强，工业对经济增长的贡献较大，第三产业逐步得到发展。随着居民收入水平以及人口素质的提高，人民的生育观念改变，出生率明显下降，2015 年之后人口自然增长率明显减缓并趋于稳定[6~8]。

政策情景是指按照《2009 中国可持续发展战略报告》提出的低碳经济发展目标：在 2005 年基础上，2020 年能耗强度和 CO_2 排放强度分别降低 40% ~60% 和 50% 左右。西安市加强宏观调控，在发展经济的同时，兼顾环境，促进经济—能源—经济的协调发展。根据低碳经济的发展要求，调整产业结构，尤其是降低高耗能行业的比重，增加第三产业等低耗能行业的比重，降低能源消费强度；提高能源效率，优化能源结构，强化太阳能等低碳能源对煤、石油、天然气等高碳能源的替代作用，较好地实现能源发展规划；碳排放虽随着经济发展依然在增长，但增长率得到了较好的控制，处于下降趋势[9~11]。

强化低碳情景是指西安市要完全实现减排指标，减排技术有了较大的突破，包括碳的捕获和封存技术、清洁能源的普及和实用性有了进步，低碳能源占能源消费的比重加大。产业结构优化升级效果明显，能源利用方式得到创新。碳排放与经济、人口、能源等逐步开始实现“脱钩”，碳排放处于下降趋势[12~14]。

表 7-1 给出了三种情境下的能源消费结构参数设计，表 7-2 给出了三种情景下的能源消费结构参数计算起点。

表 7-1 不同情境下的能源消费结构参数设计

参 数	基准情景		政策情景		强化低碳情景	
	参考基础	增长率/%	参考基础	增长率/%	参考基础	增长率/%
GDP①	6257.1800	8.3	6257.1800	8.5	6257.1800	8.8
第二产业占比①	35	-0.3(逐年)	35	-0.4(逐年)	35	-0.5(逐年)
第三产业占比①	61	0.3(逐年)	61	0.4(逐年)	61	0.5(逐年)
煤炭消费②	1028.919	-4	1028.919	-6	1028.919	-8
石油消费②	459.4459	-3	459.4459	-4	459.4459	-5
天然气消费②	270.9547	8	270.9547	10	270.9547	12
电力消费②	967.2442	7.5	967.2442	8.5	967.2442	9.5
工业废气排放量	1108.48	-6.5	1108.48	-7.5	1108.48	-8.5
工业烟尘排放量	16443.53	-6.5	16443.53	-7.5	16443.53	-8.5
二氧化硫排放量	38691.36	-6.5	38691.36	-7.5	38691.36	-8.5
氮氧化物排放量	22364.26	-6.5	22364.26	-7.5	22364.26	-8.5

① 以 2016 年为基准；
② 以 2015 年为基准。

表 7-2 不同情境下的能源消费结构参数计算起点数据

参 数	计 算 起 点	
	年 度	起 点 数 据
GDP	2016	6257.1800
第二产业占比	2016	61%
第三产业占比	2016	35%
煤炭消费	2015	1028.919
石油消费	2015	459.4459
天然气消费	2015	270.9547
电力消费	2015	967.2442
工业废气排放量	2015	1108.48
工业烟尘排放量	2015	16443.53
二氧化硫排放量	2015	38691.36
氮氧化物排放量	2015	22364.26

7.2 不同情境下投入产出指标值预测

依据表 7-1 和表 7-2，可以计算出西安市 2016～2025 年总 GDP、第一产业 GDP、第二产业 GDP、第三产业 GDP、单位 GDP 能耗、煤炭消费、石油消费、天然气消费、电力消费、工业废气排放量、工业烟尘排放量、二氧化硫排放量、氮氧化物排放量的预测值，如表 7-3 ~ 表 7-14 所示。

表 7-3 西安市总 GDP 情景预测结果 （亿元）

年度	基准情景	政策情景	强化低碳情景
2016	6257.18	6789.04	6807.81
2017	6776.53	7366.11	7406.90
2018	7338.98	7992.23	8058.70
2019	7948.11	8671.57	8767.87
2020	8607.81	9408.65	9539.44
2021	9322.25	10208.39	10378.91
2022	10096.00	11076.10	11292.26
2023	10933.97	12017.57	12285.98
2024	11841.49	13039.06	13367.14
2025	12824.33	14147.38	14543.45

表 7-4 西安市第一产业情景预测结果 （亿元）

年度	基准情景	政策情景	强化低碳情景
2016	250.29	271.56	272.31
2017	271.06	294.64	296.28
2018	293.56	319.69	322.35
2019	317.92	346.86	350.71
2020	344.31	376.35	381.58
2021	372.89	408.34	415.16
2022	403.84	443.04	451.69
2023	437.36	480.70	491.44
2024	473.66	521.56	534.69
2025	512.97	565.90	581.74

表 7-5 西安市第二产业情景预测结果 （亿元）

年度	基准情景	政策情景	强化低碳情景
2016	2190.01	2376.16	2382.73
2017	2351.45	2548.67	2555.38
2018	2524.61	2733.34	2739.96
2019	2710.31	2930.99	2937.24
2020	2909.44	3142.49	3148.02

续表 7-5

年度	基准情景	政策情景	强化低碳情景
2021	3122.96	3368.77	3373.15
2022	3351.87	3610.81	3613.52
2023	3597.28	3869.66	3870.08
2024	3860.33	4146.42	4143.81
2025	4142.26	4442.28	4435.75

表 7-6 西安市第三产业情景预测结果 （亿元）

年度	基准情景	政策情景	强化低碳情景
2016	3816.88	4141.31	4152.76
2017	4154.01	4522.79	4555.24
2018	4520.81	4939.20	4996.40
2019	4919.88	5393.71	5479.92
2020	5354.06	5889.81	6009.85
2021	5826.41	6431.28	6590.61
2022	6340.29	7022.25	7227.05
2023	6899.33	7667.21	7924.46
2024	7507.50	8371.08	8688.64
2025	8169.10	9139.21	9525.96

表 7-7 西安市全市煤炭消费情景预测结果 （万吨标准煤）

年度	基准情景	政策情景	强化低碳情景
2016	987.7625	967.1841	946.6058
2017	1190.276	1141.198	1093.152
2018	1142.665	1072.726	1005.701
2019	1096.958	1008.362	925.244
2020	1053.08	947.8603	851.2248
2021	1010.957	890.9889	783.1269
2022	970.5187	837.5296	720.4767
2023	931.6978	787.2778	662.8386
2024	894.4298	740.0411	609.8115
2025	858.6526	695.6386	561.0266

表 7-8　西安市全市石油消费情景预测结果　　（万吨标准煤）

年度	基准情景	政策情景	强化低碳情景
2016	459. 4459	459. 4459	459. 4459
2017	445. 6625	441. 068	436. 4736
2018	432. 2926	423. 4253	414. 6499
2019	419. 3238	406. 4883	393. 9174
2020	406. 7441	390. 2288	374. 2215
2021	394. 5418	374. 6196	355. 5105
2022	382. 7055	359. 6348	337. 7349
2023	371. 2244	345. 2494	320. 8482
2024	360. 0876	331. 4395	304. 8058
2025	349. 285	318. 1819	289. 5655

表 7-9　西安市全市天然气消费情景预测结果　　（万吨标准煤）

年度	基准情景	政策情景	强化低碳情景
2016	270. 9547	270. 9547	270. 9547
2017	292. 6311	298. 0501	303. 4692
2018	316. 0415	327. 8552	339. 8856
2019	341. 3249	360. 6407	380. 6718
2020	368. 6309	396. 7047	426. 3524
2021	398. 1213	436. 3752	477. 5147
2022	429. 971	480. 0127	534. 8165
2023	464. 3687	528. 014	598. 9945
2024	501. 5182	580. 8154	670. 8738
2025	541. 6397	638. 897	751. 3787

表 7-10　西安市全市电力消费情景预测结果　　（亿元）

年度	基准情景	政策情景	强化低碳情景
2016	1039. 788	1049. 46	1059. 132
2017	1117. 772	1138. 664	1159. 75
2018	1201. 604	1235. 451	1269. 926
2019	1291. 725	1340. 464	1390. 569
2020	1388. 604	1454. 403	1522. 673
2021	1492. 75	1578. 028	1667. 327
2022	1604. 706	1712. 16	1825. 723
2023	1725. 059	1857. 693	1999. 167
2024	1854. 438	2015. 597	2189. 088
2025	1993. 521	2186. 923	2397. 051

表 7-11 西安市工业废气排放量情景预测结果 （亿立方米）

年度	基准情景	政策情景	强化低碳情景
2016	1036.4288	1025.344	1014.2592
2017	969.060928	948.4432	928.047168
2018	906.0719677	877.31	849.1631587
2019	847.1772898	811.5117	776.9842902
2020	792.1107659	750.6483	710.9406256
2021	740.6235662	694.3497	650.5106724
2022	692.4830344	642.2735	595.2172652
2023	647.4716371	594.103	544.6237977
2024	605.3859807	549.5452	498.3307749
2025	566.035892	508.3294	455.972659

表 7-12 西安市工业烟尘排放量情景预测结果 （亿立方米）

年度	基准情景	政策情景	强化低碳情景
2016	15374.70055	15210.27	15045.82995
2017	14375.34501	14069.5	13766.9344
2018	13440.94759	13014.28	12596.74498
2019	12567.286	12038.21	11526.02166
2020	11750.41241	11135.35	10546.30982
2021	10986.6356	10300.2	9649.873481
2022	10272.50429	9527.68	8829.634236
2023	9604.791507	8813.104	8079.115326
2024	8980.480059	8152.122	7392.390523
2025	8396.748855	7540.712	6764.037328

表 7-13 西安市二氧化硫排放量情景预测结果 （亿立方米）

年度	基准情景	政策情景	强化低碳情景
2016	36176.4216	35789.51	35402.5944
2017	33824.9542	33105.29	32393.37388
2018	31626.33217	30622.4	29639.9371
2019	29570.62058	28325.72	27120.54244
2020	27648.53024	26201.29	24815.29634
2021	25851.37578	24236.19	22705.99615
2022	24171.03635	22418.48	20775.98647
2023	22599.91899	20737.09	19010.02762
2024	21130.92426	19181.81	17394.17528
2025	19757.41418	17743.17	15915.67038

表 7-14　西安市氮氧化物排放量情景预测结果　　（亿立方米）

年度	基准情景	政策情景	强化低碳情景
2016	20910. 5831	20686. 94	20463. 2979
2017	19551. 3952	19135. 42	18723. 91758
2018	18280. 55451	17700. 26	17132. 38458
2019	17092. 31847	16372. 74	15676. 13189
2020	15981. 31777	15144. 79	14343. 66068
2021	14942. 53211	14008. 93	13124. 44953
2022	13971. 26752	12958. 26	12008. 87132
2023	13063. 13514	11986. 39	10988. 11725
2024	12214. 03135	11087. 41	10054. 12729
2025	11420. 11931	10255. 85	9199. 526468

7.3　产出指标转化

对于越小越好型产出指标，应将其转化成越大越好型，转化时应避免数据中出现 0 或负数，转化方法如表 7-15 所示，产出指标转化后的结果如表 7-16 ~ 表 7-21 所示。

表 7-15　转化方法

名　称	基 准 情 景	政 策 情 景	强化低碳情景
工业废气排放量	1040 - 工业废气排放量	1030 - 工业废气排放量	1020 - 工业废气排放量
工业烟尘排放量	15400 - 工业烟尘排放量	15220 - 工业烟尘排放量	15100 - 工业烟尘排放量
二氧化硫排放量	36200 - 二氧化硫排放量	35800 - 二氧化硫排放量	35410 - 二氧化硫排放量
氮氧化物排放量	21000 - 氮氧化物排放量	20700 - 氮氧化物排放量	20500 - 氮氧化物排放量

表 7-16　2016 ~ 2025 年基准情景下各投入指标的预测值（万吨标准煤）

年度	煤炭	石油	天然气	电量
2016	987. 7625	459. 4459	270. 9547	1039. 788
2017	1190. 276	445. 6625	292. 6311	1117. 772
2018	1142. 665	432. 2926	316. 0415	1201. 604
2019	1096. 958	419. 3238	341. 3249	1291. 725
2020	1053. 08	406. 7441	368. 6309	1388. 604
2021	1010. 957	394. 5418	398. 1213	1492. 75
2022	970. 5187	382. 7055	429. 971	1604. 706
2023	931. 6978	371. 2244	464. 3687	1725. 059
2024	894. 4298	360. 0876	501. 5182	1854. 438
2025	858. 6526	349. 285	541. 6397	1993. 521

表 7-17 2016～2025 年基准情景下各产出指标的预测值

年度	第一产业GDP/亿元	第二产业GDP/亿元	第三产业GDP/亿元	工业废气排放量/亿立方米	工业烟尘排放量/亿立方米	二氧化硫排放量/亿立方米	氮氧化物排放量/亿立方米
2016	250.29	2190.01	3816.88	3.5712	25.29945	23.5784	89.4169
2017	271.06	2351.45	4154.01	70.939072	1024.65499	2375.0458	1448.6048
2018	293.56	2524.61	4520.81	133.9280323	1959.05241	4573.66783	2719.44549
2019	317.92	2710.31	4919.88	192.8227102	2832.714	6629.37942	3907.68153
2020	344.31	2909.44	5354.06	247.8892341	3649.58759	8551.46976	5018.68223
2021	372.89	3122.96	5826.41	299.3764338	4413.3644	10348.62422	6057.46789
2022	403.84	3351.87	6340.29	347.5169656	5127.49571	12028.96365	7028.73248
2023	437.36	3597.28	6899.33	392.5283629	5795.208493	13600.08101	7936.86486
2024	473.66	3860.33	7507.50	434.6140193	6419.519941	15069.07574	8785.96865
2025	512.97	4142.26	8169.10	473.964108	7003.251145	16442.58582	9579.88069

表 7-18 2016～2025 年政策情景下各投入指标的预测值（万吨标准煤）

年度	煤炭	石油	天然气	发电量
2016	967.1841	459.4459	270.9547	1049.46
2017	1141.198	441.068	298.0501	1138.664
2018	1072.726	423.4253	327.8552	1235.451
2019	1008.362	406.4883	360.6407	1340.464
2020	947.8603	390.2288	396.7047	1454.403
2021	890.9889	374.6196	436.3752	1578.028
2022	837.5296	359.6348	480.0127	1712.16
2023	787.2778	345.2494	528.014	1857.693
2024	740.0411	331.4395	580.8154	2015.597
2025	695.6386	318.1819	638.897	2186.923

表 7-19 2016～2025 年政策情景下各产出指标的预测值

年度	第一产业GDP/亿元	第二产业GDP/亿元	第三产业GDP/亿元	工业废气排放总量/亿立方米	工业烟尘排放量/亿立方米	二氧化硫排放量/亿立方米	氮氧化物排放量/亿立方米
2016	271.56	2376.16	4141.31	4.656	9.73	10.49	13.06
2017	294.64	2548.67	4522.79	81.5568	1150.5	2694.71	1564.58
2018	319.69	2733.34	4939.20	152.69	2205.72	5177.6	2999.74

续表 7-19

年度	第一产业GDP/亿元	第二产业GDP/亿元	第三产业GDP/亿元	工业废气排放总量/亿立方米	工业烟尘排放量/亿立方米	二氧化硫排放量/亿立方米	氮氧化物排放量/亿立方米
2019	346. 86	2930. 99	5393. 71	218. 4883	3181. 79	7474. 28	4327. 26
2020	376. 35	3142. 49	5889. 81	279. 3517	4084. 65	9598. 71	5555. 21
2021	408. 34	3368. 77	6431. 28	335. 6503	4919. 8	11563. 81	6691. 07
2022	443. 04	3610. 81	7022. 25	387. 7265	5692. 32	13381. 52	7741. 74
2023	480. 70	3869. 66	7667. 21	435. 897	6406. 896	15062. 91	8713. 61
2024	521. 56	4146. 42	8371. 08	480. 4548	7067. 878	16618. 19	9612. 59
2025	565. 90	4442. 28	9139. 21	521. 6706	7679. 288	18056. 83	10444. 15

表 7-20　2016～2025 年强化低碳情景下各投入指标的预测值

（万吨标准煤）

年度	煤炭	石油	天然气	发电量
2016	946. 6058	459. 4459	270. 9547	1059. 132
2017	1093. 152	436. 4736	303. 4692	1159. 75
2018	1005. 701	414. 6499	339. 8856	1269. 926
2019	925. 244	393. 9174	380. 6718	1390. 569
2020	851. 2248	374. 2215	426. 3524	1522. 673
2021	783. 1269	355. 5105	477. 5147	1667. 327
2022	720. 4767	337. 7349	534. 8165	1825. 723
2023	662. 8386	320. 8482	598. 9945	1999. 167
2024	609. 8115	304. 8058	670. 8738	2189. 088
2025	561. 0266	289. 5655	751. 3787	2397. 051

表 7-21　2016～2025 年强化低碳情景下各产出指标的预测值

年度	第一产业GDP/亿元	第二产业GDP/亿元	第三产业GDP/亿元	工业废气排放量/亿立方米	工业烟尘排放量/亿立方米	二氧化硫排放量/亿立方米	氮氧化物排放量/亿立方米
2016	272. 31	2382. 73	4152. 76	5. 7408	54. 17005	7. 4056	36. 7021
2017	296. 28	2555. 38	4555. 24	91. 952832	1333. 0656	3016. 62612	1776. 08242
2018	322. 35	2739. 96	4996. 40	170. 8368413	2503. 25502	5770. 0629	3367. 61542
2019	350. 71	2937. 24	5479. 92	243. 0157098	3573. 97834	8289. 45756	4823. 86811
2020	381. 58	3148. 02	6009. 85	309. 0593744	4553. 69018	10594. 70366	6156. 33932

续表 7-21

年度	第一产业GDP/亿元	第二产业GDP/亿元	第三产业GDP/亿元	工业废气排放量/亿立方米	工业烟尘排放量/亿立方米	二氧化硫排放量/亿立方米	氮氧化物排放量/亿立方米
2021	415.16	3373.15	6590.61	369.4893276	5450.126519	12704.00385	7375.55047
2022	451.69	3613.52	7227.05	424.7827348	6270.365764	14634.01353	8491.12868
2023	491.44	3870.08	7924.46	475.3762023	7020.884674	16399.97238	9511.88275
2024	534.69	4143.81	8688.64	521.6692251	7707.609477	18015.82472	10445.87271
2025	581.74	4435.75	9525.96	564.027341	8335.962672	19494.32962	11300.47353

7.4 不同情境下预测指标分析

7.4.1 能源技术进步情景分析

能源技术进步主要通过能耗强度和碳强度体现。依据表 7-22 ~ 表 7-24，可得出能耗强度变化趋势，如图 7-1 所示，基准情景下能源强度的下降速度明显低于政策情景和强化低碳情景，但三种情形走势基本一致。三种情景下，2020 年的单位 GDP 能耗比 2005 年分别降低了 58.98%、62.79%、63.47%，实现了西安市低碳经济发展关于能耗强度降低 40% ~60% 的目标。

表 7-22 基准情景下能源技术进步分析

年度	能耗总量/万吨标准煤	煤炭占比/%	石油占比/%	天然气占比/%	电量占比/%	碳排放量/万吨碳	能耗强度/吨标准煤·万元$^{-1}$	碳排放强度/吨标准煤·万元$^{-1}$
2016	2757.951	35.82	16.66	9.82	37.70	1833.303	0.440766	0.292992
2017	3046.342	39.07	14.63	9.61	36.69	2039.316	0.449544	0.300938
2018	3092.603	36.95	13.98	10.22	38.85	2063.322	0.421394	0.281146
2019	3149.332	34.83	13.31	10.84	41.02	2094.093	0.396237	0.26347
2020	3217.059	32.73	12.64	11.46	43.16	2131.95	0.373737	0.247676
2021	3296.37	30.67	11.97	12.08	45.28	2177.249	0.353602	0.233554
2022	3387.901	28.65	11.30	12.69	47.37	2230.378	0.335569	0.220917
2023	3492.35	26.68	10.63	13.30	49.40	2291.763	0.319404	0.2096
2024	3610.474	24.77	9.97	13.89	51.36	2361.868	0.3049	0.199457
2025	3743.098	22.94	9.33	14.47	53.26	2441.199	0.291875	0.190357

表 7-23 政策情景下能源技术进步分析

年度	能耗总量/万吨标准煤	煤炭占比/%	石油占比/%	天然气占比/%	电量占比/%	碳排放量/万吨碳	能耗强度/吨标准煤·万元$^{-1}$	碳排放强度/吨标准煤·万元$^{-1}$
2016	2747.045	35.21	16.73	9.86	38.20	1824.495	0.40463	0.268742
2017	3018.98	37.80	14.61	9.87	37.72	2016.558	0.409848	0.273762
2018	3059.458	35.06	13.84	10.72	40.38	2034.126	0.382804	0.254513
2019	3115.955	32.36	13.05	11.57	43.02	2062.091	0.35933	0.237799
2020	3189.197	29.72	12.24	12.44	45.60	2100.861	0.338964	0.22329
2021	3280.012	27.16	11.42	13.30	48.11	2150.911	0.321305	0.2107
2022	3389.337	24.71	10.61	14.16	50.52	2212.779	0.306005	0.19978
2023	3518.234	22.38	9.81	15.01	52.80	2287.082	0.292758	0.190312
2024	3667.893	20.18	9.04	15.84	54.95	2374.516	0.2813	0.182108
2025	3839.641	18.12	8.29	16.64	56.96	2475.859	0.271403	0.175005

表 7-24 强化低碳情景下能源技术进步分析

年度	能耗总量/万吨标准煤	煤炭占比/%	石油占比/%	天然气占比/%	电量占比/%	碳排放量/万吨碳	能耗强度/吨标准煤·万元$^{-1}$	碳排放强度/吨标准煤·万元$^{-1}$
2016	2736.138	34.60	16.79	9.90	38.71	1815.688	0.401912	0.266707
2017	2992.845	36.53	14.58	10.14	38.75	1994.705	0.404062	0.269304
2018	3030.163	33.19	13.68	11.22	41.91	2007.685	0.376011	0.249132
2019	3090.402	29.94	12.75	12.32	45.00	2035.584	0.352469	0.232164
2020	3174.472	26.81	11.79	13.43	47.97	2078.865	0.332773	0.217923
2021	3283.479	23.85	10.83	14.54	50.78	2138.111	0.31636	0.206005
2022	3418.751	21.07	9.88	15.64	53.40	2214.042	0.302752	0.196067
2023	3581.848	18.51	8.96	16.72	55.81	2307.52	0.291539	0.187817
2024	3774.579	16.16	8.08	17.77	58.00	2419.557	0.282377	0.181008
2025	3999.022	14.03	7.24	18.79	59.94	2551.327	0.274971	0.175428

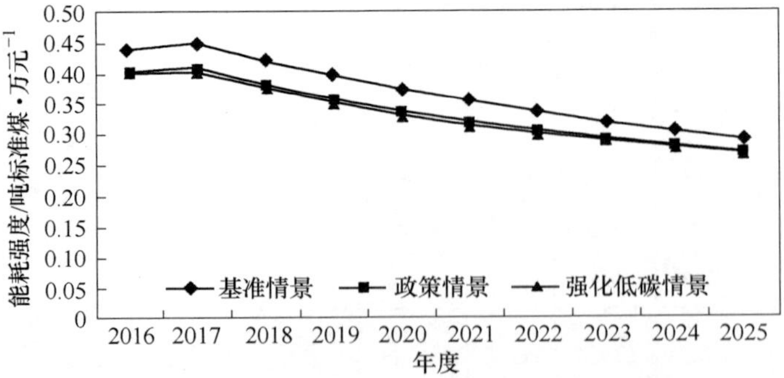

图 7-1 不同情景下西安市能耗强度的变化

依据表7-22～表7-24，可得出碳强度变化趋势，如图7-2所示。基准情景、政策情景和强化低碳情景三种情景下碳强度均呈现逐年下降趋势，但政策情景和强化低碳情景的下降速度明显高于基准情景，但三种情形走势基本一致。基准情景下，2020年的单位GDP碳排放比2005年降低了59.94%，实现了2020年碳强度降低45%的减排承诺；政策情景下，2020年的单位GDP碳排放比2005年降低了63.88%，实现了碳减排承诺，实现了西安市低碳经济发展目标；强化低碳情景下，2020年的单位GDP碳排放比2005年降低了64.75%，完全实现了碳减排承诺，同时也实现了西安市低碳经济发展目标。

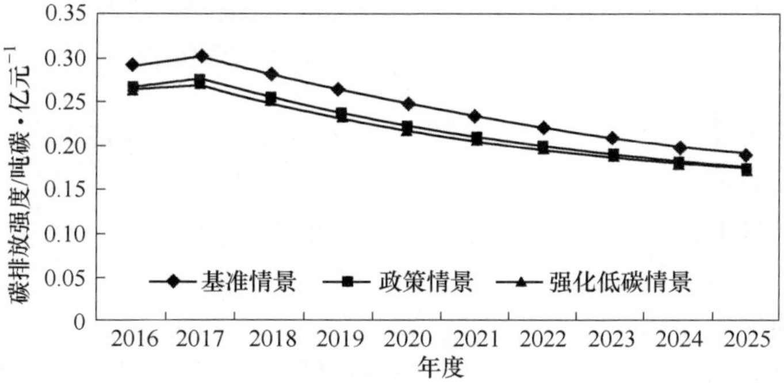

图7-2　不同情景下碳强度的变化

7.4.2　能源消费情景分析

依据表7-22～表7-24，可得出能源消费的变化趋势，如图7-3所示。三种情景下能源消费量均呈逐年上升趋势，但基准情景下能源消费量在2021前略高于政策情景和强化低碳情景，且平均增速为3.48%，低于政策情景下的3.82%和强化低碳情景下的4.33%。2020年基准情景下的能源消费量为3217.059万吨标准煤，分别高出政策情景和强化低碳情景27.862、42.578万吨标准煤，根据西安市所处的地理位置，西安市能源供给水平能满足能源需求，不会出现能源缺口。

7.4.3　碳排放量的情景分析

脱钩理论是以经济产出和环境消耗之间的相对关系为研究对象的，本书以GDP表示经济产出，以二氧化碳排放为环境消耗，若$\Delta GDP>0$、$\Delta C>0$，且$\Delta GDP>\Delta C$，则为相对脱钩；若$\Delta GDP>0$、$\Delta C<0$，则为绝对脱钩。

由图7-4所示，2020年之前，基准情景、政策情景和强化低碳情景三种情景下碳排放量逐年递增，2020年碳排放量分别比2009年高出791.574、760.485、738.489万吨碳，产业结构和能源结构优化调整产生的减排效应小于人口和经济

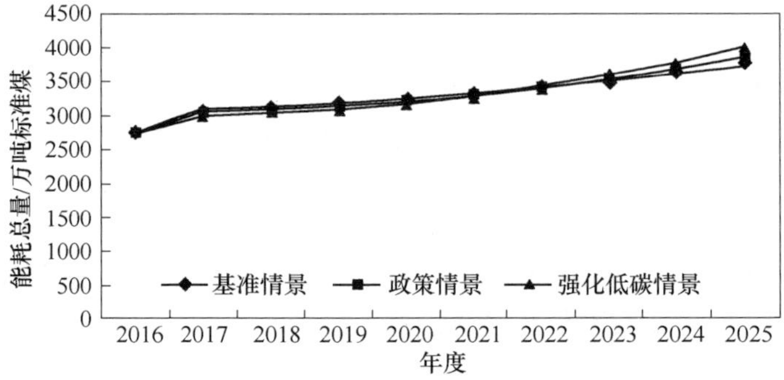

图 7-3　不同情景下能源消费的变化

增长消费能源所导致的二氧化碳增量效应。基准情景、政策情景和强化低碳情景三种情景下，2017 以后碳排放增速明显降低，其平均增速分别为 3.272%、3.485%、3.883%，而三种情形下的 GDP 平均增速分别为 8.3%、8.5% 和 8.8%。根据脱钩理论，三种情景下，西安市均已处于相对脱钩阶段。但碳排放与社会经济的绝对脱钩，需要能源结构和产业结构等在短时期内实现优化升级，根据西安市目前的社会经济发展形势以及技术瓶颈等，短期内根本无法在技术上有重大突破，阻碍了能源利用方式的转变、能源结构调整和产业结构升级等，因此短期内绝对脱钩难以实现。

图 7-4　不同情景下碳排放量的变化

7.5　基准情景下最优调整策略

下面采用超效率 Supper-CCR-I 模型来解析基准情景下西安市能耗结构投入导向型最佳调整策略，该调整策略的特征是：（1）能源投入的规模收益不变；（2）调整后的能源消费结构仍能达到 DEA 强有效；（3）对于 DEA 强有效的年度来说，增加能源投入后，在保持其他投入和产出数据不变的条件下，该在等比例增加投入后（增加比例为 θ^*-1），仍将是DEA强有效。

基于表7-25和表7-26可得如下结论：

（1）从表7-25可知，因为2016～2025年间每年的效率值均大于1，故2016～2025年间每年的能源投入的规模效率和技术效率均为DEA强有效。

（2）从表7-26可知，2025年的效率 $\theta^*=1.1366121$，该年度的能源投入增加，会导致第一产业GDP、第二产业GDP、第三产业GDP增加。工业废气排放量、工业烟尘排放量、二氧化硫排放量、氮氧化物排放量变化较小，该年度的能源投入的规模效率和技术效率均能保证DEA强有效。

（3）从表7-26可知，2016年的效率 $\theta^*=1.0114137$ 时，该年度的石油投入减少，煤炭、天然气和电量投入增加，会导致第一产业GDP、第三产业GDP增加。工业废气排放量、工业烟尘排放量、二氧化硫排放量、氮氧化物排放量大幅减少，该年度能源投入的规模效率和技术效率均能保证DEA强有效。

（4）从表7-26可知，当某年度的效率 $\theta^*\approx1$ 时，该年度不需进行调整。

表7-25 2016～2025年间西安市规模收益不变条件下投入产生排名

年 度	效 率	排 名
2016	1.0114137	2
2017	1.0006992	10
2018	1.0007519	9
2019	1.0008147	8
2020	1.0008964	7
2021	1.0010147	6
2022	1.0011835	5
2023	1.0014725	4
2024	1.0020497	3
2025	1.1366121	1

表7-26 2016～2025年间西安市规模收益不变条件下投入产出最大可能调整值

投入产出指标	调整前指标值	调整目标值	调整幅度	调整百分比/%
2016	1.0114137			
煤炭	987.7625	999.03657	11.274066	1.14
石油	459.4459	377.66718	-81.778723	-17.80
天然气	270.9547	274.04731	3.092607	1.14
电量	1039.788	1042.2612	2.4732266	0.24

续表 7-26

投入产出指标	调整前指标值	调整目标值	调整幅度	调整百分比/%
第一产业 GDP	250. 29	254. 50622	4. 2162221	1. 68
第三产业 GDP	3816. 88	3918. 1244	101. 24438	2. 65
工业废气排放量	3. 5712	112. 84036	109. 26916	999. 90
工业烟尘排放量	25. 29945	1649. 7818	1624. 4824	999. 90
二氧化硫排放量	23. 5784	3850. 5709	3826. 9925	999. 90
氮氧化物排放量	89. 4169	2291. 7611	2202. 3442	999. 90
2017	1. 0006992			
煤炭	1190. 276	1062. 6384	－127. 6376	－10. 72
石油	445. 6625	442. 98736	－2. 6751401	－0. 60
天然气	292. 6311	292. 8357	0. 204605	0. 07
电量	1117. 772	1117. 9639	0. 1918645	0. 02
第一产业 GDP	271. 06	271. 34065	0. 2806535	0. 10
第三产业 GDP	4154. 01	4160. 6819	6. 6719009	0. 16
2018	1. 0007519			
煤炭	1142. 665	1134. 8941	－7. 7709205	－0. 68
石油	432. 2926	429. 4007	－2. 8918975	－0. 67
天然气	316. 0415	316. 27914	0. 2376411	0. 08
第一产业 GDP	293. 56	293. 87809	0. 3180872	0. 11
第三产业 GDP	4520. 81	4528. 5308	7. 7207953	0. 17
2019	1. 0008147			
煤炭	1096. 958	1088. 4164	－8. 5415702	－0. 78
石油	419. 3238	416. 14391	－3. 1798932	－0. 76
天然气	341. 3249	341. 60299	0. 2780885	0. 08
第一产业 GDP	317. 92	318. 30021	0. 3802053	0. 12
第三产业 GDP	4919. 88	4928. 917	9. 0370011	0. 18
2020	1. 0008964			
煤炭	1053. 08	1043. 4816	－9. 5983539	－0. 91
石油	406. 7441	403. 17022	－3. 5738751	－0. 88
天然气	368. 6309	368. 96135	0. 3304539	0. 09
第一产业 GDP	344. 31	344. 75731	0. 4473145	0. 13
第三产业 GDP	5354. 06	5364. 7918	10. 731766	0. 20
2021	1. 0010147			
煤炭	1010. 957	999. 85908	－11. 097924	－1. 10

续表 7-26

投入产出指标	调整前指标值	调整目标值	调整幅度	调整百分比/%
石油	394. 5418	390. 40908	-4. 1327219	-1. 05
天然气	398. 1213	398. 52528	0. 4039823	0. 10
第一产业 GDP	372. 89	373. 43489	0. 5448872	0. 15
第三产业 GDP	5826. 41	5839. 5045	13. 094527	0. 22
2022	1. 0011835			
煤炭	970. 5187	957. 11372	-13. 40498	-1. 38
石油	382. 7055	377. 71355	-4. 9919546	-1. 30
天然气	429. 971	430. 47987	0. 5088651	0. 12
第一产业 GDP	403. 84	404. 5284	0. 6883994	0. 17
第三产业 GDP	6340. 29	6356. 7995	16. 509501	0. 26
2023	1. 0014725			
煤炭	931. 6978	914. 40556	-17. 292237	-1. 86
石油	371. 2244	364. 78468	-6. 4397163	-1. 73
天然气	464. 3687	465. 05249	0. 6837886	0. 15
第一产业 GDP	437. 36	438. 28205	0. 922049	0. 21
第三产业 GDP	6899. 33	6921. 4835	22. 153481	0. 32
2024	1. 0020497			
煤炭	894. 4298	869. 18915	-25. 24065	-2. 82
石油	360. 0876	350. 68828	-9. 3993196	-2. 61
天然气	501. 5182	502. 54616	1. 0279602	0. 20
电量	1854. 438	1855. 5455	1. 1075429	0. 06
第一产业 GDP	473. 66	475. 04499	1. 3849884	0. 29
第三产业 GDP	7507. 5	7540. 7874	33. 287389	0. 44
2025	1. 1366121			
煤炭	858. 6526	975. 95493	117. 30233	13. 66
石油	349. 285	392. 90872	43. 62372	12. 49
天然气	541. 6397	547. 23038	5. 59068	1. 03
电量	1993. 521	2023. 4656	29. 944572	1. 50
第一产业 GDP	512. 97	516. 83297	3. 862972	0. 75
第二产业 GDP	4142. 26	4212. 1898	69. 929813	1. 69
第三产业 GDP	8169. 1	8191. 7906	22. 690603	0. 28
氮氧化物排放量	9579. 8807	9586. 7886	6. 9079115	0. 07

7.6 政策情景下最优调整策略

下面采用超效率 Supper-CCR-I 模型进行解析。基于表 7-27 和表 7-28 可得如下结论：

（1）从表 7-27 可知,因为 2016～2025 年间每年的效率值均大于 1,故 2016～2025 年间每年的能源投入的规模效率和技术效率均为 DEA 强有效。

（2）从表 7-28 可知，2016 年的效率 $\theta^* = 1.0376433$ 时，该年度的煤、天然气和电量投入增加 1.7%～3.8%，而石油投入减少 14.8%，第一产业 GDP、第三产业 GDP 增加 1.7%～2.67%。工业废气排放量、工业烟尘排放量、二氧化硫排放量、氮氧化物排放量变化大幅减少，该年度的能源投入的规模效率和技术效率均能保证 DEA 强有效。

（3）从表 7-28 可知，2025 年的效率 $\theta^* = 1.1614468$ 时，该年度的煤炭、石油投入增加 13.73%～16%，天然气减少 0.75%，电量增加 0.62%，第一产业 GDP、第二产业 GDP 增加 0.62%～1.9%。工业废气排放量、工业烟尘排放量、二氧化硫排放量、氮氧化物排放量减少 0.5%，该年度的能源投入的规模效率和技术效率均能保证 DEA 强有效。

（4）从表 7-28 可知，当某年度的效率 $\theta^* \approx 1$ 时，该年度不需进行调整。

表 7-27　2016～2025 年间西安市规模收益不变条件下投入产生效率排名

年度	效率	排名	年度	效率	排名
2016	1.0376433	2	2021	1.0046008	6
2017	1.0032859	10	2022	1.0053669	5
2018	1.0034879	9	2023	1.0066971	4
2019	1.0037498	8	2024	1.0080052	3
2020	1.0041012	7	2025	1.1614468	1

表 7-28　2016～2025 年间西安市规模收益不变条件下投入产出最大可能调整值

投入产出指标	调整前指标值	调整目标值	调整幅度	调整百分比/%
2016	1.0376433			
煤炭	967.1841	1003.5921	36.40804	3.76
石油	459.4459	391.40658	-68.039322	-14.81
天然气	270.9547	281.15434	10.19964	3.76
电量	1049.46	1067.2954	17.835405	1.70
第一产业 GDP	271.56	276.17488	4.6148844	1.70
第三产业 GDP	4141.31	4252.0796	110.76964	2.67

续表 7-28

投入产出指标	调整前指标值	调整目标值	调整幅度	调整百分比/%
工业废气排放量	4.656	102.08217	97.426169	999.90
工业烟尘排放量	9.73	1460.7163	1450.9863	999.90
二氧化硫排放量	10.49	3425.8315	3415.3415	999.90
氮氧化物排放量	13.06	1986.508	1973.448	999.90
2017	1.0032859			
煤炭	1141.198	1016.6972	-124.50082	-10.91
石油	441.068	438.19467	-2.8733279	-0.65
天然气	298.0501	299.02947	0.9793721	0.33
电量	1138.664	1140.3252	1.6611873	0.15
第一产业 GDP	294.64	295.07381	0.4338091	0.15
第三产业 GDP	4522.79	4533.1053	10.31527	0.23
2018	1.0034879			
煤炭	1072.726	1064.8642	-7.8618225	-0.73
石油	423.4253	420.33218	-3.0931198	-0.73
天然气	327.8552	328.99871	1.1435125	0.35
电量	1235.451	1237.379	1.9280469	0.16
第一产业 GDP	319.69	320.18468	0.4946772	0.15
第三产业 GDP	4939.2	4951.1707	11.97073	0.24
2019	1.0037498			
煤炭	1008.362	999.72675	-8.6352526	-0.86
石油	406.4883	403.09872	-3.3895809	-0.83
天然气	360.6407	361.99302	1.3523153	0.37
电量	1340.464	1342.7324	2.2683507	0.17
第一产业 GDP	346.86	347.45219	0.5921908	0.17
第三产业 GDP	5393.71	5407.8005	14.090512	0.26
2020	1.0041012			
煤炭	947.8603	938.1505	-9.7097969	-1.02
石油	390.2288	386.42579	-3.8030102	-0.97
天然气	396.7047	398.33165	1.626955	0.41
电量	1454.403	1457.1181	2.7151378	0.19
第一产业 GDP	376.35	377.04965	0.6996489	0.19
第三产业 GDP	5889.81	5906.6704	16.860425	0.29

续表 7-28

投入产出指标	调整前指标值	调整目标值	调整幅度	调整百分比/%
2021	1. 0046008			
煤炭	890. 9889	879. 71949	-11. 269412	-1. 26
石油	374. 6196	370. 21455	-4. 405046	-1. 18
天然气	436. 3752	438. 38289	2. 0076913	0. 46
电量	1578. 028	1581. 3621	3. 3341012	0. 21
第一产业 GDP	408. 34	409. 19796	0. 8579567	0. 21
第三产业 GDP	6431. 28	6451. 9903	20. 710266	0. 32
2022	1. 0053669			
煤炭	837. 5296	823. 81869	-13. 710909	-1. 64
石油	359. 6348	354. 28445	-5. 3503481	-1. 49
天然气	480. 0127	482. 58889	2. 5761943	0. 54
电量	1712. 16	1716. 4195	4. 2595279	0. 25
第一产业 GDP	443. 04	444. 14669	1. 1066934	0. 25
第三产业 GDP	7022. 25	7048. 7018	26. 451799	0. 38
2023	1. 0066971			
煤炭	787. 2778	769. 28047	-17. 997331	-2. 29
石油	345. 2494	338. 23595	-7. 0134539	-2. 03
天然气	528. 014	531. 55019	3. 5361879	0. 67
电量	1857. 693	1863. 5201	5. 8271492	0. 31
第一产业 GDP	480. 7	482. 20746	1. 5074599	0. 31
第三产业 GDP	7667. 21	7703. 3945	36. 18448	0. 47
2024	1. 0080052			
煤炭	740. 0411	745. 96529	5. 924186	0. 80
石油	331. 4395	333. 61503	2. 1755254	0. 66
天然气	580. 8154	585. 46495	4. 6495505	0. 80
电量	2015. 597	2029. 7358	14. 138785	0. 70
第一产业 GDP	521. 56	525. 22198	3. 6619809	0. 70
第二产业 GDP	4146. 42	4172. 1079	25. 68792	0. 62
第三产业 GDP	8371. 08	8433. 201	62. 121033	0. 74
2025	1. 1614468			
煤炭	695. 6386	807. 94724	112. 30864	16. 14

续表 7-28

投入产出指标	调整前指标值	调整目标值	调整幅度	调整百分比/%
石油	318.1819	361.85238	43.670477	13.73
天然气	638.897	634.111	-4.7859998	-0.75
电量	2186.923	2200.5481	13.625108	0.62
第一产业 GDP	565.9	569.41833	3.5183269	0.62
第二产业 GDP	4442.28	4526.8954	84.61535	1.90
工业废气排放量	521.6706	524.54132	2.8707152	0.55
工业烟尘排放量	7679.288	7716.4262	37.138231	0.48
二氧化硫排放量	18056.83	18143.075	86.244517	0.48
氮氧化物排放量	10444.15	10494.641	50.490913	0.48

7.7 强制低碳情景下最优调整策略

下面采用超效率 Supper-CCR-I 模型进行解析。基于表 7-29 和表 7-30 可得如下结论：

（1）从表 7-29 可知，因为 2016～2025 年间每年的效率值均大于 1，故 2016～2025 年间每年的能源投入的规模效率和技术效率均为 DEA 强有效。

表 7-29 2016～2025 年间西安市规模收益不变条件下投入产出效率排名

年度	效率	排名	年度	效率	排名
2016	1.0519026	2	2021	1.0087722	6
2017	1.0062828	10	2022	1.0103	4
2018	1.0066537	9	2023	1.010915	3
2019	1.0071419	8	2024	1.0098762	5
2020	1.0078071	7	2025	1.1917059	1

（2）从表 7-30 可知，2016 年的效率 $\theta^* = 1.0519026$ 时，该年度煤炭、石油、天然气和电量投入分别增加 5.19%、-13.06%、5.19%、2.45%，第一产业 GDP、第二产业 GDP、第三产业 GDP 分别增加 1.69%、0.00%、2.66%。工业废气排放量、工业烟尘排放量、二氧化硫排放量、氮氧化物排放量大幅度减少，该年度的能源投入的规模效率和技术效率均能保证 DEA 强有效。

（3）从表 7-30 可知，2025 年的效率 $\theta^* = 1.1917059$ 时，该年度的煤炭、石油、天然气和电量投入分别增加 19.17%、15.41%、-2.11%、0.13%，第一产业 GDP、第二产业 GDP、第三产业 GDP 分别增加 0.77%、2.42%、0.00%。工业废气排放量、工业烟尘排放量、二氧化硫排放量、氮氧化物排放量分别减少

1.40%、1.37%、1.32%、1.35%，该年度的能源投入的规模效率和技术效率均能保证 DEA 强有效。

（4）从表 7-30 可知，当某年度的效率 $\theta^* \approx 1$ 时，该年度不需进行调整。

表 7-30　2016～2025 年间西安市规模收益不变条件下投入产出最大可能调整值

投入产出指标	调整前指标值	调整目标值	调整幅度	调整百分比/%
2016	1.0519026			
煤炭	946.6058	995.73711	49.131309	5.19
石油	459.4459	399.4314	-60.014504	-13.06
天然气	270.9547	285.01796	14.063255	5.19
电量	1059.132	1085.1314	25.999425	2.45
第一产业 GDP	272.31	276.92332	4.6133154	1.69
第三产业 GDP	4152.76	4263.3458	110.58584	2.66
工业废气排放量	5.7408	95.967079	90.226279	999.90
工业烟尘排放量	54.17005	1395.0249	1340.8548	999.90
二氧化硫排放量	7.4056	3171.7543	3164.3487	999.90
氮氧化物排放量	36.7021	1863.2271	1826.525	999.90
2017	1.0062828			
煤炭	1093.152	971.92862	-121.22338	-11.09
石油	436.4736	433.35165	-3.121946	-0.72
天然气	303.4692	305.37585	1.906651	0.63
电量	1159.75	1163.0423	3.2922707	0.28
第一产业 GDP	296.28	296.85466	0.5746572	0.19
第三产业 GDP	4555.24	4569.1345	13.894464	0.31
2018	1.0066537			
煤炭	1005.701	997.84296	-7.8580411	-0.78
石油	414.6499	411.30021	-3.3496939	-0.81
天然气	339.8856	342.14708	2.26148	0.67
电量	1269.926	1273.7774	3.8513988	0.30
第一产业 GDP	322.35	323.0236	0.6735991	0.21
第三产业 GDP	4996.4	5012.6228	16.222754	0.32
2019	1.0071419			
煤炭	925.244	916.57424	-8.6697638	-0.94
石油	393.9174	390.25354	-3.6638563	-0.93
天然气	380.6718	383.39051	2.7187121	0.71

续表 7-30

投入产出指标	调整前指标值	调整目标值	调整幅度	调整百分比/%
电量	1390. 569	1395. 1388	4. 569793	0. 33
第一产业 GDP	350. 71	351. 51801	0. 8080135	0. 23
第三产业 GDP	5479. 92	5499. 1473	19. 227298	0. 35
2020	1. 0078071			
煤炭	851. 2248	841. 41517	–9. 8096306	–1. 15
石油	374. 2215	370. 10826	–4. 1132365	–1. 10
天然气	426. 3524	429. 68096	3. 3285562	0. 78
电量	1522. 673	1528. 1986	5. 5255775	0. 36
第一产业 GDP	381. 58	382. 54476	0. 9647613	0. 25
第三产业 GDP	6009. 85	6033. 0658	23. 215786	0. 39
2021	1. 0087722			
煤炭	783. 1269	771. 63642	–11. 490477	–1. 47
石油	355. 5105	350. 72349	–4. 7870051	–1. 35
天然气	477. 5147	481. 70355	4. 1888499	0. 88
电量	1667. 327	1674. 2013	6. 8743115	0. 41
第一产业 GDP	415. 16	416. 35952	1. 1995246	0. 29
第三产业 GDP	6590. 61	6619. 4619	28. 851904	0. 44
2022	1. 0103			
煤炭	720. 4767	706. 27944	–14. 197255	–1. 97
石油	337. 7349	331. 85124	–5. 8836563	–1. 74
天然气	534. 8165	540. 32512	5. 5086161	1. 03
电量	1825. 723	1834. 6687	8. 9457205	0. 49
第一产业 GDP	451. 69	453. 25473	1. 5647326	0. 35
第三产业 GDP	7227. 05	7264. 5483	37. 498291	0. 52
2023	1. 010915			
煤炭	662. 8386	670. 0735	7. 2349038	1. 09
石油	320. 8482	323. 49671	2. 6485085	0. 83
天然气	598. 9945	605. 53254	6. 5380435	1. 09
电量	1999. 167	2017. 0298	17. 862786	0. 89
第一产业 GDP	491. 44	495. 6018	4. 1617988	0. 85
第二产业 GDP	3870. 08	3898. 5549	28. 474851	0. 74
第三产业 GDP	7924. 46	7995. 8389	71. 378917	0. 90

续表 7-30

投入产出指标	调整前指标值	调整目标值	调整幅度	调整百分比/%
2024	1. 0098762			
煤炭	609. 8115	615. 83412	6. 022622	0. 99
石油	304. 8058	307. 00606	2. 2002613	0. 72
天然气	670. 8738	677. 49949	6. 6256857	0. 99
电量	2189. 088	2206. 3777	17. 289741	0. 79
第一产业 GDP	534. 69	538. 65991	3. 9699058	0. 74
第二产业 GDP	4143. 81	4169. 9373	26. 127252	0. 63
第三产业 GDP	8688. 64	8757. 8655	69. 225535	0. 80
2025	1. 1917059			
煤炭	561. 0266	668. 57874	107. 55214	19. 17
石油	289. 5655	334. 17979	44. 614286	15. 41
天然气	751. 3787	735. 52558	-15. 853119	-2. 11
电量	2397. 051	2400. 0493	2. 9983431	0. 13
第一产业 GDP	581. 74	586. 21781	4. 4778146	0. 77
第二产业 GDP	4435. 75	4543. 1469	107. 39695	2. 42
工业废气排放量	564. 02734	571. 94223	7. 9148929	1. 40
工业烟尘排放量	8335. 9627	8450. 388	114. 42537	1. 37
二氧化硫排放量	19494. 33	19752. 001	257. 67134	1. 32
氮氧化物排放量	11300. 474	11452. 536	152. 06284	1. 35

7.8 本章小结

（1）能源技术进步主要通过能耗强度和碳强度体现，基准情景下能源强度的下降速度明显低于政策情景和强化低碳情景，但三种情形走势基本一致。三种情景下，2020 年的单位 GDP 能耗比 2005 年分别降低了 58. 98%、62. 79%、63. 47%，实现了西安市低碳经济发展关于能耗强度降低 40% ~60% 的目标。

（2）基准情景、政策情景和强化低碳情景下碳强度均呈现逐年下降趋势，但政策情景和强化低碳情景的下降速度明显高于基准情景，但三种情形走势基本一致。基准情景下，2020 年的单位 GDP 碳排放比 2005 年降低了 59. 94%，实现了 2020 年碳强度降低 45% 的减排承诺；政策情景下，2020 年的单位 GDP 碳排放比 2005 年降低了 63. 88%，实现了碳减排承诺，实现了西安市低碳经济发展目标；强化低碳情景下，2020 年的单位 GDP 碳排放比 2005 年降低了 64. 75%，完全实现了碳减排承诺，同时也实现了西安市低碳经济发展目标。

（3）基准情景、政策情景和强化低碳情景下能源消费量均呈逐年上升趋势，但基准情景下能源消费量在2021前略高于政策情景和强化低碳情景，且平均增速为3.48%，低于政策情景下的3.82%和强化低碳情景下的4.33%。2020年基准情景下的能源消费量为3217.059万吨标准煤，分别高出政策情景和强化低碳情景27.862、42.578万吨标准煤，根据西安市所处的地理位置，西安市能源供给水平能满足能源需求，不会出现能源缺口。

（4）2020年之前，基准情景、政策情景和强化低碳情景三种情景下碳排放量逐年递增，2020年碳排放量分别比2009年高出791.574、760.485、738.489万吨碳，产业结构和能源结构优化调整产生的减排效应小于人口和经济增长消费能源所导致的二氧化碳增量效应。基准情景、政策情景和强化低碳情景下，2017年以后碳排放增速明显降低，其平均增速分别为3.272%、3.485%、3.883%，而三种情形下的GDP平均增速分别为8.3%、8.5%和8.8%。根据脱钩理论，三种情景下，西安市均已处于相对脱钩阶段。但碳排放与社会经济的绝对脱钩，需要能源结构和产业结构等在短时期内实现优化升级，根据西安市目前的社会经济发展形势以及技术瓶颈等，短期内根本无法在技术上有重大突破，阻碍了能源利用方式的转变、能源结构调整和产业结构升级等，因此短期内绝对脱钩难以实现。

（5）基准情景、政策情景和强化低碳情景下，2016～2025年间每年的能源投入的规模效率和技术效率均为DEA强有效；能源投入的规模效率和技术效率越高，调整空间越大。

（6）基准情景、政策情景和强化低碳情景下，2016～2025年间每年的能源投入的技术效率均为DEA强有效；能源投入的技术效率越高，调整空间越大。

参 考 文 献

［1］王迪，聂锐，张炎治．可持续发展视角下江苏能源需求情景预测［J］．改革与战略，2009，25（8）：53～56.

［2］沈镭，刘立涛，王礼茂，等．2050年中国能源消耗的情景预测［J］．自然资源学报，2015，30（3）：361～373.

［3］李虹，徐樟丹．基于系统动力的城市工业低碳发展路径研究［J］．科技管理研究，2015，35（8）：227～231.

［4］高小玲，任昭军．北京城市客运能源消耗与环境排放的情景预测［J］．汽车安全与节能学报，2015，6（3）：259～264.

［5］王宪恩，丁哲，宋鸽，等．城镇居民居住建筑能耗情景预测研究——以吉林省为例［J］．

科学技术与工程，2013，13（22）：6653～6657.

［6］王会芝．交通能源消费碳排放情景预测研究——以天津市为例［J］．干旱区资源与环境，2016，30（7）：37～41.

［7］牛晓耕，张国丰，孙丽欣．节能减排效应分析与节能减排潜力预测［J］．统计与决策，2016，(8)：105～107.

［8］潘柏林，顾阿伦，姜冬梅．排放－水关系：中国未来电力情景［J］．生态经济，2016，32（4）：37～41.

［9］熊炜婕．基于SD视角的城市交通碳排放情景模拟研究——以杭州市为例［J］．市场论坛，2016（5）：19～21.

［10］何舒卉，赵春晖．武汉历年碳排放情况及变化趋势预测［J］．当代经济，2016，（16）：74～78.

［11］宋杰鲲，张宇．基于BP神经网络的我国碳排放情景预测［J］．科学技术与工程，2011，11（17）：4108～4111.

［12］傅京燕，徐淑华，代玉婷．广东省火电行业碳排放与峰值预测［J］．中国能源，2016，38（11）：41～47.

［13］王磊．天津市低碳交通发展模型及目标策略研究［J］．科技管理研究，2013，33（18）：67～71.

［14］郭正权，郑宇花，张兴平．基于CGE模型的我国能源－环境－经济系统分析［J］．系统工程学报，2014，29（5）：581～591.

附　　录

附录 A　2005～2015 年西安市各区（县）GDP 能耗、地理坐标和各区（县）间的距离

西安市各区（县）GDP 能耗　　（吨标准煤/万元）

地区	2005 年	2006 年	2007 年	2008 年	2009 年	2010 年	2011 年	2012 年	2013 年	2014 年	2015 年
新城区	0.783	0.751	0.708	0.667	0.629	0.563	0.544	0.525	0.506	0.479	0.463
碑林区	0.64	0.613	0.58	0.547	0.514	0.438	0.421	0.406	0.392	0.368	0.356
莲湖区	0.766	0.735	0.701	0.646	0.609	0.521	0.501	0.483	0.466	0.430	0.416
灞桥区	1.194	1.163	1.091	1.023	0.964	0.663	0.638	0.615	0.592	0.562	0.543
未央区	1.122	1.078	1.019	0.951	0.894	0.68	0.655	0.632	0.609	0.563	0.539
雁塔区	0.884	0.842	0.795	0.749	0.703	0.512	0.494	0.476	0.459	0.441	0.425
阎良区	0.825	0.778	0.74	0.695	0.656	0.533	0.515	0.497	0.48	0.444	0.430
临潼区	0.94	0.912	0.86	0.79	0.753	0.676	0.652	0.629	0.607	0.558	0.541
长安区	1.059	0.994	0.939	0.89	0.841	0.642	0.619	0.596	0.575	0.555	0.532
蓝田县	0.892	0.848	0.79	0.747	0.704	0.487	0.467	0.451	0.435	0.403	0.391
周至县	1.727	1.673	1.606	1.517	1.444	1.083	1.047	1.011	0.978	0.924	0.895
户 县	1.502	1.465	1.386	1.309	1.237	0.959	0.928	0.897	0.867	0.801	0.778
高陵县	1.411	1.367	1.287	1.188	1.123	0.978	0.94	0.906	0.873	0.844	0.811

西安市各区（县）地理坐标　　（°）

地　区	经　度	纬　度
新城区	108.95	34.27
碑林区	108.93	34.23
莲湖区	108.93	34.27
灞桥区	109.07	34.27
未央区	108.93	34.28
雁塔区	108.95	34.22
阎良区	109.23	34.65
临潼区	109.22	34.37
长安区	108.93	34.17
蓝田县	109.32	34.15
周至县	108.20	34.17
户　县	108.60	34.10
高陵县	109.08	34.53

西安市各区（县）间的距离

（km）

区(县)	新城区	碑林区	莲湖区	灞桥区	未央区	雁塔区	阎良区	临潼区	长安区	蓝田县	周至县	户县	高陵县
新城区	0	4. 8127	1. 8378	11. 0269	2. 1479	5. 5597	49. 4409	27. 1748	11. 2705	36. 5467	69. 8495	37. 3335	31. 2744
碑林区	4. 8127	0	4. 4478	13. 6148	5. 5597	2. 1489	54. 2027	30. 8539	6. 6717	36. 9579	67. 4665	33. 6272	36. 0871
莲湖区	1. 8378	4. 4478	0	12. 8647	1. 1119	5. 8558	50. 4173	28. 8605	11. 1195	38. 2648	68. 0347	35. 7593	32. 0191
灞桥区	11. 0269	13. 6148	12. 8647	0	12. 9119	12. 3521	44. 7279	17. 7032	17. 01	26. 5808	80. 7613	47. 1842	28. 9252
未央区	2. 1479	5. 5597	1. 1119	12. 9119	0	6. 9203	49. 4882	28. 4491	12. 2314	38. 6646	68. 2213	36. 3578	31. 0185
雁塔区	5. 5597	2. 1489	5. 8558	12. 3521	6. 9203	0	54. 2729	29. 8896	5. 8561	34. 9126	69. 203	34. 8587	36. 4767
阎良区	49. 4409	54. 2027	50. 4173	44. 7279	49. 4882	54. 2729	0	31. 148	60. 0511	56. 2073	108. 521	84. 1614	19. 1464
临潼区	27. 1748	30. 8539	28. 8605	17. 7032	28. 4491	29. 8896	31. 148	0	34. 7088	26. 1322	96. 3302	64. 4195	21. 9389
长安区	11. 2705	6. 6717	11. 1195	17. 01	12. 2314	5. 8561	60. 0511	34. 7088	0	35. 953	67. 1597	31. 354	42. 3325
蓝田县	36. 5467	36. 9579	38. 2648	26. 5808	38. 6646	34. 9126	56. 2073	26. 1322	35. 953	0	103. 0755	66. 5078	47. 6546
周至县	69. 8495	67. 4665	68. 0347	80. 7613	68. 2213	69. 203	108. 521	96. 3302	67. 1597	103. 0755	0	37. 629	90. 16
户县	37. 3335	33. 6272	35. 7593	47. 1842	36. 3578	34. 8587	84. 1614	64. 4195	31. 354	66. 5078	37. 629	0	65. 0348
高陵县	31. 2744	36. 0871	32. 0191	28. 9252	31. 0185	36. 4767	19. 1464	21. 9389	42. 3325	47. 6546	90. 16	65. 0348	0

附录 B　引力计算程序

```
Private Sub Gravitation_Click( )
    Dim longitude1 As Double '起点经度
    Dim latitude1 As Double ' 起点纬度
    Dim longitude2 As Double '终点经度
    Dim latitude2 As Double ' 终点纬度
    Dim unit As Integer '单位 1:米 2:公里
    Dim aDecimal As Integer '精度 保留小数位数
    Dim i As Integer, x(20)As Double, y(20)As Double, Distance(13, 13)As Double, n As Integer
    Dim GDP(13) As Double '各区县 GDP
    Dim PGDP(13) As Double '各区县人均 GDP
    Dim GENG(13) As Double '各区县 GDP 能耗
    Dim P(13) As Double '各区县总人口
    Dim E(13) As Double '各区县总能耗
    Dim R(13, 13) As Double, S(13) As Double, SS As Double '引力
    Dim a As Double, b As Double, c As Double, d As Double, year As Integer
    Dim GDPN(50, 13) As Double, PGDPN(50, 13) As Double, GENGN(50, 13) As Double

    year = 11
    Open "G:\社会网络学习\西安各区县 GDP. txt" For Input As #1
    For n = 1 To 11
        For i = 1 To 13
            Input #1, GDPN(n, i)
        Next
    Next
    Close #1
    Open "G:\社会网络学习\西安各区县人均 GDP. txt" For Input As #1
    For n = 1 To 11
        For i = 1 To 13
            Input #1, PGDPN(n, i)
        Next
    Next
    Close #1
    Open "G:\社会网络学习\西安各区县 GDP 能耗. txt" For Input As #1
    For n = 1 To 11
        For i = 1 To 13
            Input #1, GENGN(n, i)
        Next
    Next
    Close #1
    Open "G:\社会网络学习\西安经纬度数据. txt" For Input As #1
```

```
For i = 1 To 13
    Input #1, x(i), y(i)
Next
Close #1
For i = 1 To 13
    GDP(i) = GDPN(year, i)
    PGDP(i) = PGDPN(year, i)
    GENG(i) = GENGN(year, i)
Next
For i = 1 To 13
    P(i) = GDP(i) * (10# ^ 4)/PGDP(i) '万人
    E(i) = GDP(i) * GENG(i) '万吨
Next
aDecimal = 4
For i = 1 To 12
    Distance(i, i) = 0
    For j = i + 1 To 13
        '起点坐标
        longitude1 = x(i)
        latitude1 = y(i)
        ' 终点坐标
        longitude2 = x(j)
        latitude2 = y(j)
        Distance(i,j) = GetDistance(longitude1,latitude1,longitude2,latitude2,2,aDecimal)
        Distance(j,i) = Distance(i,j)
    Next
Next
For i = 1 To 12
    R(i,i) = 0
    a = (P(i) * E(i) * GDP(i) * 10000#)^(1/3)
    For j = i + 1 To 13
        b = (P(j) * E(j) * GDP(j) * 10000#)^(1/3)
        c = (Distance(i,j) * 10000#/(PGDP(i) - PGDP(j)))^2
        d = E(i)/(E(i) + E(j))
        R(i,j) = a * b * d/c
        R(j,i) = R(i,j)
    Next
Next
Open "G:\社会网络学习\西安各区县间距.txt" For Output As #1
For i = 1 To 13
    For j = 1 To 12
        Print #1,Distance(i,j); ",";
    Next
    Print #1,Distance(i,j)
Next
```

```
    Close #1
    Open "G:\社会网络学习\西安各区县间吸引力.txt" For Output As #1
    For i = 1 To 13
        For j = 1 To 12
            Print #1, R(i,j); ",";
        Next
        Print #1, R(i,j)
    Next
    Close #1
    Open "G:\社会网络学习\西安各区县间关联性.txt" For Output As #1
    For i = 1 To 13
        S(i) = 0
        For j = 1 To 13
            S(i) = S(i) + R(i,j)
        Next
        S(i) = S(i)/12
    Next
    a = 0
    For i = 1 To 13
        For j = 1 To 12
            If R(i,j) > = S(i) Then
                Print #1, 1; ",";
                a = a + 1
            Else
                Print #1, 0; ",";
            End If
        Next
        If R(i,j) > = S(i) Then
            Print #1, 1
            a = a + 1
        Else
            Print #1, 0
        End If
    Next
    MsgBox "Relations =" + CStr(a)
    Close #1
End Sub

Function GetDistance(longitude1 As Double, latitude1 As Double, longitude2 As Double, latitude2 As Double, unit As Integer, aDecimal As Integer) As Double
    Dim EARTH_RADIUS As Double, PI As Double, radLat1 As Double, radLat2 As Double, a As Double, b As Double, Distance As Double

    '计算两点地理坐标之间的距离
    EARTH_RADIUS = 6370.996 '地球半径系数
```

```
    PI = 3.1415926
    radLat1 = latitude1 * PI/180#
    radLat2 = latitude2 * PI/180#
    radLng1 = longitude1 * PI/180#
    radLng2 = longitude2 * PI/180#
    a = radLat1 - radLat2
    b = radLng1 - radLng2
    Distance = 2 * ArcSin(Sqr((Sin(a/2))^2 + Cos(radLat1) * Cos(radLat2) * (Sin(b/2))^2))
    Distance = Distance * EARTH_RADIUS * 1000
    If unit = 2 Then
        Distance = Distance/1000
    End If
    GetDistance = Round(Distance, aDecimal)
End Function

Function ArcSin(x As Double) As Double
    ArcSin = Atn(x/Sqr(-x * x + 1))
End Function
```

附录 C 2000～2015 年西安市能源消费结构解析

年度	GDP /亿元	总能耗①/万吨标准煤	产业结构 /%	技术进步 /吨标准煤·万元$^{-1}$	能源消费结构 A② /%	能源消费结构 B③ /%	碳排放量 /万吨碳	总户籍人口数 /万人
2000	646.13	649.853	42.891	1.153	22.687	3.412	119.483	688.01
2001	734.86	699.980	42.580	1.093	27.140	3.985	153.138	694.84
2002	826.68	751.322	42.771	1.047	31.213	4.474	188.104	702.59
2003	946.66	817.995	43.033	0.997	29.046	6.461	296.485	716.58
2004	1102.39	991.707	43.262	0.952	37.277	6.004	427.120	725.01
2005	1313.93	1131.765	41.136	0.911	35.173	6.921	479.411	741.73
2006	1538.94	1340.024	41.954	0.873	33.325	7.188	514.241	753.11
2007	1856.63	1335.378	42.116	0.823	36.405	7.508	402.788	764.25
2008	2318.14	1571.831	42.343	0.768	30.249	7.366	535.546	772.3
2009	2724.08	1753.726	42.023	0.726	31.936	7.371	667.571	781.67
2010	3241.69	2045.854	43.395	0.711	27.144	6.569	618.721	782.73
2011	3862.58	1862.180	43.347	0.555	28.954	7.901	595.430	791.83

续表

年度	GDP /亿元	总能耗① /万吨标准煤	产业结构 /%	技术进步 /吨标准煤·万元$^{-1}$	能源消费结构A② /%	能源消费结构B③ /%	碳排放量 /万吨碳	总户籍人口数 /万人
2012	4366.10	2030.265	43.099	0.535	26.432	8.547	659.301	795.98
2013	4924.97	2209.432	40.585	0.516	33.336	8.483	809.219	806.93
2014	5492.64	2311.781	39.959	0.486	29.737	9.823	738.599	815.29
2015	5801.20	2357.020	36.653	0.470	25.599	10.177	584.135	815.66

① 总能耗不含电力；

② 能源消费结构A表示煤炭占总能耗的百分比；

③ 能源消费结构B表示天然气占总能耗的百分比。

附录D 2000~2015年西安市各类能源消费量

年度	GDP /亿元	煤 /万吨标准煤	石油 /万吨标准煤	天然气 /万吨标准煤	发电量 /万吨标准煤	合计 /万吨标准煤	单位GDP能耗	
							/吨标煤·万元$^{-1}$	/万元·吨标煤$^{-1}$①
2000	646.13	419.9578	51.90489	22.18	249.00682	743.0495	1.15	0.87
2001	734.86	447.6038	55.32181	27.9	270.17182	800.9974	1.09	0.92
2002	826.68	476.5551	58.90006	33.62	298.93888	868.014	1.05	0.95
2003	946.66	496.7381	67.73701	52.85	329.33488	946.66	1	1.00
2004	1102.39	736.1459	100.3835	59.54	151.20106	1047.2705	0.95	1.05
2005	1313.93	833.031	113.5951	78.33	170.72012	1195.6763	0.91	1.10
2006	1538.94	1085.457	148.0169	96.32	9.08378	1338.8778	0.87	1.15
2007	1856.63	798.6443	119.3377	100.27	504.18464	1522.4366	0.82	1.22
2008	2318.14	977.4081	146.0495	115.78	545.73026	1784.9678	0.77	1.30
2009	2724.08	1107.611	165.505	129.28	586.18278	1988.5784	0.73	1.37
2010	3241.69	1280.828	208.5068	134.39	677.87534	2301.5999	0.71	1.41
2011	3862.58	1099.923	179.0573	147.13	736.93402	2163.0448	0.56	1.79
2012	4366.1	1190.489	193.8006	173.53	799.87414	2357.694	0.54	1.85
2013	4924.97	1279.228	225.746	187.42	868.59086	2560.9844	0.52	1.92
2014	5492.64	1298.988	229.2332	227.08	936.09242	2691.3936	0.49	2.04
2015	5801.2	1291.532	227.9175	239.87	967.24424	2726.564	0.47	2.13

① 表示技术进步水平。

附录 E　2000 ~ 2015 年西安市各类能源消费量占比

年度	总能耗/万吨标准煤	煤占比/%	石油占比/%	天然气占比/%	电能占比/%
2000	743.05	56.52	6.99	2.98	33.51
2001	801.00	55.88	6.91	3.48	33.73
2002	868.01	54.90	6.79	3.87	34.44
2003	946.66	52.47	7.16	5.58	34.79
2004	1047.27	70.29	9.59	5.69	14.44
2005	1195.68	69.67	9.50	6.55	14.28
2006	1338.88	81.07	11.06	7.19	0.68
2007	1522.44	52.46	7.84	6.59	33.12
2008	1784.97	54.76	8.18	6.49	30.57
2009	1988.58	55.70	8.32	6.50	29.48
2010	2301.60	55.65	9.06	5.84	29.45
2011	2163.04	50.85	8.28	6.80	34.07
2012	2357.69	50.49	8.22	7.36	33.93
2013	2560.98	49.95	8.81	7.32	33.92
2014	2691.39	48.26	8.52	8.44	34.78
2015	2726.56	47.37	8.36	8.80	35.47

附录 F　2000 ~ 2015 年西安市各类能源消费量

年度	GDP /亿元	煤 /万吨标准煤	石油 /万吨标准煤	天然气 /万吨标准煤	发电量 /万吨标准煤	合计 /万吨标准煤	单位 GDP 能耗	
							/吨标煤·万元$^{-1}$	/万元·吨标煤$^{-1}$①
2000	646.13	419.9578	51.90489	22.18	249.00682	743.0495	1.15	0.87
2001	734.86	447.6038	55.32181	27.9	270.17182	800.9974	1.09	0.92
2002	826.68	476.5551	58.90006	33.62	298.93888	868.014	1.05	0.95
2003	946.66	496.7381	67.73701	52.85	329.33488	946.66	1	1.00
2004	1102.39	736.1459	100.3835	59.54	151.20106	1047.2705	0.95	1.05
2005	1313.93	833.031	113.5951	78.33	170.72012	1195.6763	0.91	1.10
2006	1538.94	1085.457	148.0169	96.32	9.08378	1338.8778	0.87	1.15
2007	1856.63	798.6443	119.3377	100.27	504.18464	1522.4366	0.82	1.22

续表

年度	GDP /亿元	煤 /万吨标准煤	石油 /万吨标准煤	天然气 /万吨标准煤	发电量 /万吨标准煤	合计 /万吨标准煤	单位 GDP 能耗	
							/吨标煤·万元$^{-1}$	/万元·吨标煤$^{-1}$①
2008	2318.14	977.4081	146.0495	115.78	545.73026	1784.9678	0.77	1.30
2009	2724.08	1107.611	165.505	129.28	586.18278	1988.5784	0.73	1.37
2010	3241.69	1280.828	208.5068	134.39	677.87534	2301.5999	0.71	1.41
2011	3862.58	1099.923	179.0573	147.13	736.93402	2163.0448	0.56	1.79
2012	4366.1	1190.489	193.8006	173.53	799.87414	2357.694	0.54	1.85
2013	4924.97	1279.228	225.746	187.42	868.59086	2560.9844	0.52	1.92
2014	5492.64	1298.988	229.2332	227.08	936.09242	2691.3936	0.49	2.04
2015	5801.2	1291.532	227.9175	239.87	967.24424	2726.564	0.47	2.13

① 表示技术进步水平。

附录 G　2000 ~ 2015 年西安市各能源品种的碳排放情况

（万吨碳）

年　度	来自于煤炭①	来自于原油②	来自于天然气	来自于电力	合计
2000	313.9604513	30.2346	11.0291	169.3246	524.5488
2001	334.6286009	32.22495	13.7608	183.7168	564.3312
2002	356.2725928	34.30928	16.4926	203.2785	610.353
2003	371.3614036	39.45681	25.8837	223.9477	660.6496
2004	550.3426748	58.47339	29.1172	102.8167	740.75
2005	622.7739756	66.16915	38.2283	116.0897	843.2611
2006	811.4876532	86.21984	46.8739	6.1770	950.7584
2007	597.0664787	69.51421	48.7882	342.8455	1058.214
2008	730.7102956	85.07383	56.3223	371.0966	1243.203
2009	828.0499836	96.40666	62.8787	398.6043	1385.94
2010	957.5470128	121.4552	65.2770	460.9552	1605.234
2011	822.3024348	104.3009	71.4582	501.1151	1499.177
2012	890.0095764	112.8888	84.2742	543.9144	1631.087
2013	956.3508528	131.497	91.0226	590.6418	1769.512
2014	971.1234288	133.5283	110.2836	636.5428	1851.478
2015	965.5493232	132.7619	116.4922	657.7261	1872.53

① 碳排放系数按 0.7476 吨碳/吨标煤计算；

② 碳排放系数按 0.5825 吨碳/吨标煤计算。